枣庄学院
纪念抗日战争胜利70周年
研究丛书

总主编　胡小林　曹胜强

枣庄抗战通史

Zaozhuang Kangzhan Tongshi

陶道强　著

中国社会科学出版社

图书在版编目（CIP）数据

枣庄抗战通史/陶道强著．—北京：中国社会科学出版社，2016.11
ISBN 978 - 7 - 5161 - 9202 - 3

Ⅰ.①枣…　Ⅱ.①陶…　Ⅲ.①抗日战争—史料—枣庄
Ⅳ.①K265.06

中国版本图书馆 CIP 数据核字（2016）第 261074 号

出 版 人	赵剑英
责任编辑	李庆红
责任校对	周晓东
责任印制	王　超

出　　版	中国社会科学出版社
社　　址	北京鼓楼西大街甲 158 号
邮　　编	100720
网　　址	http：//www.csspw.cn
发 行 部	010 - 84083685
门 市 部	010 - 84029450
经　　销	新华书店及其他书店

印刷装订	三河市君旺印务有限公司
版　　次	2016 年 11 月第 1 版
印　　次	2016 年 11 月第 1 次印刷

开　　本	710×1000　1/16
印　　张	18.25
插　　页	2
字　　数	271 千字
定　　价	68.00 元

枣庄学院纪念抗日战争胜利 70 周年研究丛书

编 委 会

总　序

历史总是在回顾中才显露它的厚重。第二次世界大战是人类迄今为止所经历的最残酷的战争。从亚洲到欧洲，从太平洋到大西洋，世界先后有61个国家和地区、20亿以上的人口被卷入战争，伤亡人数达9000余万，壮美河山被踩蹦得满目疮痍。在这场战争中，战争与和平、野蛮与文明、邪恶与正义、杀戮与救赎、侵略与反侵略展开了殊死对决，人类面临着空前危机。所幸，"二战"在带来巨大灾难的同时，也向世人证明了和平、文明、正义、救赎和反侵略比它们的敌人更有力量，这是我们今天纪念"二战"意义之所在。

中国是世界反法西斯战争的东方主战场，中国人民对这场战争的胜利做出了突出贡献。对枣庄人民来说，枣庄地区的抗战在中国抗战史上具有值得珍视的特殊价值。这是因为，无论在正面战场还是在敌后战场，枣庄都谱写了抗日传奇。在正面战场上，台儿庄大捷狠狠打击了日军不可战胜的嚣张气焰，鼓舞了全国人民的抗日斗志；而在敌后战场上，铁道游击队纵横驰骋，打得鬼子闻风丧胆。它们已成为全民族抗战的标志性符号。两支抗战力量汇聚一地，在正面战场和敌后战场均写下抗战历史浓重的一笔，这在全国抗战史上也不多见。这是值得枣庄人民特别骄傲的地方。

在国人心目中，枣庄早就是一座抗战名城。中国人民抵御外侮的坚强决心和钢铁意志，在枣庄抗战史上得到最集中的体现。抱犊崮山坳里一一五师的猎猎红旗，津浦线上游击队员扒飞车、搞机枪、炸桥梁的矫健身姿，台儿庄巷间中惊心动魄的拼死肉搏，运河两岸地方武装的长途奔袭，均绘就中华民族抗战史上最美画卷。让更多的人来了解这段由鲜血和生命铸就的历史，牢记中国人民为维护民族独立和自由、捍卫祖国主权和尊严而建立的伟大功勋，是我们义不容辞的责任。

人类历史的进程是客观的，但历史的的确确是由人来书写的。日本长期以来对侵略历史的否认及歪曲告诉我们，历史书写的的确确存在着对抗与竞赛。在抗战胜利 70 周年的今天，我们必须还历史以本来面貌。我们坚信，枪炮声写就的历史终将战胜谎言的鼓噪。这里呈上"枣庄学院纪念抗日战争胜利 70 周年研究丛书"，就是希望为读者提供真实的抗战历史，并以此来告慰那些在战场上英勇拼杀、为国捐躯的英灵，纪念那些在战争劫难中无辜死去的万千同胞，继承和弘扬伟大的抗战精神。2015 年 7 月 30 日，中共中央政治局就中国人民抗日战争的回顾和思考进行第二十五次集体学习。习近平总书记在主持学习时强调，深入开展中国人民抗日战争研究，必须坚持正确历史观、加强规划和力量整合、加强史料收集和整理、加强舆论宣传工作，让历史说话，用史实发言，着力研究和深入阐释中国人民抗日战争的伟大意义、中国人民抗日战争在世界反法西斯战争中的重要地位、中国共产党的中流砥柱作用是中国人民抗日战争胜利的关键等重大问题。习总书记的相关论断，使我们深受鼓舞，也为我们研究抗战史指明了方向。

铭记苦难历史，弘扬抗战精神，续写民族大义是时代赋予国人的神圣使命。枣庄学院一直以应有的文化自觉和责任担当致力于枣庄地区抗战史的挖掘、整理和研究工作，通过寻访抗战老兵、遗孤，追寻抗战足迹，查阅海内外文史资料，使得发生在枣庄的民族抗战史愈发清晰地呈现出来。在专家学者和社会各界的共同努力下，终于编著成册。这套丛书一共九本，包括《枣庄抗战通史》《台儿庄大战史》《铁道游击队史》《台儿庄血战记》《名人与台儿庄大战》《枣庄黄埔人与中国大抗战》《抗战英雄孙伯龙与运河支队》《枣庄抗战文艺研究》《台儿庄大战诗词选》，其中既有对枣庄地区抗战历史的全景式扫描，也有对局部战场的细致刻画；既有对不同抗战力量丰功伟绩的深度挖掘，也有对英雄人物的大力讴歌。我们希望通过编著者的努力，能够全方位、多层次、多维度地复原和再现枣庄地区那段不屈不挠、驱逐倭寇的光辉岁月。

为学养和水平所囿，丛书还存在种种不足，尚祈有识之士指谬。

胡小林

2015 年 8 月 7 日

目　　录

第一章　全面抗战爆发前的枣庄

第一节　枣庄概况

一　枣庄地理与战略位置

枣庄市于 1961 年 9 月 12 日建制为地级省直辖市，初辖齐村、台儿庄、峄城、薛城 4 区及枣庄镇。行政区划后屡经调整和划并，全市现辖市中区、薛城区、峄城区、台儿庄区、山亭区及滕州市 6 个区（市）。地跨东经 116°48′—117°49′，北纬 34°27′—35°19′。东与临沂市平邑县、费县、兰陵县接壤，南与江苏省徐州市的铜山区、贾汪区、邳州市为邻，西濒北方最大的淡水湖群——南四湖，北与济宁市的邹城市毗连。东西最宽跨56 公里，南北最长达 96 公里，总面积 4563 平方公里，约占山东省总面积的 2.97%。

枣庄位于山东省最南端，处苏鲁交界之地，地理位置特殊，区位优势明显。境内很早就有"栈道、拱桥、驿路、古渡脉络全境"[①]，水陆交通便利。明代万历三十二年（1604 年），洳运河通航以后，就成为上通微山湖、下连骆马湖的京杭大运河的主航道，由此推动"负丛山，临旷原，东控琅琊，西带漕渠，北抗龟蒙，南连淮甸"的枣庄地区区域地位益形重要，成为扼守南北水运干线上的重镇，"东省之襟喉"[②]。1912 年通车

---

① 张安元主编：《枣庄军事志》，枣庄日报社 1986 年版，第 2 页。
② （清）王振录、周凤鸣修：《峄县志》卷二《疆域沿革考》，光绪三十年刻本。

的津浦铁路，是近代山东乃至中国的主干铁路之一，是扩大南北商品运输量和流通范围，加速商品周转的南北通道，尤其是贯通南北的京沪高速公路和高速铁路的相继通车，加上南临陇海铁路线，更使得枣庄扼守南北、握控东西交通要道的地位益形凸显。这为"兵马车行，物资运输，外线增援"① 提供了极大便利，具有重要的军事意义。

枣庄市气候条件优越，资源丰富。全市属暖温带大陆性季风气候，光照充足，热量丰富，降水较多，四季分明。主要农作物有小麦、玉米、地瓜、大豆、谷子、高粱、水稻及其他杂粮，以及花生、棉花、黄烟等经济作物，并盛产苹果、黄梨、大枣、板栗、核桃、石榴、柿子、山楂等水果。枣庄属华北型地层，境内南北向峄山断裂，东西向陶枣断裂、峄县断裂、韩台断裂贯穿，地下矿藏颇为丰富。目前已发现的矿产有30多种，其中已探明储量或已开采利用的矿产有煤、铁、石膏、磷、石灰岩、白云岩等。其中煤炭是枣庄市最主要的矿产，储量丰富，探明储量为45.2亿吨，占全省的27%。枣庄的矿产开发由来已久，肇自三代时期，元代至大元年（1308年）已有掘窑采煤。此后煤业逐渐兴盛，煤炭成为枣庄的特产和重要商品，明代万历以后，运河沿岸漕船兵丁水手也"多挟南货以易邑煤米"。清乾嘉盛时，"县当干道，商贾辐辏，炭窑时有增置，而漕运数千艘，连樯北上，载煤动辄数百万石，由是矿业大兴"。② 光绪五年（1879年），在北洋大臣李鸿章的支持下，峄县官绅米协麟、戴华藻等创办了中兴矿局，由此开始了采用近代化技术采煤的历史。1899年，张莲芬等与德人合作成立"华德中兴煤矿股份有限公司"，后几经扩建改组，股资不断壮大，煤炭产量剧增，盈利水平不断提高。至1913年、1914年时，已经形成两年产煤能力达45.8万吨，获利41.3万元，股金也增到210万元。到1936年，日本帝国主义占据枣庄前夕，中兴公司年产煤量已突破173.3万吨，盈利能力达446.2万元，成为拥有3座近代化矿井和台枣铁路，以及中兴轮船公司、鼎中盐业公司、开兴成煤业公司3

---

① 张安元主编：《枣庄军事志》，枣庄日报社1986年版，第2页。
② （清）王振录、周凤鸣修：《峄县志》卷七《物产略》附，光绪三十年刻本。

个分公司，并有发电厂、水泥厂、和兴钢铁厂、永兴炼焦厂、洛口木材厂
5 个分厂和其他 29 个分销厂，还包括连云港码头、医院、学校、农场等
设施，资产超过千万元的大型综合性企业①，是我国近代"民族资本独资
经营的全国第一大煤矿"②，为我国近代民族工业的发展和枣庄经济社会
进步做出了巨大的历史贡献。新中国成立后，以旧中兴公司为基础成立的
枣庄矿务局［后改制为"枣庄矿业（集团）有限责任公司"］，21 世纪初
的原煤生产能力已达 1777 万吨，成为华东地区重要的煤炭生产基地和全
国十大出口煤基地之一。但是，丰富的煤炭资源也成为近代军阀和帝国主
义者垂涎的利源，从而使这片土地兵连祸结，人民被难，宝贵的资源被无
情掠夺。如 1938 年枣庄沦陷以后，日本侵略者开始了对煤矿工人的法西
斯统治和对煤炭资源的疯狂掠夺。日据期间，由于日本的法西斯化经营，
中兴煤矿工人承受着非人剥削，矿难不断，受伤、遇难者难以统计，高达
1333 万吨③的煤炭资源被掳掠运往日本。

　　枣庄市地处鲁中南低山丘陵南部地区。南部和西部边缘地带属于黄淮
冲积平原的一部分。全市平原面积约 2470 平方公里，占总面积的 54%；
山地丘陵约 1630 平方公里，占总面积的 36%。地形总体呈东高西低、北
高南低走势，地形地貌较为复杂，有高山、丘陵、平原、川流等多种地
形。尤其是东北部最为特殊，为五百米以下的群峰区，堪称叠峦伏岭。这
里山深路隘，丘陵交织、地形错综，能进能出，易守难攻；有富足的源
流，独厚的燃薪，天斧的溶洞，一旦染战，便于机动兵力，积蓄力量，疏
蔽人口，并能抵御原子、化学武器，是游击战争的广阔天地。以大梁山、
望海石山、大陡山、抱犊崮为代表的较大山脉，扼据北部山区和东部要
地，可控制枣庄全境和毗连数县的广大地带。④ 其独特的地理条件，不仅
在当代具有十分重要的军事意义，历史上也曾是历代兵家排兵布阵的重要

---

　　① 枣庄矿务局志编纂委员会编：《枣庄矿务局志》，煤炭工业出版社 1995 年版，第 3—4
页。
　　② 于良主编：《百年中兴》，现代教育出版社 2013 年版，"序"。
　　③ 枣庄矿务局志编纂委员会编：《枣庄矿务局志》，煤炭工业出版社 1995 年版，第 5 页。
　　④ 张安元主编：《枣庄军事志》，枣庄日报社 1986 年版，第 1 页。

战场。特别是近百年来，中华民族的忠勇英烈，为了拯救国家的危亡，推翻反动统治，在枣庄地区创造了无数惊天地泣鬼神的英雄事迹。[①] 抗日战争时期，中国共产党领导下的以鲁南铁道大队和运河支队为代表的鲁南抗日队伍，以抱犊崮山区和微山湖区为战略纵深，在枣庄铁道沿线和运河沿岸因地制宜，创造了具有鲁南特色的游击战例，有力地打击了日本侵略者，充分显示了鲁南人民的伟大智慧，是中国游击战史的重要内容，为夺取全国抗战的胜利做出了贡献。

二 民国以降枣庄地区的政局

1911 年 10 月 10 日，武昌起义爆发。"各省民心望革命军起，以救彼等脱离清朝之苛政者，已若大旱之望云霓。而十八省之新军，亦多欲倒戈相助"[②]，短短一个月的时间，革命浪潮迅速席卷全国，先后有 10 多个省份宣布独立。由于各种原因，一段时间内山东却是"寂然不动"[③]，直至 11 月 13 日才在革命党人的努力下宣布独立，但于 10 余日后被迫取消，革命者遭到大肆捕杀，局势十分紧张，"绅民受官府之压制，较前专制时更加万倍，拿捕党人，取缔学生，近来发现之事，较前更甚"[④]。在这种情况下，革命党人有的离开山东，相机行事；有的则留在山东继续与敌人周旋和斗争，其中多数人分别回到自己的家乡，参加和领导本地的革命活动，到 1912 年年初，各地相继爆发了争取独立的武装起义，推动了山东乃至全国革命形势的发展。

枣庄在辛亥革命中的表现也较为突出。辛亥革命爆发前后，革命思想在枣庄地区得到了很好的宣传。后来，由于革命形势的发展，在枣庄地区建立同盟会组织成为迫在眉睫的工作。在吴绍麟的鼎力推动下，1912 年 6

---

① 枣庄市地方史志编纂委员会编：《枣庄市志》，中华书局 1993 年版，第 2 页。
② 广东省社会科学院历史研究室、中国社会科学院近代史研究所中华民国史研究室、中山大学历史系孙中山研究室合编：《孙中山全集》第 1 卷，中华书局 1981 年版，第 534 页。
③ 山东省历史研究所编：《山东省志资料》1963 年第 1 期，山东人民出版社 1963 年版，第 77 页。
④ 中国史学会济南分会编：《山东近代史资料》第 2 分册，山东人民出版社 1958 年版，第 256 页。

月成立了同盟会峄县分会部，张文源为分会长，分会机关设在张文源家里。枣庄同盟会分会成立后，积极宣传革命思想，发展组织。同时，积极反对封建旧俗，推动剪辫子、放足运动，革除嫖娼卖淫、聚赌吸毒、贩卖人口等社会时弊，又大力提倡廉洁奉公、文明礼貌，主动为民伸张正义。① 此外，在辛亥革命爆发之际，枣庄地区以尤民、吴廷勋为首的台儿庄同盟会为迎接南方革命军北伐，积极筹划武装起义。二人奔波游走于兖州、沂州、曹州、济宁及江南一带，活动于变军、民间武装及绿林中间，大力宣传革命思想，积极游说他们投身到革命洪流中来。他们还在台儿庄正式设立了同盟会机关部，以领导当地的革命斗争。到 1912 年年初，已拉起一支近 5000 人的革命队伍。台儿庄同盟会党人本欲先以驻守沂州清兵和绿林为基础策动独立，后适逢山东同盟会骨干陈干等军北伐，挺进徐州。尤民等人遂率所部至徐州与之会合，成为淮泗讨虏军之一部，旋被改组为"陆军第三十混成旅"。后来，尤民又投奔黄兴，受命回山东组建军队参加北伐，旋因革命形势急转直下而作罢。②

辛亥革命的胜利果实为袁世凯所窃取，新军头子张广建、周自齐、靳云鹏等相继主政山东，对山东革命进行残酷镇压，疯狂迫害人民群众，使山东革命运动遭受了巨大损失。他们对枣庄地区的革命运动自然不会手软，从德州等地调集来大批人马进行疯狂围剿。其中，辛亥革命中退守兖州的军阀张勋成为镇压革命的急先锋，成为反革命势力的代表。他向邹、滕、峄等县派任县长，派孙调元率 2000 余兵力驻守台儿庄至韩庄的运河船闸，扼守南北水路要塞。以峄县士绅王宝田为代表的守旧势力乘机兴起，勾结中兴公司资本家出资 20 万元，以助军饷的名义取得了张勋的信任，被张勋授权负责肃清枣庄地区的革命势力。1912 年 10 月，峄县同盟分会的负责人张文源在兖州被杀害。其他同盟会成员李麟阁、武璋、孙承

---

① 中国人民政治协商会议枣庄市委员会文史资料委员会编:《辛亥革命在枣庄》，1992 年，第 23 页。

② 同上书，第 36—37 页。

铎、安汝斌、孙景宣、梁步海、王介修、田毓岳等也先后被捕入狱。① 此外，迫于严峻的形势，幸存的同盟会会员或外逃，或隐居。农村地区的革命力量也遭到血腥镇压，以社长兼团练练长的武璋、孙承铎、孙景宣、宋汝夑等为代表的革命党 30 余人②也先后被捕入狱。至此，在反革命势力的残酷镇压下，枣庄地区本就薄弱的革命暂时转入沉寂。

北洋军阀统治时期，山东的政治极其腐败，政局混乱，民不聊生。尤其是袁世凯死后，中央政权失控，包括北洋军阀在内的国内大小军阀分别投靠了各个帝国主义，依仗其支持称雄割据一方，并因利益的冲突而杀伐不断。靳云鹏之后督鲁的先后有皖系张怀芝、张树元、田中玉、郑士琦以及奉系张宗昌北洋军阀统治下的山东，吏治极其黑暗，贪污贿赂公行，卖官鬻爵成风，社会风气败坏至极，广大山东人民陷入无比深重的苦海，"鲁省黑暗较袁皇帝时更深百倍"③，北洋军阀政府的社会管理职能愈益衰退，加上天灾频仍等因素的综合作用，山东成为全国当时匪患最为严重的省份之一。全省土匪有"不下二三十股"④ 之多，大者统领两三千人，小者数百人不等。他们出没无常，动辄啸聚，奸淫焚掠，虏人勒赎，社会治安极其混乱。鲁南滕、峄、费、蒙山区也是土匪活跃的地区。北洋军阀政府的横征暴敛以及残酷压迫，使得广大民众无以聊生，只能铤而走险。而军阀的混战使鲁南一带兵连祸结，张勋、张敬尧、张树元、陈调元、田中玉等军阀铁蹄均曾践踏过这片土地，严重破坏了社会生产，老百姓的生活极度困难。更重要的是，军阀混战中不断有失散军人或者有反政府武装被解散而有散兵流入民间，这些人中有不少潜入山区，为生计而厕身土匪行列。如1917 年 7 月，就有被北洋政府遣散的定武军部分散兵流入滕县东部山区，⑤而匪首滕县东乡人郭琪才曾参加"山东靖国护法军"，1918 年被"招安"，

---

① 中国人民政治协商会议枣庄市委员会文史资料委员会编：《辛亥革命在枣庄》，1992 年，第25—26 页。

② 同上书，第31 页。

③ 《民国日报》，1917 年 7 月 10 日。

④ 《申报》，1918 年 12 月 13 日。

⑤ 枣庄市地方史志编纂委员会编：《枣庄市志》，中华书局 1993 年版，第24 页。

后曾赴湖南当兵，失败后回家乡为匪。所部多游兵溃勇，约有百人规模。① 同时，北洋政府的腐败也导致军队管理极其涣散，士兵盗卖武器谋利的现象十分严重，大量的武器流入山林，成为土匪猖獗的重要助推力。史载1918 年春天，奉军行至临城时，就曾发生士兵倒卖枪支给枣庄一带土匪的事情。② 此外，天灾也给鲁南一带造成巨大社会创伤，广大民众生活愈加窘迫，1923 年"临城劫车案"就是在这样背景下发生的。1920 年至 1922 年间，鲁南一带蝗灾、涝灾和雹灾连续发生，农业生产遭到严重破坏，广大民众失去了生活依靠，许多人不得不流入抱犊崮一带冒险谋生，土匪势力日盛。1922 年，山东省督军田中玉派第五军到抱犊崮山区围剿以孙美瑶为首的"建国自治军"，但因山势陡峭，峰峦叠嶂，沟壑纵横，官兵又不熟悉地形，始终收效甚微。但也给孙氏集团造成了巨大的困难，至 1928 年春天，约有 2 个团及各县 5000 余人的警备队将抱犊崮围得水泄不通。他们步步为营，将通往抱犊崮的各条通道封锁，使得崮顶吃水严重困难。③ 为了摆脱被围困境，孙氏集团于 1925 年 5 月 6 日凌晨 2 时 50 分许，在沙沟、临城间的津浦线上劫持了由浦口开往天津的第 2 次特别快车，劫走旅客约 300 人，其中外籍旅客 39 人，试图以此迫使列强对北洋政府施压，放弃围剿。

"临城劫车案"是当时震惊中外的大事件，是当时国内外各种矛盾深层交织并激化的必然结果。它的发生一方面说明了北洋军阀政府统治的窘境，也深刻反映了当时鲁南人民生活的困顿，时局迫使他们中的许多人不得不对水深火热的生活做出反应，起而反抗帝国主义的侵略和北洋军阀的无道统治。崔薇圃认为该案"是一支带有农民起义色彩的农民武装——山东建国自治军为摆脱'重兵围困'，求得生存而精心策划的一次带有鲜明反帝反封建性质的爱国军事行动，是具有进步作用的重大历史事件"④，虽不无抬

---

① 枣庄市政协文史资料委员会编：《临城劫车案》，枣庄市政协文史委员会，1996 年，第 52页。

② 枣庄市地方史志编纂委员会编：《枣庄市志》，中华书局 1993 年版，第 24 页。

③ 枣庄市政协文史资料委员会编：《临城劫车案》，枣庄市政协文史委员会，1996 年，第 214页。

④ 枣庄市政协文史资料委员会编：《临城劫车案》（续），枣庄市政协文史委员会，1997 年，第 86 页。

高之嫌，但是当时鲁南社会的真实写照。

劫案引起国内外的高度关注，各国驻南京、济南、天津、上海等地公使以及被劫亲属、媒体汇聚枣庄。通过实地调查和了解，为最大限度地保障被劫人质的安全，外方一致要求"先用和平手段"解救人质，迫于压力，中方遂"暂缓进剿"①，改以和平谈判的方式营救人质。谈判于5月11日正式开始，由于孙氏要求过于苛刻而陷入僵局。后改剿抚兼施之策，山东督军田中玉派兵对抱犊崮形成了严密的包围，派飞机6架携炸弹60枚以壮声威，试图以此"恫吓"孙氏放弃先前所提苛刻条件。在军事高压下，谈判进展相对顺利，至6月12日，双方达成协议，孙军3000人被政府收编。

田中玉之后，郑士琦、张宗昌先后走马上任山东督军。山东的吏治更加腐败，各级官吏贪污成风，骄奢淫逸。在鲁南一带，兖州镇守使张培荣为了庆祝夫人大寿，大肆搜刮，各县知事送红至少100元，士绅也不少于二三百元。张又强迫治下民众捐款修筑泰山扇子崖为其铸像，耗费巨大。山东吏治之坏由此可见一斑。这期间，山东人民的赋役负担也达到空前的程度，当局总是以各种名义巧立名目，大肆搜刮。如张宗昌就以滥发纸币为能事，以金融手段巧取豪夺，形成中国军阀史上的罕见之迹。此外，北洋政府军阀间派系林立，相互间矛盾重重，斗争激烈，而穷兵黩武又是军阀的一贯特性，由此给广大劳动人民带来了巨大灾难。当时苏北、鲁南一带社会诚如毛泽东所述："江苏农民中江北徐海一带算是最苦，红枪会连庄会到处皆是，农村各种争斗，比他处更多，缕述不尽……今秋阴雨连绵，田间禾苗终日浸在水中，由萎黄而腐烂，农民辛勤半载，落得两手扑空。此时地中仍是积水片片，二麦播种无期，怨声载道，莫不表现一种凄惨愁苦的状态。天灾之外，同时还有横征暴敛之军阀贪官与重租重利之劣绅地主，层层敲剥。因此农民流而为匪者极多，徐州一带所以成了著名之匪区以此。"② 当时鲁南一带还流传着这样的歌谣："穷人头上三把刀：租子重，利钱高，苛捐杂税如牛毛；穷人面前三条路：投河，上吊，坐监牢。"可见，

---

① 枣庄市政协文史资料委员会编：《临城劫车案》，枣庄市政协文史委员会，1996年，第245页。

② 毛泽东：《江浙农民的痛苦及其反抗运动》，《向导周报》（第179期）1926年10月25日。

连续不断的天灾人祸使广大农民濒临绝境，大批农民破产，只得流落街头乞讨为生，或者结伙成匪、厕身行伍充当炮灰。鲁南农村如是，城市也同样惨遭涂炭，工商业生产破坏严重。如1925年军阀张宗昌部进驻中兴公司，以征收煤炭生产税为由，勒索军饷46.5万元。1927年1月，又率其部1.3万余人驻扎枣庄，连续2个月的给养全部由中兴煤矿公司担负。① 由于北洋军阀的搜刮勒索，严重地阻碍并破坏了中兴煤矿公司的生产经营，1927—1928年的营业额年亏损达百万元以上②。由此可见，在北洋军阀统治下，鲁南地区不仅政治腐败现象严重，而且由于他们的巧取豪夺，迟滞了经济发展的速度。

1927年，随着蒋介石、汪精卫相继背叛革命，实行"分共"政策，对共产党人和革命群众展开了疯狂的大屠杀，国民党政权变为代表买办阶级地主利益的政权。但山东境内的革命运动仍在继续推进。6月24日，北伐军李宗仁第三路军四十军贺耀祖部占领台儿庄，25日占领峄城，26日占领枣庄。陈克逊部25日占领韩庄，次日占领临城，27日占领官桥，29日占领滕县。是月底，枣庄全境基本被北伐军控制。③ 此时，枣庄地区工人运动在中国共产党的领导下正风生水起，1926年12月，组织了地下赤色工会（劳工会）。至次年4月，赤色工会成员已达9000多人，占全矿工人总数的近一半。在北伐军进驻枣庄之时，枣庄煤矿工人在中国共产党组织的领导下，在枣庄矿区和市里贴满"打倒军阀"、"打倒帝国主义"、"欢迎北伐军"、"拥护孙中山的三民主义"等标语。在枣庄煤矿大楼召开了欢迎北伐军的群众大会。次日，举行了有5000工人参加的群众大会，控诉反动军阀残酷迫害人民以及煤矿资本家和封建把头剥削压迫工人的罪行。④ 随后成立了公开的劳工会，向中兴煤矿资本家提出了改善煤矿工人工作条件和生活待遇的16条要求，对欺压群众的警察局长开展了斗争。

---

① 《枣庄煤矿志》编纂委员会编：《枣庄煤矿志》，中华书局2001年版，第18页。
② 贺荣第编著：《枣庄矿区斗争》，中共党史出版社2005年版，第29页。
③ 枣庄市地方史志编纂委员会编：《枣庄市志》，中华书局1993年版，第26页。
④ 中国人民政治协商会议枣庄市政协文史资料委员会编：《枣庄文史资料》（第十一辑），1991年，第4页。

蒋介石在山东"清党"的消息传来后，山东境内的国民党右派势力加紧进行反共活动，好在当时全省仍处在奉系军阀张宗昌的统治之下，国民党在山东境内未获得合法地位，枣庄地区的工人运动暂未受到太大影响。与此同时，北洋军阀兵分三路奔赴鲁南实施报复。在北洋军的军事压力下以及宁汉分裂等原因，北伐军于 7 月 20 日南撤出枣庄。枣庄矿区工会决定组织 500 工人组成的随军工程营，由张福林、巩继伦负责率领随军南下。工程营下分三个中队和九个小队，任务是扒铁路、炸桥梁，以阻止北洋军阀南进。① 工程营在北伐军撤出枣庄前，破坏了台枣铁路支线，烧毁了王沟、峄县南关等几座大桥。这支工程营一直追随北伐军南撤至南京，后因故于 10 月决定就地解散。其中多数成员留在淮南、贾汪煤矿谋生，一部分人则跟随张福林返回枣庄继续革命。②

北伐军撤出后，枣庄地区重新被奉系军阀所控制，到处抓捕革命群众，枣庄地区的工人运动暂时转入低潮。资本家在北洋军阀的支持下更加肆无忌惮地剥削工人，枣庄煤矿工人所受苦难比以往更重。到 1927 年年底，枣庄煤矿原有的 2 万多工人已被裁减到仅剩四五百人。③ 由此造成大批工人失业破产，许多工人及其家属被迫忍饥挨饿。1927 年 7 月，中兴煤矿枣庄煤矿工人为增加工资展开了激烈的斗争，迫使资本家增加 5% 的工资。④ 初步显示了枣庄工人阶级在斗争中逐渐走向成熟，并悄然酝酿着新的革命高潮。

1928 年 3 月 7 日，蒋介石又担任国民党中央政治会议主席。至此，蒋介石成为国民党中集党、政、军大权于一身的独裁者。随后与冯玉祥、阎锡山、李宗仁达成了暂时的妥协，联合进行"第二次北伐"，矛头直指奉系军阀，山东的张宗昌首当其冲。其实早在是年 2 月国民革命军就已经兵临滕县，4 月初国民革命军向盘踞在枣庄地区的北洋军阀部队发起进攻。17日，今枣庄地区所属台儿庄、枣庄、临城、滕县先后被攻占。从此，"枣庄

---

① 中共枣庄市委员会党史资料征集研究委员会编：《枣庄地区党史资料》（第一辑），1983年，第 24 页。
② 中共枣庄市委党史研究室编著：《鲁南革命史》，山东人民出版社 1998 年版，第 42 页。
③ 同上。
④ 枣庄市政协文史资料委员会编：《枣庄文史资料》（第十一辑），1991 年，第 6 页。

地区结束了旧军阀张宗昌的统治"①。其间，国民革命军曾于 16 日与奉军在官桥、王开等地发生过激烈战斗，但总体阻力不大，进展比较顺利。

在进入枣庄后，国民政府逐渐建立了枣庄的统治。4 月 17 日，国民政府派俞飞鹏等组成整理枣庄中兴煤矿公司委员会，强行接收了中兴煤矿公司的营业管理权。同月，还建立了滕县国民党政府，5 月又设立了滕县法院、公安局、建设局等机构。②

国民党政府在山东的统治建立后，对共产党组织和工农运动采取完全敌对的态度，野蛮地进行残酷镇压，一度使山东省中国共产党组织和工农运动遭受重大破坏。枣庄地区的革命同样接受了严峻的考验。1928 年 7 月 11 日，枣庄煤矿工人在中共党员张福林的组织下成立"失业工会"（外工会）后，引起了煤矿资本家的恐慌。8 月 17 日，国民党代表周学昌以召开工人会议为名，派矿警诱捕了外工会负责人共产党员张福林、郭长清、蒋福义、王文斌等人，枣庄工人运动再入低潮。不仅如此，国民党政府对待任何反对政府的群众都毫不手软，如 1929 年 3 月 12 日，滕县当局曾对无极道、小刀会、红枪会众开炮射击，致千余人死伤。1931 年春天，山东省国民政府主席韩复榘带兵赴滕县剿匪、清狱。清山时许多无辜百姓被杀害。清狱中，也有一般民事案群众被杀害。

国民党新军阀不分青红皂白地屠杀，不仅没能阻止广大工农群众的革命运动的发展，反而激化了社会和阶级矛盾。由于广大工人阶级日益觉醒及中共枣庄地区党组织的领导，这一带革命运动重又获得了生机。1929 年 3 月 4 日，中兴煤矿公司台儿庄分厂运煤工人 400 多人自发举行罢工，迫使资本家同意增加津贴等要求。③ 1930 年 2 月，台儿庄抬煤工人为了反对包工头的压榨，举行罢工。3 月 14 日，枣庄煤矿工人又因为增资不合理举行罢工、怠工。1932 年 7 月 16 日，5000 多名煤矿工人在十里泉召开罢工大会，提出条件与资本家谈判，谈判代表遭矿区阻截。在后来的斗争中，共产党员田

---

① 枣庄市地方史志编纂委员会编：《枣庄市志》，中华书局 1993 年版，第 27 页。

② 同上。

③ 枣庄市政协文史资料委员会编：《枣庄文史资料》（第十一辑），1991 年，第 6 页。

位东、郑乃序等先后被捕，罢工失败。① 广大煤矿工人发动的反对资本家和国民党反动派的斗争有些被镇压而失败，另一些则取得了胜利，这为枣庄地区党组织的继续发展提供了重要条件，推动了革命形势的发展。

三 抗战爆发前后枣庄地区的行政区划及驻军

国民政府统治时期，今枣庄地区行政区划多有变化，但大致上东南为峄县、西北为滕县。滕县初属岱南道，1918 年改属济宁道，1928 年直属省领导，1931 年属山东省第一行政督察区，全县分为 9 个区。1935 年年底，区一度改为乡农学校，代行区职权，下设 219 个乡、46 个镇。1936 年，全县改为 11 个区、75 个乡、2 个镇。1938 年日军侵占滕县后，国民党滕县政府转移至滕西沿湖一带，辖区仍依旧制，但不能行使职权。峄县 1918 年属济宁道，全县改社为区，设 31 区。1928 年山东撤道，直属省领导。1930 年峄县设 6 个区、下辖 32 个乡（镇）。1932 年 1 月，峄县改属山东省临沂第三行政督察区。1932 年改属山东省第三行政督察区。1935 年年底，峄县各区均改建为乡农学校，至 1937 年年底，乡农学校解体复为区。1938 年到1948 年，国民党山东省政府将全省划为 15 个行政督察区，峄县属第 15 督察区。② 1938 年台儿庄大战后枣庄全境沦陷，日伪政权、解放区抗日民主政权是鲁南大地的实际控制者，国民党政府虽然在鲁南的行政区域依然明晰，但并不能对枣庄行使管辖权，其政权名存实亡。

这期间枣庄地区军事机构变动也颇为频繁。1928 年，山东省政府即在峄县设县警备大队，有步兵和马队。同年，国民党韩复榘嫡系部队杨树森团驻扎峄县，第一卫戍区第四师部分兵力驻扎滕县。③ 1931—1937 年，国民革命军陆军第二十师师长孙同宣统兵驻兖州，所辖三个旅及工兵营、手枪营、骑兵营，约 4000 人，其中五十八旅、五十九旅驻防枣庄、滕县、济宁一带。此外，枣庄地区还有一支隶属于中兴公司的矿警队，始建于 1932 年，下设 6 个中队，共 700 余人。1938 年，枣庄沦陷后，国民党政府枣庄地区

---

① 《枣庄煤矿志》编纂委员会编：《枣庄煤矿志》，中华书局 2001 年版，第 19 页。
② 枣庄市地方史志编纂委员会编：《枣庄市志》，中华书局 1993 年版，第 101—103 页。
③ 同上书，第 27 页。

军事机构溃散。中兴公司矿区队与日本宪兵合编，重新配发了各种火器。抗战期间，1941 年，又有峄县警备队成立，下属 6 个大队，其中第一大队和第二大队驻防峄县城，第三大队设在韩庄，第四大队设于韩庄水庙，第五大队据古邵，第六大队驻涧头集。同年 7 月，第四大队队长张来余被日军收买，被授为"山东剿匪司令"，成为日军侵略鲁南的帮凶。[①]

　　事实上，无论是行政区划还是军事机构的设置都是相对静态的存在，一度为国民政府治理枣庄地区发挥了关键作用。但以国民党在鲁南乃至山东全省实施的反动统治而言，其政府统治是依托军事机关和军事力量，对镇压革命近乎不遗余力，对普遍大众也毫不留情。日本侵略者占领枣庄后，国民政府军事机构溃散、行政区划名存实亡，不能承担起抵御外侮的历史使命，值得我们警醒。

第二节　抗战爆发前中共枣庄地区党组织的建立与发展

一　枣庄地区工人阶级队伍的成长

　　1840 年，英国悍然发动了鸦片战争，迫使中国打开国门，以此开始了近代中国饱受列强蹂躏的苦难历程。西方列强不断通过军事征服、政治控制以及经济和文化侵略等手段，不断鲸吞中国的主权、土地和经济资源，大量的生命被剥夺，财产被掳掠，中国政府和人民遭受了巨大的屈辱。但西方先进工业文明传播到中国后，客观上推动了中国民族资本主义的产生和发展。西方列强不断向中国输出商品、开办企业，到1894 年，其开办的企业数已达 101 家之多。[②] 进入帝国主义阶段后，西方列强加强了对中国的资本输出，据统计，1895 年至 1913 年间，外资在中国新建的企业达 1366 家，投资总额达 10215.3 万元。[③] 西方资本的引入同时也使近代工业技术潮

---

① 张安元主编：《枣庄军事志》，枣庄日报社 1986 年版，第 7—8 页。
② 严中平等编：《中国近代经济统计史资料选集》，科学出版社 1955 年版，第 116—122 页。
③ 汪敬虞编：《中国近代经济史料选辑》第 2 辑（上册），中华书局 1962 年版，第 1 页。

水般地涌来，客观上刺激了中国的民族觉醒。

在中国民族资本主义成长的大潮中，枣庄地区的近代工业也获得了长足的发展。至1919年各县先后建立了煤炭、食品、酿造、面粉、榨油、皮革、火柴、铁业等近代工业20余家。① 一些传统的手工业作坊、小煤窑也通过技术改造，逐渐采用了近代工业技术，获得了突破性发展。中兴煤矿是其中的代表，不仅引领鲁南地区近代工业发展的路径，而且还成长为近代民族工业的佼佼者。

中兴煤矿成立于1878年，是洋务运动的产物，原称中兴矿局，初时用土法开窑。1881年以后陆续购置抽水机器，是为最初的近代化改造。其后于1895年被山东巡抚关闭，矿局撤销。1899年，枣庄煤矿以华德合股的形式复办，名为"山东峄县华德中兴煤矿公司"。1908年，又改为"商办山东峄县中兴煤矿股份有限公司"。此后，中兴煤矿公司进入发展的快车道，1902年时已经发展成为年产煤8.5万多吨，烧焦3519吨，盈利达10万元以上的近代化煤矿②。至1925年，中兴公司已拥有两个大井、三个分矿、140座小井、近百座炼焦池、20多处分销厂，年产煤炭82万余吨、炼焦1.6万吨，③ 成为当时全国的第三大煤矿。伴随着以中兴公司为代表的近代民族工业的发展，鲁南地区的产业工人队伍也逐渐由无到有，不断发展壮大，至1924年，仅中兴公司就有煤矿工人18000人。④ 他们为企业的发展做出了巨大贡献，却不得不忍受资本家的残酷压榨，过着非人的生活，始终没有受到公正的待遇。也正因为如此，在他们中间蕴藏着巨大的能量，一旦被革命的火种点燃，就将迸发出惊人的战斗力。

从中兴煤矿公司的发展看，企业盈利动辄达数百万元，利润率可达63.3%⑤，却难以惠及普通工人。工人的劳动时间长达12小时以上，但工资却少得可怜，里工井下工工资每天最高的是4.8吊，每月不过十四五元，

① 中共枣庄市委党史研究室编著：《鲁南革命史》，山东人民出版社1998年版，第11页。

② 枣庄矿务局志编纂委员会编：《枣庄矿务局志》，煤炭工业出版社1995年版，第13页。

③ 枣庄市政协文史资料委员会：《中兴风雨》（《枣庄市文史资料》第十九辑），1993年，第80页。

④ 枣庄市地方史志编纂委员会编：《枣庄市志》，中华书局1993年版，第25页。

⑤ 贺荣第编著：《枣庄矿区斗争》，中共党史出版社2005年版，第43页。

少的只有七八元。外工小工工资每天只有0.8吊到1.2吊；井下拥车工也只有1.6吊钱；大干（刨炭的）也只有2吊钱。他们生活在社会的最底层，条件极其恶劣，外工长年住在"窑户铺"，几十人生活在一起，又脏又潮湿。外来临时工则只能自搭茅棚居住。由于收入低，多数工人以豆饼、高粱煎饼为主食，而且无法保证吃饱，只能常年忍饥挨饿。由于买不起衣服，他们常年穿得破烂不堪，不少人是上身披着麻袋片子，下身无裤可穿，上班时只得临时租赁裤子穿。恶劣的生活条件下生活的工人们还经常生病，但他们无钱医治，只能痛苦地在隐忍中挨日子。①

此外，广大工人还要常年遭受封建把头的盘剥与欺凌。企业管理机构上层为总经理、经理、矿师、总煤师，负责总体运营，中下层包括煤师、总监工、监工、包工柜、查头子、二头子、狗腿子，其称呼各有不同，他们直接掌管企业生产和运营的每一个具体环节。在公司内部，初期采用雇佣制，1929年以前②各种作业人员都由"班头"负责，其工作是组织生产和领发工资。按照相关规定，里工由公司直接雇佣，工资由公司直接发放；外工则由包工头雇佣而来，工资也由他们发放，因此他们常常通过罚款、勒索等各种借口克扣工人工资。在生产过程中，工人们还饱受包工头、查头子和二头子等监工的任意欺凌，稍有懈怠便有可能遭受皮鞭、棍棒殴打和辱骂。工人们只能没日没夜地干活，有些人因此被活活累死，有些则无法忍受欺凌而以自尽解脱。不仅如此，工人还必须经常给这些欺凌他们的把头们"送礼"，以求得照顾。

更为致命的是，由于煤矿生产条件恶劣，技术相对落后，加上矿方对安全生产重视不够，频发的矿难会直接剥夺矿工们的生命。在中兴煤矿经营早期，采用土法开窑，由于设备相当简陋，技术有限，很容易发生矿难，所造成的伤害也十分严重。即便到了20世纪以后，虽然技术设备不断更新，但矿难仍是威胁矿工生命安全的严重问题。在20世纪的前20年，正是中兴

① 中共枣庄市委党史资料征集研究委员会编：《枣庄地区党史资料》（第一辑），1983年，第15页。

② 1929年以后，中兴公司采用"包工大柜"制度，与此前有较大的区别。见枣庄市政协文史资料委员会编《中兴风雨》（《枣庄市文史资料》第十九辑），1993年，第59页。

公司发展的辉煌时期，发展势头正盛，产销量日益增加，而产量的每一点增加，都要工人付出多一点的艰辛甚至生命的代价。这或许是旧社会经济发展的悖论。

表一 枣庄沦陷前中兴煤矿（公司）矿难统计

时间	地点	伤亡、损失情况	善后处置	资料来源
1893 年 6 月 14 日	半截子筒窑透水事故	全窑 100 多矿工遇难*	每人 200 吊抚恤金，戴睿藻被撤销总办职务	《枣庄市志》、《枣庄煤矿志》
1911 年 8 月	"金三窑" 发生火灾	死亡 35 人		
1915 年 2 月 1 日	南大井发生透水和瓦斯爆炸事故	死亡 499 人，伤 200 余人，停产数月，损失 12 万元	总矿师高夫曼引咎辞职	《枣庄煤矿志》、《枣庄矿务局志》、《枣庄市志》
1917 年 7 月 1 日	1 号暗井发生火灾	烧死拉煤骡马 49 匹		《枣庄煤矿志》
1918 年 8 月	南井二段打钻透水	死亡数十人		《枣庄煤矿志》
1920 年 2 月	第一大井透水	死亡 73 人		《枣庄煤矿志》
1921 年 5 月 26 日	山家林分矿 "兴一窑" 瓦斯爆炸	死亡 21 人		《枣庄煤矿志》
1923 年 6 月 14 日	南井六段上煤巷透水	死亡 72 人		《枣庄煤矿志》
1923 年 6 月 22 日	"金十二窑" 透水	死亡 114 人		《枣庄煤矿志》

注： * 一说为 300 人，见枣庄市地方史志编纂委员会编《枣庄市志》，中华书局 1993 年版，第 21 页。

历史说明，受压迫越重的阶级和阶层，就越具有反抗意识，其革命性也更加彻底。面对剥削、压榨和无端的欺凌，工人们反抗最初往往采取怠工、逃跑的方式，一般表现为零星的怠工或逃跑，有时也会采取集体的行动。这些行动虽然未必能给煤矿造成多大的损失，但通过类似行动可以培养工人的斗争意识。此外，工人们还利用破坏机器设备的方式消极反抗，在发泄他们心中不满的同时，也多少会给资本家造成财产损失。也有一些工人通过同乡会、拜把子等形式团结起来，公开进行反抗。但总体上看，这些反抗均属自发性质，没有明确的斗争目标，也缺乏有效的组织领导，无法形成整合整个阶级的力量形成合力，根本不可能对强大的反动派构成有效的威胁。但在他们中间蕴藏着无穷的革命潜质，只待发掘。时代呼唤着马克思主义和中国共产党的到来。

二 马克思主义的传播与地方党组织的建立

1919 年 5 月爆发的五四运动，是中国近代史上划时代的重大事件。它促进了中国人民的进一步觉醒，推动了社会主义思潮在中国的兴起，促进了马克思主义在中国知识界的传播。更重要的是，在五四运动中，工人阶级显示了伟大的力量。在工人运动中，掌握了初步马克思主义的知识分子纷纷深入到工人群众中去，充分发挥了宣传和组织作用，促进了马克思主义与中国工人运动的结合。这为中国共产党的建立做了充分的思想上和干部上的准备。

五四运动中，鲁南地区虽不是青年学生和工人运动的主阵地，但包括枣庄、峄县、滕县、韩庄一带城镇的中小学生和进步青年也有相当积极的反应。枣庄籍进步青年张捷三正在山东省立第一师范读书，是五四运动的积极参加者，被峄县旅省同乡会推选为代表，回县到各学校宣传，其任务是"动员师生响应省的号召，一致行动，以张声势"①。这期间为了响应北京和省城济南的学生运动，在张捷三等的影响和组织下，以青年学生朱道南、孙伯龙为代表的峄县学生救国联合会成立，由孙伯龙任会长②。他们带领这一带青年学生当众将韩庄高小的日制时钟焚毁，掀起了抵制日货运动。

---

① 张捷三：《我的一生——张捷三同志回忆录（上）》，见中国人民政治协商会议枣庄市峄城区文史资料委员会编《峄城文史资料》（第三辑），1991 年，第 6 页。

② 中共枣庄市委党史研究室编著：《鲁南革命史》，山东人民出版社 1998 年版，第 21 页。

鲁南地区马克思主义的传播，首先是本地籍的进步知识分子在枣庄以外地区参加进步社团，学习和宣传马克思主义思想，并较早加入了中国共产党组织。滕县籍进步青年张世炎受其影响，第一时间加入了励新学会，并成为杂志的重要撰稿人。滕县籍早期共产党员杨荫鸿、张观成，于1925年11月被派到曲阜山东省立第二师范开展活动，他们与莱阳人辛成智一起，成立了该校最早的党组织。[①] 其次，周边地区马克思主义的传播也对枣庄知识界产生了重要影响。如1920年3月，北京大学马克思学说研究会成立。该会成员陈德荣到徐州，与省第七师范进步学生陈亚锋、郭子化、解慕唐、徐怀云、苏鸿鉴、张继超、冷启英等进步学生取得联系，在该校秘密成立了马克思学说研究小组。1921年春，徐州马克思学说研究小组30余人发起成立公开组织"赤潮"社，创办了《赤潮》旬刊，宣传共产主义理论与反帝、反封建、反军阀的新思想。[②] 由于徐州马克思学说研究小组的宣传，马克思主义的理论在徐州乃至邻近的鲁南地区都有了一定的影响。枣庄地区的进步青年，通过在外地的学习逐步成长为具有初步共产主义觉悟的知识分子，他们为了推动家乡的思想进步，毅然返乡宣传进步理论。如1930年春，王临之、李景黄、刘守勰、王子祯、马奉莪等在滕县城南门里，创办了"国民书店"[③]。书店秘密销售的有《共产党宣言》、《马列主义基础知识》、《唯物辩证法》、《太平洋风云》、《苏俄秘史》、《社会主义科学概论》等有关马列主义的小册子，还有新文化的代表作品《呐喊》、《彷徨》，也有国外《少年维拉之烦恼》、《丽莎的哀怨》等书籍，[④] 颇受广大青年和学生的欢迎。该书店开设后，成为滕县城宣传进步思想、革命理论和吸引进步青年的场所，后来，书店职员李淑铭、刘

---

① 中共滕县县委党史资料征集研究领导小组办公室：《滕县党史资料·大事记（1930.春—1949.10）》，1985年，第2页。

② 中共枣庄市委党史研究室编著：《鲁南革命史》，山东人民出版社1998年版，第26—27页。

③ 中共滕县县委党史资料征集研究领导小组办公室：《滕县党史资料·大事记（1930.春—1949.10）》，1985年，第3页。

④ 中共滕县县委党史资料征集研究领导小组办公室编：《滕县党史资料》（第一期），1983年，第2页。

炳文等同志了光荣地加入中国共产党①。"国民书店"为滕县党组织的建立奠定了思想和干部准备。

马克思主义在鲁南的初步传播，对一批青年知识分子产生了重要影响。除了前述滕县的杨荫鸿、张观成等外，鲁南一带还有郭子化、田厚起、朱道南、孙金宣、刘之言、孙善帅等也是进步很快的知识青年，他们率先接受了新文化运动的洗礼，接触了马克思主义的熏陶，迅速成长为具有共产主义理想的先进分子。他们亲身投入反帝、反封建的滚滚洪流，在革命实践迅速成长为共产主义战士，为推动鲁南乃至全国革命的发展做出了积极贡献。

1923 年 11 月，为了迅速恢复和发展工人运动，中国共产党召开了第三届第一次执委会议，会议通过了《劳动运动进行方针决议案》，强调要以铁路、海员、矿工等产业工人为突破，加强组织领导，"山东之坊子、淄川、博山、峄县等处矿工运动，山东同志应把它和津浦、胶济路工运同时并重"②。根据这个指示精神，当时枣庄成为我党领导发动工人运动的重点地区之一。中国共产党北方区委和全国劳动组合书记部北方分部，对徐州、临城一带陇海、津浦铁路的工人运动也十分重视。之后上级组织多次指示山东党组织注意开展枣庄矿工运动工作。

1926 年 3 月，中共山东地方执行委员会派遣一位张姓同志来枣庄，在枣庄待了半个月后就离开了。3 月下旬，中共山东地方执行委员会又化名李如田的同志来枣庄开展地下党的工作。在他的宣传教育下，包括房洪春、张福林在内的数位工人逐步提高了觉悟，越来越多的工人站在了他的周围，坚定了同资本家进行斗争的信心和决心。三个月后，李如田同志由于没有职业掩护，引起了反动当局的注意，便离开枣庄。但他所做的工作却具有重要的意义，他"播下了革命的火种，提高了工人的阶级觉悟，加强了工人的团结，为工运开展奠定了思想基础"③。李如田走后不久，

---

① 枣庄市政协文史资料委员会编：《枣庄文史资料》（第十一辑），1991 年，第 7 页。
② 中华全国总工会编：《中共中央关于工人运动文件选编》（上），档案出版社 1985 年版，第 31 页。
③ 枣庄市政协文史资料委员会编：《枣庄文史资料》（第十一辑），1991 年，第 2 页。

中共山东地方执行委员会又派张鸿礼来枣庄开展工作。他直接住进了张福林的家，他由张福林带领亲自到井下详细了解枣庄矿工生活和煤矿生产情况。后因故离开枣庄①。同年 6 月，中共山东地方执行委员会又派纪子瑞同志来枣庄，与张福林取得了联系。纪子瑞来到枣庄后，凭借其木工手艺，在矿上找到了工作。以此为掩护，他首先了解了枣庄工人的生活状况，随后向广大工人开展了阶级教育。由于他的宣传教育，工人的阶级觉悟提高得很快。其教育范围先从电务处扩大到机务处，之后又发展到外工，受影响人数越来越多。在时机成熟以后，纪子瑞又向工人进行党的教育。

经过纪子瑞的启发，张福林等主动提出了加入中国共产党。从 1926 年 7 月到 9 月底，纪子瑞在枣庄矿区已经先后发展了张福林、郭长清、蒋福义、王维彬、杜宝财、芮庆红、房洪春、陶福元、刘雁德、吴均山等十几位青年党员②，培养了郑文洪、陈亚伦、梁棠等二十余位建党积极分子。同时，还建立了党支部，成立了干事会，由纪子瑞任支部书记，张福林任副书记。这一时期，正是山东军阀张宗昌白色恐怖大张之时，他多次发布禁令防止"赤化"宣传，禁止工人运动，大肆逮捕共产党人和革命群众。因此，枣庄建党形势十分严峻，党初建时的组织极为严密，党员之间不准发生横向联系，入党人员须经过多次斗争考验。

1926 年 12 月，在纪子瑞的领导下，枣庄煤矿秘密工会成立。工会以党员和建党积极分子为骨干，以机电工人为主，以"劳工会"为掩护，实为赤色工会。工会委员会由 7 人组成，张福林为工会主席，共发展工会成员 50 多名。劳工会的成立，加强了党对工人的组织领导，为这一阶段党领导下的枣庄工人运动的迅速发展创造了条件。

1928 年 4 月，国民党军队占领鲁南，先后在峄县、枣庄建立了县区政府和党部。为了对付枣庄矿区的工人运动，国民党中央党部派周学昌成

---

① 中共枣庄市委党史办公室、枣庄市出版办公室编：《鲁南峰影》（上），山东文艺出版社1989 年版，第 4 页。

② 另一说为 150 名，见山东省总工会、山东省档案馆合编：《山东工人运动历史文献选编》（第一集，1927—1937），1984 年，第 116 页。

立了枣庄矿区"工会整理委员会"（工整会）。8月17日，周学昌以召开工人代表大会、答应工人要求为名，诱捕了外工会张福林、蒋福义、王文彬、郭长清等工会主要领导人。矿区党支部和工会遭到破坏，党在枣庄矿区的活动被迫暂时中止。

三　中共枣庄特委的建立

国民党控制枣庄地区后，在建立党部和各级政府机构后，并派驻重兵把守矿区。同时，在枣庄实行严密的特务统治，便衣、特务遍布枣庄的大街小巷，工人言论稍有不慎即遭逮捕。此外，在敌人的白色恐怖下，党的组织被严重破坏，短期内无法派出人员整顿枣庄事业。当时的枣庄矿业也由于遭受军阀混战和国民党的敲诈勒索，元气大伤，厂矿停产，工人失业严重，外来人员无法在枣庄落脚，故有时党派人来枣庄也很快就遭逮捕。由此至1930年，枣庄地方党的工作陷于停顿，1931年以后才逐渐恢复。

在枣庄党组织遭破坏期间，党中央十分关注枣庄矿区的工作，曾多次指示江苏、山东省委迅速派员恢复党在枣庄的工作。根据党中央的指示精神，山东省委高度重视，在1930年8月5日，向党中央汇报时强调指出，恢复和重建鲁南党的组织，是当时最重要的任务。经过山东省委常委与江苏行委的沟通，1930年冬天，上级党组织决定派田位东和郑乃序来枣庄①。1931年3月12日，山东省委和江苏行委分别派员在徐州汇合，由田位东主持召开了一次会议，会上山东省委军事委员程委平传达了省委指示。会议研究了枣庄的工人运动问题，决定来枣庄煤矿建立枣庄特别支部委员会，田位东任特支书记，郑乃序任副书记兼宣传部长。特支隶属山东省委领导。会议还研究了开展枣庄工人运动的具体工作方案，明确指出要利用关系深入矿区，发动工人罢工，然后建立革命武装，转移到抱犊崮山区成立红色游击队，建立革命政权，实行武装割据，以牵制敌人对江西红

---

① 枣庄市政协文史资料委员会编：《枣庄文史资料》（第十一辑），1991年，第6页。

军的"围剿"。①

徐州会议结束后，田位东和郑乃序在邱焕文的带领下来到枣庄，利用邱在矿上的关系在工人中开展工作。很快就发展了孙伯英、王子刚等加入了党组织，又成立了矿区互济会，使工人农民都得到了实惠。特委又根据工作的需要，于1931年4月建立了峄西工作委员会，主要任务是配合矿区特支开展工人运动，并在广大农村发展党员，支援策应工人斗争。此外，特委还派两名青年学生在教育界进行革命宣传。后来，经过田位东和郑乃序二人的努力，又先后发展20余名工人加入了党组织。在特委的领导下，还成立了秘密工会，由郑乃序负责，工会组织迅速发展壮大，力量不断加强。1932年7月22日，田位东、郑乃序召集数千名工人在窑神庙广场集会，遭到军警的围捕，田位东和部分工人代表被捕。嗣后，郑乃序准备离开枣庄，但由于工贼的出卖于24日被捕。1932年8月7日，田位东和郑乃序二人被国民党当局杀害于济南。此后，山东军阀韩复榘加派大批军力到枣庄，加上本地的反动军警和矿警等，大肆捕杀共产党员和革命群众。枣庄党和工会组织遭到严重破坏，许多共产党员和工人代表相继被捕，党在枣庄地方的工作再次遭遇严峻考验。

四　中共苏鲁豫皖边区特委的建立

1932年7月，由中共枣庄特委组织领导的煤矿工人大罢工失败后，整个枣庄地区陷入了国民党特务的白色恐怖之中。中兴公司资本家更加肆无忌惮地利用工贼侦察和监视工人的行动，强化对工人的统治和剥削。国民党新军阀韩复榘又在全城制造白色恐怖，实行全矿戒严，严禁群众集会，包括两三人的闲谈也在禁止之列，凡在枣庄住店超三天的外来人员，必须有保人担保。同时，为了进行报复，矿方解雇了许多矿工积极分子，有些人则被减少工作日，这就导致许多煤矿工人处于失业或半失业的状态。

---

① 中共枣庄市委党史办公室、枣庄市出版办公室编：《鲁南峰影》（上），山东文艺出版社1989年版，第16页。

为了恢复党在枣庄的地方组织，中共山东省委和江苏行委曾于 8 月派员来到枣庄，但因无职业掩护，不能立足，被迫返回①。正是在这样的背景下，郭子化受中共徐州特委派遣到枣庄开展工作，经过他的努力，开辟了矿区及峄、滕各县党的工作，恢复了苏北丰、沛、肖、砀各县党的组织，建立了苏鲁边区特委②，鲁南、苏北的党建工作取得了很好的成绩。

1933 年 4 月，徐州特委书记冷启英来枣庄视察工作。当时郭子化在枣庄已经取得了一定的成绩，在工人和市民有了较好的群众基础，除发展了一批工人党员、建立了一个工人支部外，还取得了与湖西沛县农村党员的联系。冷启英向郭子化通报徐州特委和各县、区、乡党的组织已经遭到严重破坏，形势十分严峻，他指示郭子化要以枣庄矿区为中心向外地发展，恢复徐州特委辖区的工作。③"五一"前后，郭子化等组织领导了煤矿工人争取"花红"的罢工，取得了胜利。

是年夏，枣庄矿区党委成立，成立了医药公会。为开展党的秘密工作提供了身份掩护，还可为党的活动提供经费。这时期，枣庄党组织的发展还逐步扩展到社会各个阶层，除了在医药界获得成功外，在枣庄商业界、教育界、军政界和农村中都先后发展了党员，建立了党组织。此外，还注重发展少数民族积极分子入党，回族青年李微科、张鸿仪、李汝佩等在郭子化等的帮助下相继加入了党组织。

1933 年 8 月以后，郭子化和枣庄地方党组织与上级失去联系，被迫独立开展工作，担负起恢复徐州地区党组织的任务。在矿区党委成立后，党组织工作迅速发展，枣庄矿区及周边地区相继恢复发展了党的组织。1934 年，在丛林、陶洪瀛等的组织下，先后建立了吕巷、武穴农村党支

---

①　中共枣庄市委党史办公室、枣庄市出版办公室编：《鲁南峰影》（上），山东文艺出版社 1989 年版，第 31 页。

②　枣庄市政协文史资料委员会编：《枣庄文史资料》（第十一辑），1991 年，第 9 页。

③　中共枣庄市委党史资料征集研究委员会编：《枣庄地区党史资料》（第二辑），1984 年，第 2 页。

部。是年冬，褚子方等人在沙沟建立了党支部。① 随着各地的党组织迅速恢复和发展，矿区党委已经不能适应新形势下的工作需要。为了加强苏北鲁南一带党的统一领导，1935 年 2 月，郭子化召集了枣庄矿区及周边县区党的负责人会议，决定成立苏鲁边区临时特别工作委员会。② 这样，苏北鲁南一带重新建立了自己的统一领导机构，推动边区党的工作进入了一个崭新的阶段。

临时特委建立后，为了保证组织的安全，经研究决定以抱犊崮山区为中心，开辟山区党的工作，建立革命根据地。1935 年 5 月末，建立了中共大北庄党支部③。大北庄党支部的建立，带动了抱犊崮山群众运动的发展，取得了对敌斗争的多次胜利。在此基础上，边区特委又派李韶九到临沂、费县一带开展革命活动。到 1936 年，中共苏鲁边区特委的活动范围已经由枣庄矿区，扩展到了苏鲁豫皖边区的沛、峄、费、泗、丰、萧、邳、灵璧、永城、临沂、铜北等十几个县。各地方党组织得以恢复和发展，党员数量不断增多，党的组织机构日益完善。1935 年时，由于苏鲁边区特委党建工作迅猛从苏鲁边区发展到河南、安徽的几个县，1936 年年底，特委决定改为苏鲁豫皖边区临时特委。

1935 年，在中国共产党的领导和推动下，全国掀起了抗日民主运动的高潮。为了镇压苏北鲁南一带抗日爱国运动，1936 年春，国民党徐州机关派出了大批的特务，对枣庄、临城、夏镇、滕县一带进行严密监控，对过往行人进行盘查。6 月 17 日，郭子化在枣庄被逮捕，押送到徐州。后被保释返回枣庄，连夜召开特委紧急会议，决定临时特委机关立即转移至抱犊崮山区费县高桥镇，在高桥镇开设广德堂药店，作为特委的秘密机关。

---

① 中共枣庄市薛城区委组织部、中共枣庄市薛城区委党史资料征集研究办公室、枣庄市薛城区档案局：《中国共产党山东省枣庄市薛城区组织史资料（1927—1987）》，山东省新闻出版局 1989 年版，第 3 页。

② 中共枣庄市委党史资料征集研究委员会编：《枣庄地区党史资料》（第二辑），1984 年，第 4 页。

③ 中国人民政治协商会议枣庄市山亭区文史资料委员会编：《山亭文史资料》（第一辑），1990 年，第 51 页。

中共苏鲁豫皖边区临时特委机关撤出枣庄后，特委立即以枣庄矿区党委进行了高速充实。又以原沙沟党支部为基础成立沙沟区委，① 开辟了在滕县东部山区的工作，建立了党支部。同时，还在滕县北辛开设了乾德堂药店，作为特委与湖西的交通联络点。② 也逐渐取得了与上级党组织的联系，随后按照中央指示转移工作重心，逐步成为鲁南、苏北一带领导抗日的中流砥柱。

1937 年 2 月，郭子化去延安向党中央汇报苏鲁豫皖边区临时特委的工作情况。中共中央对边区工作给予了充分的肯定，并正式批准了边区特委成立，将其划归即将成立的河南省委领导。1937 年 11 月，河南省委派刘文到鲁南改组特委。郭子化任书记，张光中任组织委员，何一萍任宣传委员，刘文以河南省委代表身份参加特委。在抗日形势日趋紧张和国共合作日益紧密的形势下，出于工作的需要，特委机关迁到徐州，并决定特委领导分工管理各地区工作。张光中负责湖西各县工作，何一萍负责鲁南各县和矿区工作，郭子化负责全面工作兼管徐州市和苏皖边区及豫东各县工作。1938 年 5 月，徐州沦陷，特委机关撤离徐州迁回鲁南山区。8 月，苏鲁豫皖边区特委接中央电示，划归苏鲁豫皖边区省委领导。省委决定撤销边区特委，分别成立苏皖、鲁南、苏鲁豫三个特委。至此，苏鲁豫皖边区特委完成了她的历史使命。③

五 中共滕县、临城地方党组织的建立

1927 年，国民党公开叛变革命后，滕县陷入白色恐怖之中。滕县进步青年王临之等积极探索革命真理，寻找革命道路。他们经过酝酿，决定集资开办书店，以此为掩护在滕县传播进步思想。1929 年春天"国民书店"在滕县南门里路东创办，以此为平台向滕县青年宣传革命思想，传

---

① 中共枣庄市委党史研究室：《中国共产党枣庄地方史》（第一卷），中共党史出版社 2005 年版，第 79 页。

② 中共枣庄市委党史办公室、枣庄市出版办公室编：《鲁南峰影》（上），山东文艺出版社 1989 年版，第 44 页。

③ 中共枣庄市委党史办公室编：《绝色战旗》（中共苏鲁豫皖边区特委专辑），山东友谊出版社 1995 年版，第 15 页。

播马克思主义理论。书店秘密销售《共产党宣言》《马列主义基础知识》等马列主义小册子和进步作家作品，还常把进步青年介绍到各乡担任小学教师。[①] 其影响包括在校学生和社会进步青年，为马克思主义在滕县的传播做出了重要贡献。

王临之来滕县前，负责省立七中党的工作，并受省委指示回滕县开展党的工作。1931 年秋，根据山东省委指示，由王临之主持，在滕县城西南大铁桥西北徐家花园举行了建党会议，决定正式建立了中共滕县特别支部委员会。

滕县特别支部建立后，又陆续发展了一批党员。还根据省委指示精神，制定了工作方针，"发展党员，扩大党的组织；做好宣传工作；做好宣传工作；注意群众运动"[②]。以此为指导，特别支部开展了一系列秘密工作。

滕县党组织建立后，济南、济宁等地经常有党员来往，进步教师和学生也经常光顾书店，以"国民书店"为中心，进步思想愈益活跃。经特支研究决定，于 1932 年夏，成立了"读书会"。以此为掩护，特支有组织地把进步青年团结起来，觉悟不断提高，继而发展成为党员。这期间先后发展了一批党员，他们在后来的抗日战争和解放战争中成长为党的骨干，为中国革命做出了重要贡献。此外，特支还把党员派到各学校和文化机构任职，这既可以职业掩护党员身份，又可以发挥党员所长传播知识，又便于开展工作，对传播进步思想、联系群众都有积极作用。特别支部还根据既定方针，积极地开展群众工作，成功地领导和推动了学生的抗日爱国运动和群众的"反镶修湖堰"、抗"团捐"运动，在实践中丰富了斗争经验，扩大了党的组织，推动了滕县一带革命工作的前进。

但是，特别支部所开展的活动，引起了国民党当局的警觉和怀疑，在经过一番侦查后，1932 年 10 月 13 日（农历九月十四日夜），反动当局重兵包围了"国民书店"，逮捕了地下党员渠玉柏和店员雷新修，发布对王

---

① 中共滕县县委党史资料征集领导小组办公室编：《滕县党史资料》（第一期），1983 年，第 2 页。

② 同上书，第 6 页。

临之、李景黄、李叔铭、刘炳文等共产党员的通缉令。随之全城戒严，在县城主要街道路口派军警把守，对来往人员进行严格盘查，企图将特支成员一网打尽。"国民书店"事件使滕县党组织遭到破坏，党的活动转入低潮期。但此后不久，公安局也调任他处，相继返回滕县的党员又恢复了党的工作，继续坚持革命活动。返滕后的党员潜入到各小学任教，借助教师身份开展工作。通过组织一系列师生运动，激发了广大师生的爱国情怀，为新的党组织的建立创造了条件。1936年年初，张学周、李叔铭、王右池三人，自发组织成立了中共五所楼懋榛小学支部。

五所楼懋榛党支部成立后，积极开展党的工作。他们通过课堂和日常生活教育，向学生宣传政治形势，启发学生的爱国热情。同时，通过揭露当地地主李子猷，向学生进行阶级教育。为了更好地教育学生和发动群众参加抗日活动，还创办了《图存报》，广泛宣传抗日救国真理，揭露日本帝国主义的侵略行径。其影响范围遍及山亭、羊庄、沙沟皇殿岗，及微山湖周边，在鲁南地区相当活跃，为宣传革命发挥了积极作用。该支部在积极宣传革命的同时，还重视组织发展工作。抗战开始后，滕县党组织与中共苏鲁豫皖边区特委取得了联系，懋榛支部的工作也得到上级的肯定。由于懋榛支部坚持抗日宣传，深刻影响了当地学生和广大农民群众，阶级觉悟不断提高，抗日热情不断增强。全面抗战爆发前，五所楼成立了"抗日农民救国会"，由李俊义任会长。懋榛支部是一支年轻的党组织，但为推动当地革命形势的发展发挥了关键作用，是我党顽强生命力和领导能力的真实见证。

此外，薛城地区也是枣庄矿区以外党组织发展较早的地区。1927年，国民党叛变革命后，在全国实行白色恐怖，大肆屠杀中国共产党党员和革命群众。在此背景下，为加强对铁路工人的领导，1927年1月，中共山东省委召开会议，要求集中力量在津浦、胶济铁路沿线发展党的组织。[①]在党的领导下，全省乃至全国铁路工人与敌人展开了坚贞不屈的斗争，工

---

① 济南铁路局史志编纂领导小组办公室编：《济南铁路局志·大事记（1897—1985）》（征求意见稿），1989年，第19—20页。

人运动获得了较大发展，党的组织也逐渐建立，其中津浦线上的临城也建立了党组织。[①] 1932 年 8 月，中国共产党党员张新华通过关系进入沙沟火车站工作，当上了铁路警察，他利用合法身份作掩护，秘密进行建党活动。他先后发展了申立功、耿继发、赵文均、马文香、刘玉恒等人入党，并建立了中共沙沟火车站支部，由李成祥任书记，张新华任副书记。[②] 这是枣庄地区较早建立的党组，次年 8 月，由于叛徒出卖，张新华被捕，该支部撤销。

1933 年 4 月，峄县县委建立，为开辟枣庄西部地区党的工作局面。丛林、陶洪瀛被派到大小吕巷、武穴、香城一带农村地区开展工作。先后建立了大吕巷、大武穴等支部。是年冬，褚子方建立了沙沟党支部。后派褚雅青以行医为名在沙沟、郗山一带秘密发展党组织，1936 年 11 月建立了临沙支部。在此基础上，为了加强对这一带的领导，中共苏鲁边区临时特委决定建立临沙区委。与此同时，张光中也秘密进驻临城，在临城及津浦铁路以西开展党组织的恢复和重建工作。

表二　　　　　　　　抗战爆发前临城地区党组织概况

名称	建立时间	所在地
中共沙沟支部	1934 年冬	沙沟
中共沙沟火车站支部	1932 年 8 月	沙沟
中共临沙支部	1936 年 6 月	沙沟、临城一带
中共临沙区委	1936 年 11 月	临城、沙沟带
中共大吕巷支部	1934 年春	大吕巷
中共大武穴支部	1934 年夏	大武穴

资料来源：中共枣庄市薛城区委组织部、中共枣庄市薛城区委党史资料征集研究办公室、枣庄市薛城区档案局：《中国共产党山东省枣庄市薛城区组织史资料（1927—1987）》，山东省新闻出版局 1989 年版，第 6 页。

---

① 参见山东省总工会、山东省档案馆编《山东工人运动历史文献选编》（第一集）（1927—1937），1984 年，第 112 页。
② 中共枣庄市薛城区委组织部、中共枣庄市薛城区委党史资料征集研究办公室、枣庄市薛城区档案局：《中国共产党山东省枣庄市薛城区组织史资料（1927—1987）》，山东省新闻出版局 1989 年版，第 4 页。

抗战爆发前，在国民党的白色恐怖中，薛城地区党的地方组织陆续建立，党员数量不断增长。虽然这些党组织相继被破坏，有些党员献出了宝贵的生命。但党的活动的确推动了本地马克思主义的传播，提高了人民群众的觉悟。在党组织的领导下，这一带工农运动获得了初步发展，还积极投入到轰轰烈烈的抗日救亡运动中去，播下了革命的火种。

第三节　全面抗战爆发前夕枣庄地区的经济与社会

一　社会经济发展概况

1928 年 4 月，枣庄地区结束了旧军阀的统治，确立了国民政府的统治。统治初期，国民政府在包括枣庄在内的山东辖区采取了部分减轻捐税的措施，却大部分保留了张宗昌时期名目繁多的苛捐杂税，国民政府对人民的剥削依然很重。中原大战之后，韩复榘出任山东省政府主席。山东的社会秩序进入一个相对稳定的时期，为工商业经济的复苏与发展提供了较好的环境，枣庄的社会经济也获得了一个短暂的发展时机。

这一时期，频仍的天灾人祸给山东人民带来了巨大灾难。先有日军占领济南，全省铁路交通受阻，枣庄所傍依之津浦铁路因此阻断，南北货运大受阻碍，粮、茶、棉、油及生米杂货等大宗物资运输维艰。日军侵略山东的战争和其后的中原大战、韩刘之战，也都使广大农村的损失惨重。再有军阀残余分子在山东横征暴敛，烧杀抢掠，使社会经济遭受严重破坏，整个社会的购买力大大下降，工商业普遍萧条、凋敝。枣庄地区也不例外，受诸因素的影响，广大人民的生产生活极度困难，常以草根树皮为食，居住条件尤为简陋，失业人数有 5000 多。[①] 失业工人的生活极度窘迫，给枣庄社会带来了非常严重的社会问题。同时，全省四分五裂，军阀土匪溃兵及帝国主义各霸一方，到处勒索给养，鲁南、鲁中、鲁北乃至鲁

---

① 山东省档案馆、山东社会科学院历史研究所合编：《山东革命历史档案资料选编》（第一辑），山东人民出版社 1981 年版，第 348 页。

东地区饱受纷扰，农民不得安居乐业，富者出逃避难，穷者则为兵匪。由于近代军阀专制，山东匪乱一向很严重，鲁南山区土匪对人民蹂躏尤甚，铁蹄所到之处，奸淫掳掠，无恶不作，给广大人民造成了极大困扰。

从总体上看，20 世纪 30 年代，枣庄的经济社会相对落后。农业在枣庄各业中占主导地位，主要出产小麦、高粱等农产品。工商业发展相对落后，其中中兴公司出产的煤炭为大宗商品。由于交通便利，当地商业尚有一定发展，市场上可以见到种种洋货及各地工业制品，[①] 但由于价格非常高，能够消费得起的只有中兴公司的高层管理人员，对绝大部分枣庄人来说仍属奢侈品。这也从一个侧面反映了枣庄工商业的萧条。虽然如此，枣庄地区基础设施建设颇可称道，电话、道路、农林凿井较之前有较大发展，[②] 对促进当地社会经济发展发挥了一定作用，也极大地方便人民生活。地处枣庄西北的滕县有较为优越的农业条件，土地肥沃，津浦路贯通南北，又可借微山湖及京杭大运河作为水运通道，交通堪称便利，经济社会有一定的进步，近代化的基础设施建设有所发展，全县主要城镇已开通长途电话。由于特殊的区位优势，滕县虽然工业发展虽然相对滞后，但商业兴旺[③]。在峄县城，近代工业几近空白，但商业延清末商业繁华之余绪，医药、杂货、酒油作坊、日用百货、银器首、酱油食醋等传统商业有所发展，著名的商户有中和堂药店、凤宝斋银楼、庆升酱园店、永丰商店、大德昌广货店、广盛永杂货店等。有些经营良好获利颇丰。如中和堂药店年红利可达 1 万吊之多，庆升酱园店在全面抗战爆发前处于发展鼎盛期，年收入可达两三千元[④]。有些则受军阀混战、苛捐杂税及整体商业环境的影响而举步维艰，甚至被迫停业。

就近代枣庄经济而言，近代工业仍有一定的发展。如随着当地工商业的发展，用电需求不断上升，滕县于 1920 年 4 月投入运营了滕县电灯股

①　施裕寿、刘心铨编著：《山东中兴煤矿工人调查》，社会调查所 1932 年版，第 1 页。
②　张育会、刘敬之编：《山东政俗视察记》（上），山东印刷局 1934 年版，第 267—271 页。
③　同上书，第 244 页。
④　枣庄市峄城区政协文史资料委员会编：《峄城文史资料》（第九辑），1997 年，第 101、106 页。

份有限公司。初期投资为 35000 元，有职工 20 人，年发电量 6 万度，[1] 为滕县工商业的发展做出了贡献，也为驻地军民提供用电服务，提高了生活质量。公司初期运营效益较好，利润丰厚。1927 年以后，由于军阀混乱带来的连年战乱，使市场日趋萧条，一些工商业户处于停业或半停业状态，加上企业经营管理不善，业户欠电费现象非常严重，这就给电灯公司带来了巨大困难，经营每况愈下。泰丰面粉厂是当时枣庄规模不大的一间工厂，建立于 1935 年，有小型面粉机两部，工人 30 多人。日产面粉 300 多袋[2]，由于利润可观，在其带动和影响下又有七家面粉厂先后兴起，形成了一股不小的办厂热潮。此外，峄县的孤儿院和瑞门德医院院长万美利在任期间，为了维持孤儿院的资金需求，开办了一批以传教士背景的小型企业，有牛奶场、酱园、组织厂等，采用现代生产技术，规模不大，为当地一种新的经济成分。

中兴煤矿公司在这一时期也同样饱受时局的摧残，发展举步维艰却小有成就。中兴公司是近代民族工业的代表，是当时最大的中国民族资本煤矿[3]。第一次世界大战期间，中国的民族工业迅速发展，引起煤炭需求量上涨和煤价飞涨等一系列连锁反应。其间，中兴公司也因此获得了一个良好的发展机遇，其招募资本金迅速扩充到 1920 年的 1000 万元，实募 750 万元[4]。在雄厚资本金的支持下，中兴公司便不断扩大生产规模，添置了一批新式机械设备，1925 年，已经发展成为拥有两个大井、3 家分矿、140 座小井、近百座炼焦池、20 多处分销厂，年产煤炭可达 82 万余吨，烧焦 1.6 万吨的大型煤矿，一度在全国煤矿中排名第三[5]。但 1925 年以后，由于新旧军阀的混战，山东、江苏、河南一带战乱频发，中兴公司销售通道被阻塞，煤炭运销陷入停滞状态，不得不于 1928 年停产。而新旧军阀的盘剥与压榨又加重了公司负担，严重阻滞了公司的发展。如 1928

---

① 滕州市政协文史资料委员会编：《滕州文史资料》（第六辑），1990 年，第 54—55 页。

② 枣庄市政协文史资料委员会编：《枣庄文史资料》（第十七辑），1992 年，第 41 页。

③ 施裕寿、刘心铨编著：《山东中兴煤矿工人调查》，社会调查所 1932 年版，第 1 页。

④ 枣庄市政协文史资料委员会编：《中兴风雨》，1993 年，第 134 页。

⑤ 枣庄市政协文史资料委员会编：《枣庄市文史资料》（第十七辑），1992 年，第 29 页。

年，国民党战地委员会进驻枣庄后，向中兴公司勒索军饷 190 余万元，当年亏损 165.4 万元，其后两年又分别亏损 103.5 万元和 27 万元①。进入 1930 年以后，山东煤炭市场又面临日产煤的激烈竞争，包括中兴公司在内的国产煤由于成本远高于日产煤②而面临巨大挑战，煤炭产销量逐渐下降，营业状况均日益恶化。这期间，中兴公司充分发挥铁路和水运的优势，以销带产。通过不断扩充生产设备，利用机械生产提高生产效率。同时，又注重开展多种经营，于 1933 年斥资兴建连云港码头，1937 年，成立中兴轮船公司③，大大提高了枣煤外销能力，既有利于扩大销售，又通过多种经营提高企业利润，推动企业发展蒸蒸日上。至 1936 年，中兴公司煤炭产量猛增到 173 万吨，盈利高达 446.2 万元，拥有 3 座大型矿井、3 个分公司、10 多个分厂、40 多个销煤厂栈④。除煤炭产销外，中兴公司还广开财源，先后开办轮船公司、盐业公司，建立了百余座炼焦厂，开办客货运输业务，又开展砖瓦、翻砂、炼铁、铁器加工、水泥、机器及车辆维修、面粉、榨油等多种业务，使企业在极其艰苦的经济社会环境中仍然持续发展，为近代枣庄社会经济的进步做出了突出贡献，是我国近代民族工业的杰出代表。

二 文教卫生事业

随着社会经济的发展以及近代工业文明的深入影响，抗战爆发前，枣庄的文教事业有了一定的发展，社会福利和医疗卫生事业也随之兴起，除在城镇有较大影响，并能辐射周边乡村，一定程度上对提高枣庄地区的文化水平，改善医疗卫生条件发挥了推动作用。

国民党确立在山东的统治后，为了维护对山东的统治，竭力控制学校教育，注重教育的发展，在经费上的投入有所增加。除省政府出资办学

---

① 枣庄市政协文史资料委员会编：《中兴风雨》，1993 年，第 135 页。

② 中兴煤矿的煤运销上海每吨需成本 18 元，日产抚顺煤每吨仅售 10 元。参见樊英《中国经济状况的鸟瞰》，《东方杂志》第 30 卷第 4 号，1933 年 2 月 16 日。

③ 《中国煤炭志》编纂委员会：《中国煤炭志·山东卷》，煤炭工业出版社 1997 年版，第 30 页。

④ 枣庄市政协文史资料委员会编：《枣庄市文史资料》（第十七辑），1992 年，第 30 页。

外，国民党山东省政府还大力鼓励地方办学办教育，地方教育经费投入逐年增加明显，全省从 1930 年的 300 多万元增加到 1935 年的 500 多万元①，较大程度上推动了全省基础教育事业的发展。此外，还鼓励私人投资办学，并推行义务教育和社会教育。1934 年 3 月以后，又着力发展乡村教育，规定每县选一处乡村学区为乡教实验区。这一系列措施在较大程度上提升了山东省的教育事业发展，但总体上仍十分落后，不仅教育区域发展极少均衡，教育的受众也集中于上层子弟，广大贫苦子弟受教育的机会有限。

在全省兴办教育的背景下，枣庄的教育事业也有所发展。据统计，1934 年时峄县境内有 72 所学校，但"教育尚未普及"②，由于各种条件的限制，教育事业的发展在城镇较为突出。其中，中兴煤矿公司颇为重视文化教育事业建设，从 1923 年开始，中兴煤矿公司先后兴办了中兴小学、陶庄中兴垫小学、台儿庄分厂小学、中兴中学、职业中学、工人补习学校 6 所中小学和职业学校，还开办有幼儿园③。其所办小学校为培养职工子弟进入高一级学校深造提供了良好的条件。如中兴小学从 1923 年建立到 1946 年毁于战火，经历了 23 年的艰难发展，先后有 13 届学生毕业，开设有公民训练、国语、社会自然、算术、劳作、美术、体育、音乐、童子军等课程，开阔了学生视野，传播了近现代自然科学和社会科学知识，培养了一大批优秀毕业生，先后有 44 人考入省内外著名中学继续读书④。中兴公司也重视职工教育，所办成人教育则为提高公司职员文化素养和劳动技能发挥了重要作用。如 1930 年，中兴煤矿公司成立工人补习学校，教育对象就包括没有受过教育的工人，除对他们进行基础文化教育外，还"授以较高深之普通学科"。更重要的是为工人中的"优秀分子"深造创造条件，学校累计毕业学员 617 人，被誉为"山东煤矿办扫盲教育最早

---

① 《山东民国日报》1936 年 1 月 13 日。
② 张育会、刘敬之编：《山东政俗视察记》（上），山东印刷局 1934 年版，第 271 页。
③ 《中国煤炭志》编纂委员会：《中国煤炭志·山东卷》，煤炭工业出版社 1997 年版，第 30 页。
④ 枣庄市政协文史资料委员会编：《中兴风雨》，1993 年，第 182 页。

且成绩显著的单位"①，是近代枣庄教育事业发展成果的重要代表。

在教育发展的同时，近代枣庄地区传统医药经营延续了旧时代的兴盛，1880 年以后，较为著名的如滕县的万和堂、中和堂、同仁堂、裕德堂、枣庄的庆裕栈，薛城的怀济堂等药店，都是资金雄厚、批零兼营的大型医药商业企业，业务范围达于周边地区，为保障当地群众基本的医疗需求提供了保障。在传统医药发展的基础上，西医也逐渐进入枣庄境内，建立了部分西药商店，开办了部分西医医院。至抗战爆发前夕，枣庄区域内的中西药店铺、诊所发展较快，仅毁于日军战火的就有滕县中和堂、同仁堂、五洲西药房，薛城则有 15 家药店、诊所，台儿庄也有 13 家中、西医药店和 5 家医院、诊所②，从其被毁数量可以窥见此前枣庄地区医药卫生事业发展的盛况。

枣庄也陆续建立了一些西医医院，这些医院在枣庄、峄县及滕县等地均有分布，20 世纪 30 年代随着西方传教士的发展而有所发展，其中著名的有峄县的瑞门德医院、滕县的华北医院。1933 年起，峄县瑞门德医院院长由孤儿院院长万美利兼任，大力拓展医院业务，在峄城南关、台儿庄、周营设有美利诊所。瑞门德医院规模较大，设备完善，医师阵容齐整，医疗质量较高，在赚取大量钱财的基础上，也改善了当地的医疗条件。其余地方门诊规模小，多以助产为专业。滕县的华北医院建立于 1913 年滕县城北关，原称"福音医院"，由基督教长老会建立，1929 年改名为华北医院。华北医院聘齐鲁学院毕业生医学博士于道荣为院长，设有内科、外科、妇产科、X 光室、手术室、化验室、西药房、制剂室等科室，病房设有床位 20 张，医疗人员 18 人。该院医疗技术相当先进，可做截肢、阑尾炎、肠梗阻、剖宫产、白内障、眼球摘除等手术，门诊量不断增加，住院病人增多。遂于 1935 年募集万余元扩建医院，1936 年 9 月竣工。建筑面积和病房床位数均有较大增加，又添置了一批医疗设备和仪器，进一步改善了医疗条件。滕县华北医院主要服务滕县本地，辐射可及

---

① 《中国煤炭志》编纂委员会：《中国煤炭志·山东卷》，煤炭工业出版社 1997 年版，第 29—30 页。

② 枣庄市政协文史资料委员会编：《古稀老人话今昔》，1991 年，第 123—124 页。

于邹县、费县、峄县等相邻县区，抗战爆发前夕为基督教华北医院最昌盛时期①，为改善群众的医疗卫生条件发挥了一定作用。

三　20世纪30年代工农运动的蓬勃发展

1928年以后枣庄矿区陷入国民党的白色恐怖之中。工人运动暂时失去了党的领导，直到1931年，中共枣庄矿区特委会建立后，有了党的领导，煤矿工人运动才有了新的突破。

在上级党的多次指示下，1930年冬起，枣庄开始了党的重建工作。到1931年4月18日，成立了中共枣庄矿区特委会。

矿特委成立后，先后发展了20余位积极分子入党，组织成立了矿区互济会和秘密工会，加强了对工人运动的组织领导。矿区特委首先带领工人群众对经常欺压他们的反动把头进行了惩罚。有了党的教育和鼓舞，工人们已经逐渐消除对资本家和包工头的恐惧心理，不再惮于把斗争的矛头指向他们，先后开展了对陆姓煤矿把头和包工头邓希慧的斗争，迫使他们做出妥协和让步。斗争的胜利也极大地鼓舞了广大煤矿工人的革命斗志，使得他们更加紧密地团结起来，为酝酿新的更大规模的工人运动创造了条件。

1932年1月28日，日本侵略者公然进攻上海，淞沪抗战爆发。当时上海近7万工人在中国共产党的组织下举行罢工，各界民众也纷纷组织反日救国会，支援我军抗战。枣庄煤矿工人也捐款6000元，支援上海人民的抗日斗争。② 在全国抗日热情高涨声中，枣庄中兴煤矿当局却反其道而行，为减少开支，又大量裁减工人，导致工人的劳动强度大大增加。同时，还取消了里工每季一吨煤炭的津贴。随后的春季分花红，又取消了外工的分红。矿方的做法激起了里、外工的同时愤怒，矿区形势对组织工人运动越来越有利。鉴于形势的发展，矿区特委专门召开会议，决定趁机发动矿工开展争取分花红的罢工斗争。

---

① 滕县政协文史资料委员会编：《滕县文史资料》（第三辑），1987年，第121—122页。
② 《枣庄煤矿志》编纂委员会编：《枣庄煤矿志》，中华书局2001年版，第19页。

7 月 16 日上午，特委在十里泉组织召开了工人罢工动员大会，参加大会的有六七千名工人群众。会议决定代表工人向资本家提出的减少工作时间、增加工资、平等里外工待遇、取消包工制、积欠外工花红如数发还等要求。① 还选举 110 名工人代表向资本家交涉。会后，工人代表立即赴中兴公司谈判，但遭到军警的阻拦，工人代表请愿队伍被冲散。

特委随即组织工会积极分子召开形势分析会，决定于 22 日在窑神庙再次召开罢工斗争大会，以制造更大的罢工声势。会议决定，斗争大会后立即举行示威游行，然后控制中兴公司门岗，进入公司大楼，劫持德国矿师，撤到抱犊崮山区打游击。会议还研究了派遣工人潜入公司做内应事宜。这次会议对罢工的形势进行了全面分析，制定了详尽的后续工作计划，并有了武装斗争的初步打算，说明我党基层组织对敌斗争的思维方式正在发生转变。

7 月 22 日，数千名煤矿工人在窑神庙广场举行集会。田位东、郑乃序和部分工人代表在主席台前就座，田位东主持会议并发表讲话，他号召里、外工团结起来，共同把罢工斗争进行到底，夺取最后胜利。随后，由工人代表登台发言。正当会议进行之时，会场突然被反动军警包围。田位东和部分工人代表当场被捕。后由于叛徒出卖，郑乃序于 24 日被捕，罢工运动最后失败。

这次罢工事件，矿区特委进行了周密的计划，做了具体的行动步骤，而且当时的斗争形势非常有利，但仍未免失败。事后山东省委对这次事件进行了深刻的总结与反思，"枣庄矿工这次的斗争，事前是经过了特支相当的准备，一般工人的情况非常高涨，斗争的环境是有利于我们的。然而结果因特支领导的错误而失败了。特支三同志，一人叛变，二人被捕，现在支部同志和赤色会员弄得连关系都不容易找着。在这次斗争中，完全打击了'北方落后论'者的胡说。几千工人在军区的包围之下，开过了三次群众大会。在群众大会中，由群众审判和惩办了工贼。在第三次群众大

---

① 中共枣庄市委党史办公室、枣庄市出版办公室编：《鲁南峰影》（上），山东文艺出版社 1989 年版，第 20 页。

会上，举出了四十八人成立罢工委员会。这四十八个委员中，只有我们一个同志，但是我们所提出的主张和办法，群众宣传接受，群众很高兴听红军的消息。但党与同志反而落到了群众的后面。斗争刚发动的时候，特支是从消极的方面去离开群众，后来经过了省委派去人的斗争与批评之后，便又转向另一方面去脱离群众，一切工作不去深入群众和经过群众，而是代替群众，结果特支负责同志均因这种原因而被捕了，群众也有七十余人被捕"[①]。这次事件的教训是深刻的，作为一个工人阶级的政党，面对强大的敌人，我们任何时候都要最大限度地依靠和发动群众，才能保持无往不胜。就这次罢工来看，特委同志盲目自信，对形势认识不够，低估了战斗的残酷性，认为可以轻而易举地达到目的。更重要的是没有做好团结工人的工作，只注重做外工而忽视了团结里工，以致外工罢工孤立无援[②]。又由于没有真正走进群众，对投机分子甄别不严，使其有机可乘，最终叛变革命，又不懂得保护自己，使党的组织和干部完全暴露，为此付出惨重代价。

1932年7月的枣庄煤矿工人大罢工后，枣庄党组织惨遭破坏，党的工作陷于停顿。此后，上级党组织虽然多次尝试派员来枣恢复工作，均未成功。10月，富有地下工作经验的郭子化受命来到枣庄矿区，以行医为职业掩护，逐步打开局面。到1932年年底，先后发展了一批矿工加入了党组织，建立了枣庄矿区党支部。次年春，又建立了枣庄矿区临时工委。党在枣庄地区的工作得到初步恢复。

矿区临时工委同志对矿区形势进行了充分的分析把握，决定接受7月罢工的教训，全面依靠外工，团结里工。同时，尽可能争取矿警士兵的同情，利用资本家与黄色工会间的矛盾，采取措施让黄色工会出面与资本家交涉，利用合法的斗争形式以争取胜利。此外，还把合法斗争与秘密工作

---

① 山东省总工会、山东省档案馆编：《山东工人运动历史文献选编》（第一集，1927—1937），1984年，第538—539页。

② 中共枣庄市委员会党史资料征集研究委员会编：《枣庄地区党史资料》（第一辑），1983年，第100页。

结合起来，经过一番细致的宣教动员工作，争取到了广大矿警的支持①。这就大大减轻了工人运动的压力，为夺取罢工斗争的胜利提供了重要保障。这也是枣庄地方党的组织历经挫折后，逐渐成熟的重要体现。

1933 年 5 月 1 日，枣庄矿区工委组织工人群众在陈郝村举行了罢工动员大会。大会提出了里、外工平等分花红的要求，又选出 53 名代表②（一说为 10 多名）负责与中兴公司交涉事宜。当天下午，工人代表赴中兴公司与资本家交涉，并取得了部分胜利。这次胜利重新点燃了枣庄矿区工人运动的火种，再次显示了工人阶级的伟大力量及团结斗争的重要性，在政治上极大地鼓舞了工人的斗志，锻炼了革命队伍和干部，是我党积极运用策略斗争的重要实践，提振了下一步开展工作的信心。

随着矿区临时工委工作局面的打开，党在矿区的影响不断扩大，党员数量迅速增加，组织规模不断扩大。1933 年 6 月，中共枣庄矿区临时工委改组为枣庄矿区党委，同时中共峄县县委在枣庄建立，开始着手开展峄县农村党的工作。经过枣庄矿区党委的努力，我党在枣庄矿区的工作局面进一步发展，发展党员不仅有煤矿工人，还逐步扩展到社会各个阶层，包括枣庄医药界、商业界、教育界、军政界以及少数民族和农村中都先后发展了党员，建立了党组织。在此基础上，1935 年 2 月，成立了苏鲁边区临时特别工作委员会。这样，苏北鲁南一带重新建立了自己统一领导机构，推动边区党的工作进入了一个崭新的阶段，工农运动进一步发展。

1935 年上半年，党着力对矿区工人进行阶级教育和爱国主义教育，领导他们与中兴公司资本家和封建把头进行了一系列的斗争。这些斗争的规模虽然都不大，但都取得了胜利，推动了群众觉悟的提高，党的影响不断扩大，组织继续发展。与此同时，随着斗争经验的不断积累，党的安全意识逐渐提高，为了坚持长期的斗争，临时特委经过调研后，决定以抱犊崮山区为中心，开辟山区党的工作，建立革命根据地。1935 年 4 月，边

---

① 中共枣庄市委员会党史资料征集研究委员会编：《枣庄地区党史资料》（第一辑），1983 年，第 105 页。

② 中共枣庄市委党史研究室：《中国共产党枣庄地方史》（第一卷），中共党史出版社 2005 年版，第 61 页。

区特委派郭致远、李韶九以行医身份进入抱犊崮山区开展工作。山区工作很快打开了局面，是年6月，建立了中共大北庄支部。该支部的建立大大推动了当地群众工作的开展，有了党的组织和领导，群众斗争热情高涨，所开展的几次针对反动派的斗争，均取得了胜利。

这是枣庄地方党组织开展农村群众工作的重要实践，既锻炼了自身，保护了自己的安全，又提高了在群众中的威信。

在滕县，1931年冬，中共滕县特别支部委员会建立后，当地的群众工作在党的领导下也有了较大突破。滕县特支依托"国民书店"开展工作，由于进店读书的青年进步知识分子越来越多，经研究决定，于1932年夏成立了"读书会"。通过一段时间的教育工作，读书会成员十余名进步青年先后加入了党组织。[1] 他们中的多数在日后成长为抗日战争的骨干，为伟大的民族解放事业做出了突出贡献，有些则献出了宝贵的生命。通过读书会的形式教育青年知识分子，是滕县特支开展群众教育的重要方式，在最有知识、最有活力的群体中进行党的教育和革命宣传，能够起到事半功倍的效果，对于宣传提高党的影响有积极意义。因此，特支还特别注重支持学生运动，在县城内掀起了抗日宣传的高潮。

1932年年初，活动在滕县城西大坞、峄庄带的地主武装，自卫团长张广连、龙振标向农民抗交"团捐"，要求每亩交纳三分钱。滕县特支决定组织农民抗捐，由刘炳文负责组织农民代表30余人到国民党滕县政府进行"抗捐"[2]。最终取得了胜利。是年夏，滕县特支还成功组织领导了反对国民政府镶修湖东大堰的农民运动。这年夏，国民党山东省建设厅下令镶修微山湖东岸大堰。遭到沿湖30多个乡农民的坚决反对，甚至包括地主士绅也对修堰表示满。经特支研究，决定抓住这一开展群众运动的大好时机，派王临之、刘炳文组织沿湖群众举行反镶修湖堰的斗争。最终迫使韩复榘取消镶修大堰的命令。这是滕县特支充分动员和依靠群众，并团结部分开明士绅，采取灵活斗争方式，带领湖区群众取得的一次胜利，使

---

[1] 中共滕县县委党史资料征集研究领导小组办公室编：《滕县党史资料》（第一期），1983年，第7页。

[2] 同上书，第9页。

湖东农民大众免受经济损失，赢得了他们的尊重。

1937 年秋，我党还在邹坞组织了一次暴动，对作恶多端的反动人物王效卿进行了惩办。当时，邹坞乡农学校校长为王效卿，平时笼络了一批地痞流氓在身边，招摇过市，奸淫妇女，敲诈勒索，欺压百姓，无恶不作，民愤极大。中共党员朱道南以峄县教育局视学的公开身份在当地活动，他在邹坞团结了堂兄朱少良及附近齐村镇长李颂领，在当地颇有影响的人物崔玉柳，联庄会骨干成员刘景镇、朱玉相等，得到他们的支持。随后他们共同商定了行动计划，并分别着手组织动员群众。王效卿得到消息后，便策划逃跑未遂，被刘景镇、朱玉相等率领的联庄会成员击毙，沉尸水塘。这次暴动进行得非常顺利，最主要的原因是依靠了广大基层群众，维护了他们的利益。更重要的是参加暴动的民众得到了锻炼，朱道南以此为基础建立了一支武装队伍，后改组为鲁南民众抗日自卫军。枣庄沦陷后，这支队伍被整编为义勇队第三大队，后被改编为八路军——五师苏鲁支队，[①] 为争取抗日战争和解放战争的胜利，做出了积极贡献。

从 1931 年枣庄地区党组织恢复以后，积极利用各种可能的条件，组织和发动工农群众，为争取自身利益勇敢地向剥削压迫他们的资本家和反动派展开斗争，由于组织到位，斗争策略更加灵活、斗争方式多样，基本都取得了胜利。但这一时期党所领导的工农运动仍呈零散、偶发性、规模偏小的特点，基本是以非武力的请愿方式完成，所取得的成功也相当有限。但在斗争中，我党懂得了斗争策略的重要性，学会了总结和反思。通过深刻的总结和反思，我党逐渐找到了与枣庄地方实际需要的领导工农运动的方式、方法，是这一阶段枣庄地区工农运动取得成功的重要原因。

---

① 中共枣庄市委党史办公室、枣庄市出版办公室编：《鲁南峰影》（上），山东文艺出版社 1989 年版，第 86—87 页。

第二章　台儿庄大战与枣庄正面战场抗战

第一节　日本的全面侵华与鲁南抗日形势的发展

一　日本帝国主义的战略推进与全面侵华战争的爆发

1868 年开始的明治维新，推动日本逐渐走上了近代化的道路。这既是近代日本崛起的起点，也是其对东方各国侵略扩张的开始。自那时起，日本就宣布要"经营天下，安抚汝等亿兆，欲开拓万里波涛，布国威于四方"①，正式提出了对外侵略扩张的总方针。以此为指导，日本通过军事改革确立了军国主义体制，形成了"统帅权独立于内阁，陆海军并属于天皇，军政与军令权分立的极端专制的军国主义体制，它造成了一部以黩武扩张为根本任务的战争机器"②。以此为基础，日本进一步确立了大陆政策。1890 年 12 月 6 日，日本内阁首相山县有朋发表施政演说，宣称国家独立自卫之道在于"守护主权线"与"保卫利益线"，并指出其利益线之焦点在于朝鲜。③ 这说明日本已经公然将朝鲜、中国等亚洲邻国包括在其利益线之内，侵略野心昭然若揭，也充分表明日本大陆政策已基本形成。

---

① ［日］伊文成等：《明治维新史》，辽宁教育出版社 1987 年版，第 356 页。

② 军事科学院军事历史研究部：《中国抗日战争史》（上卷），解放军出版社 1991 年版，第 31 页。

③ ［日］大山梓：《山县有朋意见书》，原书房 1966 年版，第 197—203 页。

在近代日本对外侵略扩张的目标指向中，"邻邦清国"① 首当其冲。因为中国"地泽财丰，兵数不下百万，其幅员人口与全欧洲比齐"②，自然对弹丸之日本有极大的吸引力，把它作为对外侵略的主要对象必不意外。1925 年，日本制订了 1926 年度的作战计划，共计划动员 32 个师的兵力，其中分配 16 个师对华作战，占总兵力的 50%。③ 而对美、俄作战兵力共仅 16 个师又 2 个支队，而且其中准备对俄作战的大部分兵力也是以中国东北为基地，显然是把对华作战列入其对外作战的主要目标。1927 年 7 月 7 日，日本官方又正式对外公布了东方会议决议，即《对华政策纲要》，明确提出在"帝国在华权益及日侨生命财产有受不法侵害之虞时"，"需要采取断然自卫措施予以维护"。其对满蒙，尤其是东三省地方，"必须予以特殊考虑"，对该地区"维持和平、发展经济，使之成为内外人士安居之所"，"尤须具有责任感"，在满蒙地方的"特殊地位及权益"受到侵害之时，"不论其来自何方，均应加以防护，并须做好准备，为保护内外人士安居与发展之地而不失时机地采取适当措施"④。其后的《田中奏折》则更赤裸裸地提出，"惟欲征服支那，必先征服满蒙；如欲征服世界，必先征服支那"，然后以中国富源作为征服印度及南洋各岛，以及中小亚细亚欧罗巴的基础，而其中"握执满蒙利权乃其第一大关键也"⑤。这样，日本军国主义者就完成先吞并东北，再及中国全境，而后吞并印度到南洋各岛及世界的侵略蓝图的勾画，成为此后对华军事行动的指导纲领。

1929 年，自美国爆发的世界经济危机也波及日本，使其经济受到巨大冲击。危机造成日本国内生产严重萎缩，使其国内原材料价格下跌 21.6%，生产资料下跌 29.3%，消费资料下跌 16.7%，股票价格指数也由 104 猛跌至 63。⑥ 由此引起了日本经济界一系列的连锁反应，金融业凋

---

① 山县有朋监修：《陆军省沿革史》，日本评论社 1942 年版，第 68 页。
② 大山梓：《山县有朋意见书》，原书房 1966 年版，第 92 页。
③ 《大本营陆军部》1，朝云出版社 1974 年版，第 301—302 页。
④ 同上书，第 276—277 页。
⑤ 《时事月报》第 1 卷第 2 期，南京版，1929 年 12 月。
⑥ 楫西光速、大岛青等：《日本资本主义的发展》，东京大学出版社 1967 年版，第 167 页。

敝，工业破产，大量工人失业，政府财政收入锐减。更重要的是，经济危机还引起了日本的社会政治危机。为了维护社会治安，1928 年 3 月至 1934 年 4 月间，日本政府对共产党和其他进步人士进行了残酷的镇压，社会矛盾进一步激化。工人运动此起彼伏，1930 年时，全日本发生 2289 起工人斗争事件，参加人数有 19.2 万人之多。① 此外，还有农民起义 2478 起。② 为了缓解国内的社会矛盾，转移人民的视线，日本统治者决定发动对外侵略战争，并提出了"根本解决满蒙问题"③ 的方案。因此，1931 年 9 月 18 日，日军关东军制造"柳条湖事件"，悍然进攻中国东北并不是偶然性事件，而是蓄谋已久的既定方针，是为实现日本吞并东北，进而灭亡中国，称霸亚洲美梦的决定性步骤。嗣后，日军迅速占领了东三省，继而越过长城线，蚕食华北地区。

1932 年年底，日本侵略者正式"掉头把圣战指向热河省"④，其意在"使热河真正成为满洲国的领域，并为消灭扰乱满洲国的祸根即东北张学良势力，创造条件，进而确立满洲国的基础"⑤。1933 年元旦，日军守备队经过密谋策划，在榆关宪兵分遣队和守备队派出所前，制造了手榴弹爆炸事件，⑥ 正式向榆关守军何柱国部发起挑衅。次日，一面与中方提出交涉，一面在城南发起了军事进攻，3 日，榆关沦陷。随后又相继攻占五里台、九门口等地，取得了进攻热河序幕战的胜利。接着日本关东军召开兵团主任会议，宣布进攻热河的计划："首先向热河省东境方面作战，在平定该方面兵匪的同时，尽可能把反抗分子牵制在北方。接着，以第八师团等部队迅速向接近河北省省境的热河省南部进兵，构成铜墙铁壁，把华北

---

① ［日］今井清一著：《日本近现代史》（第二卷），杨孝臣等译，商务印书馆 1983 年版，第 220 页。

② 楫西光速、大岛青等：《日本资本主义的发展》，东京大学出版社 1967 年版，第 167 页。

③ 小林房龙、岛田俊彦编集：《现代史资料（7）·满洲事变》，美铃书房 1985 年版，第 145 页。

④ 日本政府参谋本部编：《满洲事变作战经过概要》（第二卷），田琪之译，中华书局 1982 年版，第 69 页。

⑤ 同上书，第 71 页。

⑥ 日本从中国归国者联络会、新读书社编：《侵略——日本战犯的自白》，袁韶莹译，山东人民出版社 1985 年版，第 106—108 页。

和热河省真正割断。这样……使热河省内的反抗分子陷于孤立无援。尔后再将敌人压向西面或西南聚而歼之。"① 2 月下旬，日伪军数万人，在飞机、坦克的掩护下，向热河发动了总攻。由于国民政府军事组织不力，结果前后不足 10 余天，热河全省沦陷。

长城沿线的古北口、喜峰口、罗文峪、马兰峪等是扼守热河通往平津的重要隘口，战略位置极其重要，是日军由东三省南侵的必经通道。在进攻热河的命令中，日军就要求各部队择机对长城沿线这些隘口进行攻击。承德沦陷后，日军即分兵向长城线推进。3 月 5 日，开始展开了对各重要隘口的军事进攻。此后，在喜峰口和罗文峪一带遭到中国军队的顽强抵抗，以使其"皇军名誉"丧失殆尽。② 随后，日军调整战略，对长城东段南侧的滦东地区发起攻击，4 月中旬，完成了对滦东的军事占领。5 月 3 日，关东军司令部决定扩大战事，给中国守军以"致命打击，挫折其挑战意志"③，于是越过长城线从东、西两路同时向冀东地区发动大规模军事进攻。西线日军于 5 月 10 日始，向新开岭地区的中国守军发起进攻，19 日占领密云城。至是月 22 日，东线日军也相继占领滦县、遵化、玉田、平谷、蓟县、三河等地，推进到蓟运河一线。随后，日军继续推进，突破三河、宁河防线，攻陷香河、怀柔、宁河等地后，挺进通县、顺义，形成了对北平城的三面包围之势。迫于强大的军事压力，国民政府决定与日军停战，31 日双方签订《塘沽协定》，规定中国军队撤退至"延庆、昌平、高丽营、顺义、通州、香河、宝坻、林亭口、宁河、芦台所连之线以西、以南地区"，日军"不再越过上述中国的撤退线继续进行追击，并自动回到大致长城一线"④。这样日军就完成了对包括热河在内的东北四

---

① 日本政府参谋本部编：《满洲事变作战经过概要》（第二卷），田琪之译，中华书局 1982 年版，第 71 页。

② 南京国民政府档案，中国第二历史档案馆馆藏资料。转引自军事科学院军事历史研究部《中国抗日战争史》（上卷），解放军出版社 1991 年版，第 261 页。

③ 日本政府参谋本部编：《满洲事变作战经过概要》（第二卷），田琪之译，中华书局 1982 年版，第 102 页。

④ 南开大学马列主义教研室中共党史教研组编：《华北事变资料选编》，河南人民出版社 1983 年版，第 54—55 页。

省的实际控制，划定冀东、平北地区为缓冲区，中国的主权大量丧失。

《塘沽协定》的签订并不可能阻止日本帝国主义侵略的步伐，中国丰富的资源始终是他们觊觎的对象，其中包括"山西的煤，河北的铁，河南、山东以南的棉"，因此，日本必须实行"开发中国本部首先是实现开发华北的方策"①。"九·一八"事变后，日军就明确了"扫荡沿海州及华北方面"的计划，并计划"向华北方面派遣4个师，迅速平定平津一带，根据情况，以后使之对南京军作战"②。可见侵犯华北是日军的既定方针，只是其侵华战略的必要环节。在《塘沽协定》签订后不久，1933年7月6日，日军对华北的政策纲领出笼，即"必须使华北政权压制国民党在华北的抗日活动，并使国民党逐渐减少力量，最后迫使其解体"③。其后又有海军方面的"对华北方策"指出，"通过履行停战协定……使华北的空气转向亲日……逐渐在实际上独立于中央政权的政令之外，恢复同日满两国的依存关系"④。至此，日军对华北的进犯只是时间问题。

1935年起，日军先后制造了第一次和第二次察东事件、张北事件、河北事件，通过这些阴谋事件，迫使国民政府签订《秦土协定》和《何梅协定》，实际控制了包括北平、天津等重要城市在内的河北、察哈尔两地的大部分地区。1935年下半年，日军又策动了"华北自治"运动，意在"使华北各省无论在政治、经济上都完全脱离南京政权而自行独立"⑤。10月，在日本伪满驻天津特务机关的操纵下⑥，借河北香河县抗税事件策划了一场自治运动。11月25日，以殷汝耕为首的"冀东防共自治委员会"日伪政权宣布成立，次月改称"冀东防共自治政府"。随后，日军又策动华北自治，积极推动建立"华北共同防共委员会"。在强大的压力下，国民政府一味妥协投降，于12月18日召开"冀察政务委员会"成

---

① 角男顺：《石原莞尔资料·国防论策》，原书房1971年版，第107—109页。

② 《大本营陆军部》（1），朝云新闻社1974年版，第322—333页。

③ 远东国际军事法庭战犯审讯记录（IMTFE）文件三147C。

④ 《现代史资料（8）·日中战争（1）》，美铃书房1982年版，第9页。

⑤ 南开大学马列主义教研室中共党史教研组编：《华北事变资料选编》，河南人民出版社1983年版，第232页。

⑥ 上村伸一：《日本外交史》（19），鹿岛研究所出版会1973年版，第233页。

立大会①，实际上"成为华北五省政治上脱离南京政府而独立的阶梯"②。与此同时，日军还积极策划了"内蒙古自治运动"，1936年5月12日成立了伪"蒙古军政府"。至此，日本通过扶植伪政权先后实际控制了东北和华北地区，为其掠夺当地富源及推进下一步侵略计划铺平了道路。中华民族面临着沦为日本殖民地的危险，民族危机日益加深。

根据1935年的作战计划，日军分别制定了华北、华中及华南三个方面的进攻计划。在华北方面除了占领北平及天津附近要地外，还要在山东半岛及海州附近登陆，占领青岛、济南、海州附近要地。对华中方面，要在上海附近长江下游地区登陆，占领上海附近地区；另根据情况，可由华北方面沿平汉铁路南下，策应沿长江向汉口方面作战。在华南方面，以主力占领福州，一部占领厦门，必要时占领汕头。③ 因此，华北事变后，日军不可能停止侵略的步伐。1936年8月，日本又通过了《基本国策纲要》，明确了日本政府向大陆和海洋同时扩张的全面侵略计划，"具体地规定了侵吞中国、进犯苏联、待机南进的战略方案"④，成为此后日本帝国主义侵略中国的基本指导方针，以此为基准的1937年侵华计划正式出笼。该计划全面提出以中国为敌，强调"根据华北、华中以及华南地区形势，以击溃必要方面的敌人，并占领各要地为目的"。其中要求海防消灭中国舰队，并控制中国沿海以及长江水域，协助陆军占领要地。同时还部署了华北、华中、华南军事行动的兵力配置，并明确了推进路线，指出"必须作出全面战争的计划"⑤。战争的爆发只是地点的选择和时间的节点问题。

1937年7月7日傍晚时分，驻丰台日军于卢沟桥中国守军驻地附近举行军事演习。深夜零时许，日军驻北平特务机关长松井太久郎电话通知

---

① 《国闻周报》第12卷第50期，1935年12月23日。

② 《现代史资料（8）·日中战争（1）》，美铃书房1982年版，第133页。

③ 防卫厅研究所战史室：《中国事变陆军作战》（1），朝云新闻社1985年版，第101页。

④ 军事科学院军事历史研究部：《中国抗日战争史》（上卷），解放军出版社1991年版，第549页。

⑤ 防卫厅研究所战史室：《中国事变陆军作战》（1），朝云新闻社1985年版，第102—104页。

中国冀察当局，称当晚在卢沟桥军事演习时一名士兵失踪，"并见该士兵被迫进入宛平县城"[①]，又称有中国驻军向日军射击[②]，要求进宛平城内搜查，遭到拒绝。后几经交涉仍未遂，7月8日5时许，日军对中国守军发起了军事进攻。中国守军第29军司令部命令官兵还击，要求必须誓死确保卢沟桥和宛平城，"卢沟桥即尔等之坟墓，应与桥共存亡，不得后退"[③]。是日，日军对宛平城驻军先后发动了三次进攻，占据了永定河东岸的回龙庙一带和铁路桥以南部分地区。在第一阶段进攻后，日军调整了第一、二、三营的布防，调第一营至大枣山附近待命，第三营集结于大瓦窑地区，第二营向卢沟桥开进。同时，日军又与中方进行交涉，双方达成口头协议，约定双方停止射击、日军撤兵及宛平城由冀北保安司令换防等。但日军并不准备遵守约定，于9日、10日多次进攻宛平城守军，并复占铁路桥和回龙庙一带。我29军并不甘示弱，经多次胶着，夺回失地。日军遂退守待援。这就是震惊中外的"卢沟桥事变"。

"卢沟桥事变"后，日本政府发表声明，表示"内阁会议上下了重大决心，决定采取必要的措施，立即增兵华北"。12日，新任中国驻屯军司令到任，立即命令"做好适应全面对华战争的准备"，并决定增兵"一举歼灭中国第29军"。[④] 其后不久，又制定了对华战争的计划纲领，准备在两个月内讨伐中国驻军第29军，强调如果发展为全面战争，预定会在三四个月内消灭中央政权。[⑤] 因此，卢沟桥事变完全暴露了日本帝国主义吞并中国的野心，是日本军事上全面侵略中国的重要标志。

---

① 中国人民政治协商会议全国委员会文史资料研究委员会《七七事变——原国民党将领抗日战争亲历记》编审组：《七七事变》，中国文史出版社1986年版，第14页。

② 中国第二历史档案馆编：《抗日战争正面战场》（上），凤凰出版传媒集团、凤凰出版社2005年版，第205页。

③ 中国人民政治协商会议全国委员会文史资料研究委员会《七七事变——原国民党将领抗日战争亲历记》编审组：《七七事变》，中国文史出版社1986年版，第48页。

④ 防卫厅研究所战史室：《中国事变陆军作战》（1），朝云新闻社1985年版，第194页。

⑤ 田顺等编：《现代史资料（9）·日中战争（2）》，美铃书房1978年版，第17—18页。

二 枣庄地区抗日救亡运动的发展与抗日民族统一战线的形成

1931 年 9 月 18 日，日本帝国主义在东北挑起"九·一八"事变，举国震惊。蒋介石面对日本的侵略采取"攘外必先安内"的不抵抗主义，致使东三省在短短的 4 个月内就被日侵占。全国人民痛心疾首，中国共产党迅速做出反应，中共中央先后发表了一系列关于反对日本帝国主义侵略、呼吁团结抗日的宣言，号召全国人民武装起来，抵抗日本帝国主义的侵略。1932 年 4 月 15 日，中华苏维埃共和国临时中央政府宣布对日作战。[①] 1934 年 4 月 10 日，又以"中国民族武装自卫委员会筹备会"的名义，发表了《中国人民对日作战的基本纲领》，提出"全体海陆空军总动员对日作战"、"全体人民总动员"、"全体人民总武装"、"立刻设法解决抗日军费"、"成立工农兵学商代表选举出来的全中国民族武装自卫委员会"、"联合日本帝国主义的一切敌人"六个方面纲领[②]，初步阐述了共产党关于全民族团结抗战和武装抗日的构想，成为当时团结全民族抗战的最强音。

在中共中央的号召下，1931 年 9 月 25 日，中共山东省委下达了《鲁省委通告第一号》，要求各级党部建立反日本帝国主义委员会，动员一切力量反对日本帝国主义侵占我东北三省。30 日，省委制定了反对日本帝国主义占领东北三省的宣传大纲，号召工农兵及各界民主爱国人士一致行动起来，为把日本帝国主义驱逐出东北三省，拯救民族危亡而斗争。[③] 在此背景下，以青年学生为先导的抗日救亡运动在山东兴起。

枣庄是马克思主义较早传播和近代工人运动较早开始的地区之一，有较好的思想基础和阶级条件。近代以来，枣庄地区先进的中国人就时刻心

---

① 中央统战部、中央档案馆编：《中共中央抗日民族统一战线文件选编》（上），档案出版社 1984 年版，第 46 页。
② 《红色中华》第 236 期，1934 年 9 月 21 日。
③ 中共山东省委党史资料征集研究委员会编：《中国山东党史大事记》（1921—1949），山东人民出版社 1986 年版，第 67 页。

系祖国的命运，为民族危亡奔走呼号，甚至不惮于付出宝贵的生命。"九·一八"事变后，枣庄地区的仁人志士在第一时间投入到抗日救亡事业中去，与全中华民族的抗日救亡运动遥相呼应。

"九·一八"事变的消息传到滕县以后，受我党影响较大的进步知识分子李季民在特支的领导和支持下，以滕县短期师范为基地，发动师生举行游行示威活动。革命的浪潮很快蔓延到城内各小学，汇聚成了近千人的游行队伍。他们在县城大街小巷张贴抗日标语，发放抗日传单，发表演讲，强烈抗议日本侵占东三省，要求国民党政府举兵抗日，捍卫主权和领土完整。这是滕县党组织领导推动的第一次抗日救亡运动，是对全国抗日救亡的民族呼声的积极响应。枣庄城区人民群众也积极响应抗日呼声，9月下旬，各界人士在枣庄特支的领导下召开了市民反侵略大会，并通电全国，声援东北抗日运动，反对日本帝国主义的侵略行径。① 当时还在特支的领导下成立了抗日后援会，进行抗日宣传活动，主要宣传党的方针、政策和揭发日寇的侵华罪行，教育工人坚定民族气节，不当亡国奴。② 枣庄地区群众的抗日救亡运动，充分显示了枣庄人民强烈的爱国情怀和坚贞不屈的民族气节。因此，在1932年"一·二八"事变爆发后，枣庄煤矿工人慷慨解囊，捐款6000余元支援上海军民抗战就不足为怪了。

1935年以后，日本帝国主义推行的"华北自治运动"，使中日民族矛盾上升为当时中国社会的主要矛盾。但蒋介石仍一味顽固坚持"攘外必先安内"的政策，继续对日妥协退让，丧权辱国，中国民族陷入了空前严重的危机之中。中国共产党领导和号召全国人民坚决抵制日本人的阴谋，对其进行了无情的揭露和斗争。1935年1月，中共中央政治局扩大会议召开，结束了王明错误路线在党中央的影响，正式确立了以毛泽东为代表的马克思主义正确路线在中共中央的领导地位。此后，中国共产党在团结全民族抗日的道路上不断前进，逐渐建立了抗日民族统一战线。1935

---

① 中共枣庄市峄城区党史征集研究委员会编：《中共枣庄市峄城党史大事记》，1989年，第23页。

② 中共枣庄市委员会党史资料征集研究委员会编：《枣庄地区党史资料》（第一辑），1983年，第45页。

年8月1日，中共中央正式发表了《为抗日救国告全国同胞书》，宣言批判了蒋介石等出卖我国领土、继续发动内战及制止人民抗日救国行动等反动罪行"迫使我国人民坐以待亡"，大声疾呼"抗日则生，不抗日则死，抗日救国已成为每个同胞的神圣天职"。宣言呼吁在亡国灭种大祸迫在眉睫之时，"无论各党派间在过去和现在有任何政见和利害的不同，无论各界同胞间有任何意见上或利益上的差异，无论各军队间过去和现在有任何敌对行动，大家都应当有'兄弟阋于墙，外御其侮'的真诚觉悟，首先大家都应当停止内战，以便集中一切国力（人力、物力、财物、武力）去为抗日救国的神圣事业而奋斗"。宣言提出要"组织全中国统一的国防政府"、"组织全中国统一的抗日联军"、"组成统一的抗日联军总司令部"，宣言着重指出国防政府的主要责任在于抗日救国，提出了十大行动方针。① 中共"八一宣言"所发出的民族团结呼声在当时起到振聋发聩的作用，在各个阶层中引起了强烈反响，有力地推动了全国抗日救亡运动的兴起。是年底，在中国共产党的组织和领导下，北平爆发了"一二·九"爱国学生运动，以此掀起了抗日救亡运动的新高潮。苏鲁边区的爱国青年知识分子也迅速汇入这一爱国运动的洪流中，为推动抗日形势的发展贡献了积极力量。

这一时期，在枣庄地区抗日救亡运动中，滕县的懋榛小学有相当突出的表现，为鲁南地区抗日宣传发挥了积极作用。早在1934年春，在中共党员李叔铭、李景黄、王右池等的领导支持下，进步人士、懋榛私立小学校长李季民出面组织了以小学教师为主体的滕县"教育推进会"，参加者有100多人。同年底，"教育推进会"进行了一次签名活动，通过张贴标语、散发传单等形式，制造了宏大的声势。华北事变发生后，1935年12月，该组织为响应北京学生反对"何梅协定"的运动，发动城乡教师和城内学生，在大街张贴标语，散发传单，并举行了游行示威活动。游行队伍喊出了"反对'何梅协定'"、"打倒日本帝国主义"、"强烈要求政府

① 中央档案馆编：《中共中央文件选集（1934—1935）》（第10册），中共中央党校出版社1991年版，第518—525页。

积极抗日"等爱国口号，极大地鼓舞了滕县群众的抗日爱国热情，激发了他们的革命斗志。1936 年 10 月，懋榛小学党支部为了加强抗日宣传，创办了一份小报——《图存报》。作为一份通俗易懂的小报，《图存报》的宗旨和目标一是宣传抗日救亡；二是积极动员群众，呼吁有人的出人，有钱的出钱，全体动员起来抗日；三是宣讲东北人民在沦陷后的悲惨生活，让广大群众认清日本侵略者的嘴脸，放弃任何幻想。该报每期印行数百份，通常通过组织学生宣传，或者通过邮寄的方式给兄弟学校，也经常派人四处张贴，起到了很好的宣传作用，影响范围及于山亭、羊庄、沙沟、皇殿岗及微山湖等周边地区，在整个鲁南地区影响很大。国共合作达成后，《图存报》又成为鲁南地区一份宣传党的抗日民族统一战线方针的重要媒介，直到全面抗战爆发后停办。① 这一时期，枣庄矿区的抗日救亡运动有所发展。1936 年 10 月，枣庄中兴中学进步学生汪国璋、沈春光、许在廉等成立了"读书会"，积极吸引和组织进步青年阅读《通俗哲学讲话》《铁流》《毁灭》《母亲》《八月的乡村》等进步书籍。通过读书活动，开阔了青年学生的视野，大大提高了觉悟，为后来抗敌后援会宣传队的成立奠定了基础。② 另据张福林回忆，1936 年年底"西安事变"期间，枣庄矿区的抗日救亡运动非常热烈，许多知识分子纷纷走上街头，奔走动员工人参加抗日活动。③

因此，在民族危亡的紧要关头，枣庄地区的爱国群众，尤其是青年知识分子在中国共产党的动员和领导下，掀起了抗日救亡的爱国活动，他们积极宣传抗日，奔走呼喊，对激发枣庄人的爱国热情，动员更多的人参加到这场全民族抗战中发挥了重要作用，为枣庄地区抗日民族统一战线的建立打下了坚实的基础。

中国的抗日民族统一战线理论和政策是由中国共产党提出，并在实践中不断形成和发展的，为推动全民族抗战路线的形成，争取抗日战争的胜

①　枣庄市地方史志编纂委员会编：《枣庄市志》，中华书局 1993 年，第 31 页。
②　中共枣庄市委党史研究室编著：《鲁南革命史》，山东人民出版社 1998 年版，第 117 页。
③　中共枣庄市委员会党史资料征集研究委员会编：《枣庄地区党史资料》（第一辑），1983 年，第 31 页。

利发挥了关键作用。1935 年 10 月，中共中央和中央红军完成"长征"，胜利到达陕北，其时中国的民族危机日益加深，国内的阶级关系也正在发生新的变动。是年 12 月 7 日起，中共中央在陕北瓦窑堡举行政治局会议，讨论和制定党在新形势下的政策。会议通过的《中共中央关于目前政治形势与党的任务的决议》指出时局的基本特点是"日本帝国主义准备并吞全中国，把中国从各帝国主义的半殖民地变为日本的殖民地"，这是"向着四万万人的中华民族送来的亡国灭种的大祸，这个大祸就把一切不愿当亡国奴，不愿充当汉奸卖国贼的中国人，迫得走上一条唯一的道路：向着日本帝国主义及其走狗卖国贼展开神圣的民族革命战争"。《决议》还指出，"在全中国人民反对日本帝国主义的强盗吞并，挽救中国出于亡国灭种大祸的伟大力量中，有着苏维埃红军铁一般的中坚力量"。基于对时局的分析，决议指出党的策略路线是"发动、团结与组织全中国全民族一切革命力量去反对当前主要的敌人——日本帝国主义与卖国贼头子蒋介石。不论什么人，什么派别，什么武装队伍，什么阶级，只要是反对日本帝国主义与卖国贼蒋介石的，都应该联合起来开展神圣的民族革命战争"。《决议》进一步指出，我们的任务是"不但要团结一切可能的、反日的基本力量而且要团结一切可能的反日同盟者，有知识出知识，不使一个爱国的中国人不参加到反日的战线上去。这就是党的最广泛的民族统一战线策略的总路线"，从而明确提出了建立抗日民族统一战线的策略方针。《决议》还强调，"反日反卖国贼的民族统一战线之最广泛的与最高的形式，就是国防政府与抗日联军的组织。……不但是可以的，而且是必要的"。① 12 月 27 日，毛泽东在大会上作了《论反对日本帝国主义的策略》的报告，系统地阐述了新形势下中国共产党的抗日民族统一战线理论和政策。毛泽东指出："党的任务就是把红军的活动和全国的工人、农民、学生、小资产阶级、民族资产阶级的一切活动汇合起来，成为一个统一的民族革命战线。""日本帝国主义决定要变全中国为它的殖民地，和

---

① 中央统战部、中央档案馆编：《中共中央抗日民族统一战线文件选编》（中），档案出版社 1985 年版，第 45—55 页。

中国革命的现时力量还有严重的弱点，这两个基本事实就是党的新策略即广泛的统一战线的出发点。"①

瓦窑堡会议全面地分析了当时的形势，解决了遵义会议后党的路线策略问题，全面确立了党在新的历史条件下建立抗日民族统一战线的策略方针，为下一步工作指出了明确方向。这次会议还奠定了国共第二次合作的理论基础，为建立抗日民族统一战线，争取抗日战争的最后胜利创造了必要条件。而且这一时期，党在组织领导抗日救亡运动和建立抗日民族统一战线的实践中，也对抗日民族统一战线的理论不断完善，逐渐认识到"只有全中国各党各派的共同奋斗，全中国人民及武装部队的总动员，我们才能给日本帝国主义与汉奸卖国贼以致命的打击，而取得中国民族的彻底解放"。而且随着形势的发展，党对于争取国民党蒋介石集团重要性的认识也逐渐提高，"国难当前，双方决战，不论胜负属谁，都是中国国防力量的损失，而为日本帝国主义所称快"②。此前所提出的"抗日反蒋"口号也越来越不适应形势发展的需要，为了实现全民族抗战，党决定对抗日民族统一战线策略进行调整。1936 年 9 月 1 日，中共中央发出《中央关于逼蒋抗日问题的指示》，指出"抗日反蒋"口号"也是不适当的"，"在日帝继续进攻，全国民族革命运动继续发展的条件之下蒋军全部或其大部有参加抗日的可能"，进而提出"我们的总方针，应是逼蒋抗日"。③由"抗日反蒋"到"逼蒋抗日"是党的抗日政策的重大转折，有利于团结国民党人士和国民政府军队力量，对于推动抗日民族统一战线的建立起到了极大的推动作用。

1936 年 12 月 12 日，张学良、杨虎城将军在西安扣押了蒋介石，制造了举世震惊的"西安事变"。中共中央得悉消息后，以民族大义为重，强调团结一切力量抗击日本侵略者，力主和平解决西安事变。在张学良、杨虎城和中国共产党的共同努力下，蒋介石被迫答应了和平条件，西安事

---

① 《毛泽东选集》（第一卷），人民出版社 1967 年版，第 137、141 页。

② 中央档案馆编：《中共中央文件选集（1936—1938）》（第 11 册），中共中央党校出版社 1991 年版，第 18、25 页。

③ 同上书，第 89 页。

变和平解决。在此基础上，抗日民族统一战线在全国逐步形成。"七·七"事变后，民族危机进一步加深。7月8日，中共中央通电全国，呼吁实行全民族抗战，提出"国共两党亲密合作抵抗日寇的新进攻"①，15日，中共中央向国民党蒋介石提交了《中共中央为公布国共合作宣言》，9月22日由中央通讯社公开发表。23日，蒋介石发表《对中国共产党宣言的谈话》，指出团结御侮的必要性，并说"中国共产党发表之宣言，即为民族意义胜过一切之例证"②，实际承认了中国共产党的合法地位。这标志着抗日民族统一战线的正式建立，此后在抗日民族统一战线的旗帜下，全国各族人民筑起抗击日本帝国主义侵略的牢固长城，对于打倒日本帝国主义起到了决定性的作用。此后一段时间，积极争取建立抗日民族统一战线成为各地方党组织工作的主要内容。

1936年年底，苏鲁边区特委改为苏鲁豫皖边区特委，到1937年1月，逐渐取得了与党中央的联系。5月，特委书记郭子化代表苏鲁豫皖边区特委参加了中国共产党苏区代表会议和白区代表会议，学习并深刻领会了新时期党的工作方针。7月下旬，郭子化回到特委驻地费县高桥镇，立即召开了特委委员和党的骨干分子会议，紧急传达中央指示。会议讨论决定了特委未来的工作目标和任务：

（1）积极进行城乡抗日民族统一战线工作。在城市，要利用各种社会关系，对徐州、枣庄及各县具有爱国思想的上层人物和中兴公司职员等，进行团结抗日的宣传教育。争取尽可能多的人参加抗日民族统一战线，对临、郯、费、峄、滕各县士绅名流、社会贤达进行统战工作。

（2）积极开展对工农群众的宣传教育工作，发展党的组织，建立统一战线的群众基础，使上层统战工作与工农群众运动相结合，以推动抗日工作的顺利开展。

（3）要利用一切合法形式和统治阶级内部的矛盾，发动和组织人民

① 中央档案馆编：《中共中央文件选集（1936—1938）》（第11册），中共中央党校出版社1991年版，第275页。

② 中央统战部、中央档案馆编：《中共中央抗日民族统一战线文件选编》（下），档案出版社1986年版，第823页。

抗日武装。①

特委会议关于建立抗日民族统一战线和抗日武装的决定，成为此后枣庄地方党组织工作的全新任务，推动了本地抗日救亡运动持续高涨和抗日民族统一战线的逐步形成。

以高桥特委会议为起点，在党的组织和领导下，枣庄地区的抗日救亡活动逐渐打开局面。首先，特委积极进行抗日宣传，召集各界群众参加抗日动员大会，激发群众的抗日热情。如1937年12月28日，中共鲁南中心县委在枣庄召开两万余人反侵略大会，枣庄矿工代表张福林和董鸣春、韩文一、杨辛等在会上控诉了日军侵略罪行。会后进行了示威游行，规模之大，在枣庄历史上是空前的。鲁南抗敌自卫军也参加了大会，支持了工人、群众的正义行动。②

其次，由党员和积极分子发动成立各种类型的群团组织创办刊物，也是这一时期抗日民族统一战线工作的重要方式，充分发挥党组织的核心作用，积极联络动员社会各阶层。如1937年7月，"七·七"事变发生后，枣庄立即掀起了抗日宣传的热潮，共产党员李微冬、张鸿仪同志组织抗日宣传队。枣庄中兴中学学生梁克中、汪国璋等20多人参加了街头宣传，他们还印刷了《战地通讯》《抗敌日报》等报纸，积极发动民众进行抗日。③ 是月，滕县五所楼"抗日农民救国会"成立④。是年夏，滕文中学以进步学生为主创办《救亡文荟》，该中学抗日气氛浓厚，校园内墙壁上贴满了《抗日救国十大纲领》。校方采纳了进步学生关于课程设置中增加抗日救亡内容，以及加强对民众进行抗日宣传的建议，成为滕县抗日救亡

---

① 中共枣庄市委党史办公室、枣庄市出版办公室编：《鲁南峰影》（上），山东文艺出版社1989年版，第48—49页。中共枣庄市峄城区党史征集研究委员会编：《中共枣庄市峄城党史大事记》，1989年，第33页。

② 中共枣庄市峄城区党史征集研究委员会编：《中共枣庄市峄城党史大事记》，1989年，第35页。

③ 中共枣庄市市中区委党史资料征集研究委员会编：《中共枣庄市市中党史大事记（1929—1949）》，1990年，第45页。

④ 中共滕县县委党史资料征集研究领导小组办公室编：《滕县党史资料》（第一期），1983年，第17页。

宣传的重要阵地。① 8 月，枣庄妇女党小组建立，其任务是发展党员、扩大党组织的同时，积极动员学生、矿工子女参加妇救会、青救会、儿童团，发动募捐慰劳抗日军队。9 月，滕县东庄里群众大会召开，宣传抗日救国道理，并成立了"滕县农民协会"，得到群众的大力支持，当场报名、献枪捐款者百余人。10 月 27 日，再次集会，参加群众有 2000 多人，会后正式成立"滕县农民抗日协会"。10 月，"抗敌后援会"和"民族解放先锋队"在枣庄组建。随后，枣庄抗日宣传队在中兴中学成立，宣传队主要在集市、乡村宣传抗日，同时创办了《抗敌日报》作为宣传抗日阵地。据统计，当时枣庄地区的抗日救亡团体有百余个，除前述者外，规模较大的还有"枣庄矿工抗日联合会""枣庄抗日宣传队""兰陵青年救国团"等②。

再次，在党的积极动员和领导下，枣庄地区的抗日民族救亡运动不仅包括了工人、市民及其家属子女，还很好地发动了广大农民群众，以及国民党政府和地方秘密社会人士。1937 年夏末，会道门领袖王守银带领一部分"培贤道"徒在临城千山头树起抗日救国旗帜。③ 9 月，以邹坞暴动人员为基础，组建了百余人的抗日武装，是当时峄县第一支抗日武装。④这支队伍于 11 月被编为"鲁南民众抗敌自卫军"。10 月，"鲁南民众抗敌自卫军"在滕县建立，滕文中学校长杨士元任司令，原福建镇守使孔昭同任副司令，谭松艇任副司令兼参谋长。是年 12 月，中共鲁南中心县委又以枣庄矿工武装为基础，组建峄县保安大队。⑤ 在枣庄地区轰轰烈烈的抗日宣传和动员中，1938 年 2 月到来的四川旅沪同乡会战地服务团十分耀眼。在党的领导和战地服务团的配合下，在枣庄北大井操场召开了群众

① 中共滕州市委党史办公室编：《中共滕县党史大事记（1930—1949）》，1990 年，第 27 页。

② 中共枣庄市委党史研究室：《中国共产党枣庄地方史》（第一卷），中共党史出版社 2005 年，第 108 页。

③ 枣庄市地方史志编纂委员会编：《枣庄市志》，中华书局 1993 年版，第 32 页。

④ 中共枣庄市峄城区党史征集研究委员会编：《中共枣庄市峄城党史大事记》，1989 年，第 33 页。

⑤ 枣庄市地方史志编纂委员会编：《枣庄市志》，中华书局 1993 年版，第 32 页。

大会，进一步动员工人参加抗日。这次群众大会极大激发了枣庄煤矿工人的热情，他们不仅到大街上到处张贴抗日标语和宣传画，还搞抗日捐献。①特委还以服务团的名义，举办了两期游击战术训练班，由共产党员于公等人任教，对农村地下党员和进步人士进行培训。服务团还曾到滕县进行慰问演出，为津浦前线撤退伤员募集医药和慰问品，多次组织慰问活动。枣庄沦陷后，曾一度在阎庄、大炉、车辋一带农村坚持抗日宣传活动，1938年5月以后，宣传队转移到枣庄西北一带活动，在当地加入了苏鲁人民抗日义勇总队，走上了武装抗日的道路。

边区特委在积极开展群众工作的同时，仍把对国民党的统战工作放在核心地位，积极争取与国民党第五战区的合作，促成了抗日民族统一战线的最终形成。1937年10月，李宗仁被任命为国民党第五战区司令长官，在我党的积极工作下，李对抗日民族统一战线持积极态度。在全国抗日民族统一战线逐步建立的大背景下，苏鲁豫皖边区特委为了加强本地区统一战线工作，于11月将特委机关迁入徐州，至徐州沦陷前的一段时间，特委认真贯彻党的抗日民族统一战线路线、方针和政策，积极宣传发动群众，大力进行抗日救亡工作。是月底，第五战区民众抗日总动员委员会在徐州成立，由李宗仁任委员会主任，聘请国民党的军政要员和苏北、鲁省知名人士担任委员，苏鲁豫皖边区特委书记郭子化以"地方名流"身份参加，实际是本地区共产党的代表。总动员委员会下设组织部、宣传部、战勤部，各部部长由李宗仁任命，其中中共铜山工委书记郭影秋兼任组织部副部长。郭影秋借助其合法身份，派大批共产党员参加各级动员委员会，在各级党组的领导下，大力开展对群众的宣传动员和组织工作。当时枣庄地区的"青年救国会""妇女救国会"等一批抗日救亡团体正是在这样的大背景下出现的，在这些团体进行抗日宣传的活动中，党员多数发挥了先锋领导作用。

第五战区抗日总动员委员会的成立标志着该地区抗日民族统一战线基

---

① 中共枣庄市委员会党史资料征集研究委员会编：《枣庄地区党史资料》（第一辑），1983年，第31页。

本形成。

三 枣庄沦陷前后地方党组织的发展

全面抗战爆发初期，枣庄地区中共组织隶属于中共苏鲁豫皖特委和中共山东省委领导。其时苏鲁豫皖特委领导的区域主要分布在以徐州为中心的苏、鲁、豫、皖四省接壤地区。国共合作局面的形成，中国共产党取得了合法地位，得以公开开展各项活动，这给地方党组织的迅速发展提供了极大便利。以此为背景，枣庄地区党组织也有了较大发展，先后有鲁南中心县委、峄县县委、枣庄矿区党委、滕县特支、滕峄边县委和临郯等地方党组织建立，为充分发挥党在抗日民族统一战线中的作用，推动本地抗日活动的发展创造了重要条件。

1937 年 10 月，中共鲁南中心县委在枣庄成立，由苏鲁豫皖边区特委委员何一萍担任县委书记，丛衍瑞任组织委员，宋子成任宣传委员，李微冬、纪华、李韶九、陶洪瀛、朱道南、梁度世、张鸿仪等先后任县委委员。中心县委下辖枣庄矿区党委、枣庄矿区区委、峄县县委、临城区委、临城区委、临郯费峄四县边联县委、滕县特支、峄滕边县委和临郯县委，以及临沂县委、费县高桥区委等下属党组织①，为以枣庄矿区为中心的鲁南地区党的统一领导机构，填补了苏鲁豫皖特委机关迁往徐州后缺乏统一领导的空白，有利于加强这一带党的组织领导。鲁南中心县委成立后，党的组织发展较快，到 1938 年时已有党员 800 多人。在中心县委的统一领导下，采取公开与秘密相结合的工作方法，中心县委各主要成员也进行了明确的分工。县委主要领导何一萍、纪华、宋子成负责秘密发展党员，李微冬、张鸿仪、李汝佩等负责宣传和发动群众工作。中心县委侧重在工人、教育界和青年学生中发展党员，还积极恢复与组织失去联系的党员的组织关系，这对党组织的迅速发展壮大起到了积极作用。

1938 年 3 月，枣庄沦陷前夕，鲁南中心县委机关和抗日武装掩护枣

---

① 中共枣庄市委党史研究室：《中国共产党枣庄地方史》（第一卷），中共党史出版社 2005 年版，第 100 页。

庄群众向山区转移。为确定新形势下的工作，中心县委在阎庄召开会议。会议研究了下一步工作计划，为保证县委和群众安全，中心县委机关由宋子成、梁度世等人率领继续向高桥转移，协同李韶九同志做山区基层党组织恢复发展和组建抗日武装工作。会议决定派何一萍同志赴徐州向特委汇报并请示工作。会议决定加强武装抗日工作，决定派朱道南、纪华、刘景镇等率邹坞暴动武装、四川旅沪同乡会战地服务团向大北庄转移，与当地郭致远武装，集结于滕峄边区，开展武装抗日活动。① 这次会议在日军占领枣庄的严峻形势下，明确了地方党组织的工作方向和目标，尤其是组织抗日武装的决定，为后来坚持敌后抗战开辟了道路。4月底，何一萍传达了特委指示，决定组织苏鲁人民抗日义勇总队，调何一萍任总队政治委员，由宋子成接任中心县委书记，梁度世任中心县委组织委员。我党领导的大规模的武装抗日活动也正式开始，开辟了鲁南敌后抗战的新局面。

　　鲁南中心县委在转移到高桥后，为组织发展和开展群众工作做了大量工作。一方面，通过细致的工作为老党员恢复组织关系，刘清如、杨茂斌、宋宜安、肖云卿、肖云义等一批党员通过李韶九与中心县委接上组织关系，尔后又通过这些党员在当地农村先后建立了党支部，大大巩固了我党在山区农村的领导。另一方面，以前期党在山区工作的良好群众基础为前提，开辟了从高桥到大炉、北庄、徐庄一带的秘密交通线，是为中心县委与苏鲁抗日义勇总队保持联系的重要渠道，后来又发展成为山东分局与华中交通线的重要通道。这一系列工作是党的敌后抗战的重要组成部分，为敌后抗日根据地的建立奠定了坚实基础。到1938年8月，服从上级党组织调整的需要，郭子化调任中共苏鲁豫皖边区省委统战部部长，宋子成任组织部组织科长，鲁南中心县委完成了历史使命奉命撤销。中心县委机关人员转移到大炉、车辋一带，继续坚持敌后抗战。

　　这一时期，除鲁南中心县委外，枣庄地区其他地方的党组织也有了一定的发展。1938年1月，孙怡然根据鲁南中心县委的指示，在家乡阴平

---

① 中共枣庄市委党史研究室：《中国共产党枣庄地方史》（第一卷），中共党史出版社2005年版，第100页。

一带的东楼、石泉村等地发展党员，孙黎明、化绍臣等加入了中国共产党，为发动和组织青年抗日奠定了组织基础。是年8月，中共苏鲁豫皖边区省委决定，由于化琪接替陶洪瀛任峄县县委书记职务，邵循政、岳俊卿、王子刚、刘亦夫等人任委员①。于化琪随后召集县委委员在兰陵横山召开会议，研究县委今后工作。会后不久，于化琪调任临、郯、费、峄四县边联县委工作，由纪华接任县委书记。纪华深入运河南涧头集一带发展党组织，建立和发展抗日武装，工作很有起色。② 到1939年年初，峄县党组织先后建立了第一、二、五、六区委和棠阴、阴平两个特支，党员达数百人。同时，棠阴、阴平称东区区委，沙沟、张阿一带称西区区委，后合并为峄县四区区委，由朱奇民担任区委书记。③

在滕县，党的组织也逐渐恢复。1937年8月，中共党员渠玉柏、李乐平先后从济南、苏州释放返乡，他们立即与滕县地下党取得联系，积极投身于抗日救亡运动。9月，李乐平、李景黄、刘炳文等召开会议，形成"在教学中注意宣传抗日，必要时可组织民众抗日团体"的决议，明确了以加强抗日宣传和组织抗日民众团体为中心工作的基本方向。10月，开展了一系列组织"农会"、发动抗日的活动，其中李乐平在赵庄、刘炳文在苗庄、王右池在沃里、许广泉在善堌分别组织农会，会员计有140余人。④ 是月，省委派冯起抵滕指导工作，侧重三个方面的工作：一是恢复党的组织关系；二是宣传抗日救亡；三是准备建立抗日武装。⑤ 27日，李乐平、王右池等在庄里组织召开了有2000多人参加的群众大会，宣布成立"滕县农民抗日协会"，由李子成任会长。11月，五所楼懋榛小学党支部派张学周赴泰安与上级党组织接上关系，向中共山东省委汇报了滕县党

① 中共枣庄市委党史研究室：《中国共产党枣庄地方史》（第一卷），中共党史出版社2005年，第101页。
② 中共枣庄市峄城区党史征集研究委员会编：《中共枣庄市峄城党史大事记》，1989年，第42页。
③ 中共枣庄市委党史研究室：《中国共产党枣庄地方史》（第一卷），中共党史出版社2005年，第102页。
④ 中共滕州市委党史办公室编：《中共滕县党史大事记（1930—1949）》，1990年，第27页。
⑤ 同上书，第28页。

组织的情况。12 月 9 日，省委派巡视员王见新来滕县传达省委指示，24 日，再抵滕县，决定留在滕县与地方党组织负责人一起组织、领导滕县人民开展抗日救亡运动。12 月，在王见新和王右池等的主持下，恢复了李乐平的组织关系。是月召开创办抗日训练班筹备会。会议进行了细致分工，由王见新负责对外联络；李乐平负责内部事务，主持训练班；王右池负责募捐，动员党员及地方人士交涉等工作。

1938 年 2 月，王见新以鲁南人民代表的名义去徐州，见到了第五战区司令长官李宗仁，取得了"鲁南民众抗日指导委员会"的名义，并获得了部分经费。同时，与中共苏鲁豫皖边区特委接上了组织关系。事后，特委派于化琪和八路军随营学校军事教官于公到滕县善堌农民抗日训练班军政训练工作。4 月，郭子化随王见新到善堌检阅了抗日武装，并帮助建立中共滕县特支，由王见新任书记，李乐平任组织委员，王右池任宣传委员。① 至此，滕县党组织正式纳入中共苏鲁豫皖边区特委领导之下。6 月，经中共苏鲁豫皖边区特委批准，中共峄滕边县委在滕东徐庄成立，李乐平任书记，周南任组织委员，杨际元任宣传委员。② 8 月，义勇队第一总队向抱犊崮山区转移，峄滕边县委被撤销。

1937 年 11 月，中共山东省委派丁梦荪与爱人郑仃云一起到临沂组织领导抗日救亡运动。丁梦荪通过崔介与当地党员取得了联系，组织了"中华民族解放先锋队青年救国团"，以此为平台，筹建抗日武装。同时，丁梦荪还与徐州中共苏鲁豫皖边区特委取得了联系，被特委委任为临沂县民众抗日动员委员会指导员，取得了建立第五战区临郯青年救国团组织的合法名义。③ 12 月，中共山东省委派李仲林到临沂指导工作，传达了省委关于当时形势的若干指示。要求在日寇大举南侵、国民党军准备南逃、地方政权动摇、人民不稳的情况下，必须加强党的领导，扩大党在临沂地区

---

① 中共滕州市委党史办公室编：《中共滕县党史大事记（1930—1949）》，1990 年，第 32 页。

② 同上书，第 34 页。

③ 中共枣庄市委党史研究室：《中国共产党枣庄地方史》（第一卷），中共党史出版社 2005 年，第 103 页。

的政治影响。随后在李仲林的主持下，建立了中共临沂特别支部委员会，由韩去非任书记，丁梦荪、李华舫等为委员。①

临沂特别支部委员会成立后，日寇继续南下，形势日益严峻。为了领导组织抗日力量，特支决定由丁梦荪以临沂民众总动员委员会副主任的合法身份，到临沂南乡三重一带组织第五战区临郯青年抗日救国团。丁梦荪到达三重后，与高树屏、张家轩、张准亭、白溥泉等当地革命知识分子取得联系，团结了一大批男女学生和革命知识青年。随着抗日热潮的逐渐形成，1938年5月，在丁庄小学召开临郯青救团成立大会，建立了临郯青年抗日救国团县团部，由丁梦荪任常委。② 这是中共在临郯地区第一次建立公开的抗日救国群众团体，对推动当地抗日运动发挥了积极作用。同月，随着抗日形势的发展，中共苏鲁豫皖特委决定，将中共临沂特别支部改建为中共临郯县委，由韩去非任书记，朱次彭任组织部长，郑仃云任副部长，王一韧任宣传部长，丁梦荪任青年和统战部长。③ 临郯县委成立后，决定大力开展救国宣传，迅速恢复和建立了一批基层党组织。随后，建立革命武装成为核心任务，成立了临郯青年救国团抗日义勇队，县委军事部长石世良兼任义勇队队长。这是一支党领导下的队伍，为当地唯一的抗日武装力量。

1938年4月，枣庄沦陷后，苏鲁豫皖边区特委为适应新形势下的斗争，派王永福到临郯费峄边区开展工作，以车辋为中心发展党组织，先后建立了大炉、城后等基层支部。6月④，建立临郯费峄四县边联县委，统一领导抱犊崮地区的工作，王永福任书记，万国华、宋宜安、刘清如、杜季伟等为委员。县委机关设在四县边区联庄会办事处内，下辖新庄、高桥、尚岩、新兴、税郭和仲村等。同年10月，王永福调任临郯县委任书记，于化琪接任边联县委书记，继续领导这一带的抗日活动。

---

① 中共临沂地委党史资料征集领导小组编：《忆沂蒙——临沂地区党史资料》（第一期），1983年，第6—7页。

② 同上书，第7页。

③ 同上书，第8页。

④ 根据于化琪同志的回忆，临郯费峄四县边联县委是1938年3月成立，见中共枣庄市委党史资料征集研究委员会编：《枣庄地区党史资料》（第三辑），1985年，第3页。

1938 年 12 月，为开辟沛滕边区，中共苏鲁豫皖特委批准建立中共沛滕边县委，由王传珍任县委书记，周牧九任组织部长，沈惠民任宣传部长，郑安良任社会部长，张用沛任民运部长，张新华任军事部长。县委机关驻地夏镇，下辖三个区委，设 17 个党支部、一个特支，共有党员 150 余名。① 该县委隶属丰沛县中心县委领导。年底，在边区县委的领导下，中共滕西特别支部委员会在滕西刁村建立，生碧泉任特支书记，刘守环任组织委员，孟广哲任宣传委员，特支下设后寨、柴里、徐楼、马村、苗庄、和福等支部，有党员 40 余名。②

四　枣庄地方抗日武装的建立

武装反抗日本帝国主义侵略是我党一贯主张，突出强调建立工农武装的重要性和必要性。如 1932 年"一·二八"事变后，我党要求各地党组织"必须立刻进行义勇军的组织，来武装工人农民与革命的学生群众"③。1935 年华北事变后，我党再次强调"以武装人民的民族革命战争，去反对日本和其他帝国主义以保障中国的民族独立、领土完整和国家统一"④。瓦窑堡会议决议进一步指出，我党的斗争策略是积极"在各方面努力去推动一切爱国的分子团体、阶层、阶级、党派，生产的与企业的，文化的与教育的，学生的与教员的，城市的与农村的，新式的与旧式的，社会的与政治的、武装的等等力量，发起各种各样反日反汉奸卖国贼的团体，组织各种各样反日、反卖国贼的军队"⑤。这一切事实足以说明，建立抗日武装是我党抗日民族统一战线的基本策略，而且"争取其中的领导权"⑥是长期以来斗争经验的总结。

---

① 中共滕州市委党史办公室编：《中共滕县党史大事记（1930—1949）》，1990 年，第 37 页。

② 同上书，第 38 页。

③ 中央统战部、中央档案馆编：《中共中央抗日民族统一战线文件选编》（上），档案出版社 1984 年版，第 38 页。

④ 中央统战部、中央档案馆编：《中共中央抗日民族统一战线文件选编》（中），档案出版社 1985 年版，第 4 页。

⑤ 同上书，第 54 页。

⑥ 同上书，第 485 页。

在民族危机日益加深的背景下，枣庄地方党组织按照上级指示，在宣传、动员群众抗战的过程中，逐渐把组织和武装工农群众纳入中心工作。尤其在全面抗日战争爆发后，枣庄地方的共产党员、爱国人士积极响应中共中央"武装民众全面抗战"的伟大号召，按照山东省委的指示部署，在中共苏鲁豫皖辖区特委的领导下，1937 年 7 月下旬的高桥会议对发动和组织人民抗日武装进行了部署，此后组建党领导的地方抗日武装始终作为地方党组织的中心工作。至 1938 年 8 月，苏鲁豫皖边区特委领导下的人民抗日武装力量已发展到万余人①，为开辟鲁南敌后战场，建立抗日根据地，支援正面战场的抗战做出了积极贡献，是我党为争取抗日战争最后胜利的基本依靠力量。

枣庄地区抗日武装的建立是从积极组织武装暴动开始的。如 1937 年 2 月，郭子化派党员褚思均等当卖兵打入税郭乡农学校。后几经努力，团结了一批穷人子弟和有正义感的青年。后经向特委请示，由褚雅青指挥，褚思均、岳杰等人把校长绑缚，带领一部分学生和枪支举行了暴动。暴动后把武装拉到小鸽窝。② 这是我党在枣庄地区较早组织的一支武装，全面抗战爆发后正式成为抗日军队的一部分。1937 年 9 月，由中共党员朱道南等领导发动了邹坞乡农学校武装暴动，随即以参加暴动人员为基础，组建了一支百余人的抗日武装，是为枣庄第一支抗日武装。③ 是年 11 月，鲁南中心县委决定，将这支队伍编入"鲁南民众抗敌自卫军"。④ 为了加强这支队伍的思想政治工作，中心县委派纪华率部分青年深入总队开展工作。这种以武装暴动为基础组建抗日武装是枣庄地方抗日武装产生的重要方式，有利于充分发挥我党的领导作用。此外，共产党员渠玉柏、李乐平等在滕县于 1937 年 10 月陆续发动农民成立了一系列农会，号召农民团结

① 中共枣庄市委党史办公室编：《红色战旗——中共苏鲁豫皖辖区特委专辑》，山东友谊出版社 1995 年版，第 120 页。

② 中共枣庄市市中区委党史资料征集研究委员会编：《中共枣庄市市中党史大事记（1929—1949）》，1990 年，第 41 页。

③ 中共枣庄市峄城区党史征集研究委员会编：《中共枣庄市峄城党史大事记》，1989 年，第 33 页。

④ 枣庄市地方史志编纂委员会编：《枣庄市志》，中华书局 1993 年版，第 32 页。

抗日，其中苗庄农会有会员 30 余人、枪支 10 余支，形成了一支小型的农民抗日武装。① 1938 年 3 月，又以善堌农民抗日训练班的成员为基础成立了 40 多人的滕县"善堌农民抗日救国军"，后来发展到 100 多人。② 另外，广大工人、学生和知识分子也是我党领导的抗日武装的重要来源。如 1938 年 3 月，郭致远、褚雅青等在大北庄建立了大北庄抗日义勇队，这是一支以党员、工人、农民和青年知识分子为主的抗日武装力量。③ 在枣庄矿区，1937 年 12 月，李微冬、董鸣春以枣庄矿工武装为基础组建了峄县保安大队。④ 次年 1 月，枣庄党组织以矿工为主，成立了抗日自卫团，共 147 人，工人占 80%。⑤ 这充分说明了枣庄地方党组织在建立地方抗日武装的过程中，积极宣传动员，把农民、工人和青年知识分子作为主要的依靠力量，为后来坚持敌后抗战打下了坚实的基础。

在枣庄地方党组建抗日武装的过程中，还注重最大限度地发挥抗日民族统一战线的作用，利用合法的形式，改造或创建一批抗日武装。

一是加强对旧式武装的统战和改造工作。这主要体现在对阴平封建地主武装孙云亭部的改造。1937 年 9 月，中共地下党员孙怡然受中共鲁南中心县委的派遣回到其家乡阴平附近的东楼村，开展抗日斗争工作，不久，其父的封建地主武装接受了峄县国民党别动总队 50 支队司令黄僖堂的委任，任该支队第三梯队司令。此后，孙云亭以司令部的名义，组建了几十人的武装，他又把阴平一带的地主武装组织起来，建立了第三梯队。鲁南中心县委决定利用孙怡然的关系对这支部队进行改造，命其参加第三梯队。后又陆续派遣中共党员孙伯英、张振环、柴庆荣等来到第三梯队，

①　中共滕州市委党史办公室编：《中共滕县党史大事记（1930—1949）》，1990 年，第 27 页。

②　中共枣庄市山亭区委党史办公室编：《中共枣庄市山亭党史大事记（1932—1949）》，1990 年，第 29—30 页。

③　同上书，第 28—29 页。

④　中共枣庄市市中区委党史资料征集研究委员会编：《中共枣庄市市中党史大事记（1929—1949）》，1990 年，第 48 页。

⑤　同上书，第 49 页。

协助孙怡然开展统战工作，并帮助训练队伍。同时，中共峄县县委派朱道南、邱焕文、张福林以县委联络员的身份，向孙云亭宣传我党的抗日民族统一战线政策和党的抗日主张。①

二是利用我党在抗日民族统一战线旗帜下的合法身份，积极开展与国民政府的合作。如1938年1月，中共苏鲁豫皖边区特委书记郭子化赴临沂，与国民党第三公署专员张里元见面，经过协商，双方对通力合作，共同抗日等重大问题达成了共识。② 从而促进了鲁南地区抗日民族统一战线工作的开展，推动了我党与张里元部的合作抗日，也为积极争取国民政府的支持，组建抗日武装创造了条件。如1937年10月，经多次协商，滕文中学校长杨士元与孔昭同及共产党员董尧卿、董一博等决定组织抗日武装，后从韩复榘处领了番号，经第五战区批准称"鲁南民众抗日自卫军"。由杨士元任司令，孔昭同为副司令。司令部设在枣庄，下设政训、招编和联络处。③ 中共党员董尧卿、董一博等在这支武装的组建过程中发挥了极其关键的作用，并在部队中任职。又如1938年1月，中共苏鲁豫皖边区特委组织抗日工作团，特委以"总动委会"的名义把第五战区青年训练班的第一期学员300多人组成十一个工作团，分赴苏鲁地区各县，宣传发动群众，组织抗日武装。④ 前述大北庄抗日义勇队的组建也获得了四十军留守处的支持，发给57支俄国造步枪和3万发子弹。⑤ 可见，抗日民族统一战线为抗日武装的创建创造了必要的前提，抗日战争也成为国共两党和全民的共同事业。

此外，我党还利用国民党恢复鲁南联庄会的机会，充分利用抗日民族

---

① 中共枣庄市峄城区党史征集研究委员会编：《中共枣庄市峄城党史大事记》，1989年，第34—35页。

② 中共枣庄市市中区委党史资料征集研究委员会编：《中共枣庄市市中党史大事记（1929—1949）》，1990年，第48—49页。

③ 中共滕州市委党史办公室编：《中共滕县党史大事记（1930—1949）》，1990年，第28页。

④ 中共枣庄市市中区委党史资料征集研究委员会编：《中共枣庄市市中党史大事记（1929—1949）》，1990年，第49页。

⑤ 中共枣庄市山亭区委党史办公室：《中共枣庄市山亭党史大事记（1932—1949）》，1990年，第28页。

统一战线中我党的合法身份，积极开展工作，组建以我党为主的抗日武装。1937 年 9 月，国民党山东省临沂第三专署专员兼保安司令张里元，命令进步人士万春圃到临沂城商量恢复联庄会事宜。特委决定派郭致远以地方士绅名义陪同万春圃前往，根据特委指示，答应了张里元的要求。嗣后，特委就利用联庄会这一合法形式，积极恢复各县的联庄会，组织群众武装。经过两个多月的准备，1937 年 11 月 10 日，在尚岩召开了各县联庄会第一次会议。会议决定成立临、郯、费、峄四县边区联庄会办事处。办事处下设六个股，其中五个股长为共产党员。常备队长和副队长也是共产党员。特委又派党员分别到各县帮助联庄会长进行工作，并掌握其武装。临沂联庄会长万春圃后发展为党员。峄县联庄会长田瑶峰也倾向进步，特委派李微冬辅助他开展工作，又派董明春掌握其常备队，派郭致远担任副会长常备队的军政教官。特委又派陈永元和王夫申等帮助滕县东部山区徐庄一带的联庄会长陈正宣。经过这一系列周密细致的工作，鲁南联庄会的武装大部分归于我党的直接或间接掌握之下。到 1938 年 6 月，边区联庄会办事处常备队已发展到 300 多人，并有迫击炮两门。这支队伍活动于抱犊崮山区车辋一带，成为创建抱犊崮山区抗日根据地的一支重要武装力量。[①] 以我党前期统战工作为基础，枣庄地方党组织还对鲁南抗敌自卫军积极进行改造，组建自己的抗日武装。1938 年 3 月底，在中共苏鲁豫皖边区特委的领导下，董尧卿、董一波在滕峄边山区，以鲁南抗日自卫军中抗敌立场坚定的总队武装为基础，重新组建鲁南抗敌自卫军。该武装在很短的时间内发展到 300 余人，[②] 成为这一带重要的抗日武装力量。

抗战初期，枣庄地区党组织在创建抗日武装的过程中，极其重视党领导作用的发挥，注重部队党的建设，以确保党对军队的领导权。如鲁南抗敌自卫军建立后，鲁南中心县委先后派纪华、梁度世、李作森、汪国璋等二十多名同志到鲁南抗敌自卫军进行工作，并组建了党支部，纪华任支部

---

① 中共临沂地委党史资料征集领导小组编：《忆沂蒙——临沂地区党史资料》（第一期），1983 年，第 28—30 页。

② 中共枣庄市峄城区党史征集研究委员会编：《中共枣庄市峄城党史大事记》，1989 年，第 37 页。

书记。① 为后来党正式接管这支队伍打下了坚实基础。在创建抗日武装的过程中，随着抗日力量的扩大，1938 年 1 月，苏鲁豫皖边区特委在枣庄召开了鲁南中心县委领导成员会议。会议指出中心县委的当前任务是发动群众，组织抗日武装，举办各种训练班，培养抗日骨干。并注意团结社会各阶层，在鲁南建立起广泛的抗日民族统一战线。② 因此，在新形势下，加强对抗日武装的培训，提高组织领导水平成为此后鲁南党的中心工作之一。为发展抗日武装，提高部队战斗力、党的组织领导水平和扩大党的影响力，陆续开办了各类抗日培训班。如在鲁南中心县委的领导下，在枣庄举办了抗日训练班，中心县委的领导成员及刚调来的于化琪等同志任教，③ 参加训练班的不仅有共产党员，影响及于峄、滕、枣地区，包括不少开明士绅也参加了训练班。1938 年 1 月中旬，王见新、王右池、李乐平等在滕县善堌村创办"农民抗日训练班"。④ 训练班以政治教育和军事训练为主要内容，吸引了县内大赵庄、善堌、沃里、五所楼、羊庄、望冢、盖村、西辛安、马村、李村等村庄及邹、沛、峄、铜、费等县的进步青年学生，陆续奔赴善堌参加学习。训练班共开办七期，扩大了我党的政治影响，培养了大批政治和军事骨干，为组建抗日武装，建立抗日根据地准备了条件。1938 年 3 月，日军侵占鲁南后，王见新、李乐平在善堌农民抗日训练班的基础上，成立了 40 多人的滕县"善堌农民抗日救国军"，后来发展到 100 多人。⑤ 此外，1938 年 7 月，为了统一认识，增强团结，加强领导，山外抗联决定举办干部训练班。⑥ 抗联的各支队伍都派出干部

---

① 中共枣庄市市中区委党史资料征集研究委员会编：《中共枣庄市市中党史大事记（1929—1949）》，1990 年，第 50 页。

② 中共枣庄市市中区委党史资料征集研究委员会编：《中共枣庄市市中党史大事记（1929—1949）》，1990 年，第 49 页。

③ 同上书，第 47 页。

④ 中共滕州市委党史办公室编：《中共滕县党史大事记（1930—1949）》，1990 年，第 29 页。

⑤ 中共枣庄市山亭区委党史办公室：《中共枣庄市山亭党史大事记（1932—1949）》，1990 年，第 30 页。

⑥ 中共枣庄市峄城区党史征集研究委员会编：《中共枣庄市峄城党史大事记》，1989 年，第 40 页。

参加。训练班由抗联委主任朱道南、文立正负责，当地革命青年学生梁巾侠协助训练干部。由于朱道南等文化水平较高，训练效果良好，虽然因局势恶化只举办了一期，但对培训军事骨干力量，提高部队领导水平，起到了很好的作用。

枣庄地方党组织在创建抗日武装的过程中，还注意加强团结，整合分散力量，以提高抗日武装的战斗力。1938 年 3 月底，遵照中共苏鲁豫皖边区特委的指示，朱道南、刘景镇、纪华率领的战时服务团义勇队，丛衍瑞、郭致远、褚雅青、邱焕文等率领的大北庄抗日游击队以及由李浩然率领的四川旅沪同乡会战时服务团宣传队三支人民抗日武装，在峄县的墓山会师，合编为峄县人民抗日义勇大队。由朱玉相任大队长，刘景镇、李浩然、郭致远任副大队长，纪华任教导员，张鸿仪任副教导员。[①] 该大队是中共苏鲁豫皖边区特委领导下的主要抗日武装力量，是鲁南抗击日本帝国主义的一支劲旅。

当然，枣庄地方党组织在加强和扩大抗日民族统一战线的过程中，既注意尽可能团结各种力量，但又不是一味地妥协退让，对于土顽势力进行坚决打击。1938 年 6 月 22 日，国民党游击第七纵队司令申宪武纠集峄、费两县的土顽武装，对刚成立的义勇队实行外线包围，企图消灭这支抗日武装。义勇队在中共特委的领导下进行了回击，组织刘清如带领的四县边联常备队，董尧卿带领的抗日自卫军，梁继箴、田瑶峰带领的峄县联庄会常备队等援军，在小北塘一带击溃了申宪武部 2000 余人的围击，申宪武率残部退守冯卯、东江一带。7 月中旬，中共边区省委书记郭洪涛率省委机关及四支队二团、三团三个连，到达滕峄边区，配合义勇总队向申宪武老巢冯卯发起攻击，经一夜激战，攻下冯卯，计毙俘敌 350 余名，缴获长短枪百余支。申宪武率残兵逃窜。[②] 这种斗争是与抗日民族统一战线政策的基本精神相统一的，是打击敌人保护自己的必要手段，对于维护民族抗日事业起到了积极的作用。

---

① 中共枣庄市峄城区党史征集研究委员会编：《中共枣庄市峄城党史大事记》，1989 年，第 37 页。

② 枣庄市地方史志编纂委员会编：《枣庄市志》，中华书局 1993 年版，第 34 页。

表三 抗战初期枣庄地区主要抗日武装

序号	时间	队伍名称	基本情况	备注
1	1937 年	小鸽窝抗日武装	郭子化派党员褚思均等当卖兵打入税郭乡农学校，由褚雅青指挥，后由褚思均、岳杰等带领一部分学生和枪支举行了暴动。暴动后把武装拉到小鸽窝	抗日战争开始后，这部分力量才移交给党组织建立抗日军队
2	1937 年 9 月	邹坞暴动队伍	朱道南等以邹坞暴动人员为基础组建，约 100 人	1937 年 11 月，经鲁南中心县委批准，编入"鲁南民众抗敌自卫军"，共产党员纪华等深入开展工作
3	1937 年 10 月	鲁南民众抗日自卫军	滕文中学校长杨士元与孔昭同及董尧卿、董一博经协商，获得韩复榘和第五战区批准。杨士元任司令，孔昭同为副司令。司令部设在枣庄，下设政训、招编和联络处，不久，司令部由董尧卿、董一博主持	滕县沦陷后，杨士元逃跑，部分力量被改组为党直接领导下的武装
4	1937 年 12 月	峄县保安大队	由李微冬、董鸣春以枣庄矿工武装为基础组建。董鸣春负责军事工作，李微冬负责政治工作	
5	1938 年 1 月	抗日自卫团	大队长王金荣，副大队长金宝蕴。下设中队和分队，共 147 人，工人占 80%	
6	1938 年 3 月	大北庄抗日义勇队	取得了大北庄留守处的支持，有 57 支步枪和 3 万发子弹，是山区第一支党领导的，以党员、工人、农民为主的抗日武装，队伍有 60 余人，下辖两个排	一说由褚雅青任队长，郭致远任副队长，邱焕文任指导员；一说由郭致远任队长，褚雅青连长，丛衍瑞任指导员
7	1938 年 3 月	善堌农民抗日救国军	王见新、李乐平同志在善堌农民抗日训练班的基础上成立，有 40 多人，指挥于公，指导员王见新	4 月，改称为"滕县人民抗日义勇队"，发展到 120 余人枪，队长于公，指导员渠玉柏

续表

序号	时间	队伍名称	基本情况	备注
8	1938 年 3 月底	峄县人民抗日义勇大队	遵照中共苏鲁豫皖边区特委指示，战时服务团义勇队、大北庄抗日游击队、四川旅沪同乡会战时服务团宣传队在墓山会师，进行合编，朱玉相任大队长，刘景镇、李浩然、郭致远任副大队长，纪华任教导员，张鸿仪任副教导员	该大队是中共苏鲁豫皖边区特委领导下的主要抗日武装力量，是鲁南抗日战场的一支劲旅
9	1938 年 3 月底	鲁南抗敌自卫军（重组）	在中共苏鲁豫皖边区特委的领导下，董尧卿、董一波在滕峄边山区，以鲁南抗日自卫军中抗敌立场坚定的总队武装为基础，重新组建鲁南抗敌自卫军	不久队伍发展到 300 余人，活动在滕、峄边地区。9 月，活动在邹滕边区的原鲁南民众抗日自卫军副司令孔昭同派人与董部会合。至此，鲁南民众抗日自卫军番号撤销，原董部为孔师第二旅，董尧卿为旅长
10	1938 年 5 月	苏鲁人民抗日义勇队第一总队	在中共苏鲁豫皖边区特委的直接领导下，以滕、沛、峄三县抗日武装为基础，组建第五战区苏鲁人民抗日义勇队第一总队。由张光中任总队长，何一萍任政委，韩文一任参谋长，王见新任政治部主任，总队共 600 余人	总队辖三个大队：一大队沛县抗日武装，由谢文秀任大队长，宋学敏任教导员；二大队（滕县抗日武装）由于公任大队长，渠玉柏任教导员；三大队（峄县抗日武装）由朱玉相任大队长，刘景镇、郭致远、李浩然任副大队长，纪华任教导员，张鸿仪任副教导员

序号	时间	队伍名称	基本情况	备注
11	1938 年 7 月	峄县山外抗日四部联合委员会	为了把峄南运河一带的孙怡然、孙伯龙、邵剑秋、董尧卿所领导的各自的抗日武装联合起来，朱道南与四部商定成立，由朱道南任主任，孙伯龙任副主任	山外抗联的成立，密切各武装之间的联系，消除了隔阂和误会，增强了团结，扩大了抗日力量，在峄县南部对日军构成了威胁
12	1938 年 5 月	胡大勋抗日武装	胡大勋在共产党员陈诚一、胡大毅、张启曙的支持下，在唐庄村组建起一支 200 余人的抗日武装	
13	1938 年 12 月	峄县抗敌自卫团特务营	以孙斌全带领的区武装为基础，孙斌全任营长，纪华兼任教导员，张喻鼎做政治工作	这支武装成为峄县县委开展工作的重要依托，在对敌斗争中发挥了重要作用

资料来源：中共枣庄市委党史办公室编：《中共枣庄地区党史大事记（1921—1949）》（征求意见稿），1987 年；中共枣庄市峄城区党史征集研究委员会编：《中共枣庄市峄城党史大事记》，1989 年；中共滕州市委党史办公室编：《中共滕县党史大事记（1930—1949）》，1990 年；中共枣庄市台儿庄区委党史资料征集委员会编：《中共枣庄市台儿庄党史大事记（1934—1949）》，1990 年；中共枣庄市峄城区党史征集研究委员会编：《中共枣庄市峄城党史大事记》，1989 年；枣庄市地方史志编纂委员会编：《枣庄市志》，中华书局 1993 年版；中共枣庄市山亭区委党史办公室：《中共枣庄市山亭党史大事记（1932—1949）》，1990 年；中共枣庄市市中区委党史资料征集研究委员会编：《中共枣庄市市中党史大事记（1929—1949）》，1990 年。

第二节　滕县保卫战与临沂阻击战

一　日军入侵山东

1937 年 7 月底，日军相继攻陷平津后，兵分三路欲实现对中国全境的军事占领。第一路沿平绥路进攻绥远；第二路沿平汉路进攻河南；第三路沿津浦线进攻山东。在南线还于 8 月 13 日制造了"八·一三"事变，威逼国民政府驻地南京。随后，日本内阁通过了《国民精神总动员实施大纲》，决定实行战时体制，扩大对中国的侵略，决定以5个师团增强中国驻屯军。8月31日，日军华北方面军正式编成。由寺内寿一上将任司令官，冈部直三郎少将任参谋长。其第一集团军司令官为香月清司中将，辖第六师、第十四师、第二十师和集团军直属部队；第二集团军司令官为西尾寿造中将，辖第十师、第十六师、第一零八师和集团军直属部队；另有方面军直属部队，包括第五师、第一零九师及临时航空兵团、重炮兵营、防空部队、通信队、铁道队、兵站部队、中国驻屯混成旅、宪兵队等组成。总兵力约37万人。①

与此同时，中国国民政府当局也对日军的军事企图进行了判断，迅速制订了作战计划，组建军事领导机构，调整军事部署。8月12日，国民党国防最高会议及党政联席会议召开，决定蒋介石为陆海空军大元帅，以军事委员会为最高统帅部。8月20日，国民政府发布了《国军战争指导方案》和《国军作战指导计划》，指出"为我中华民族之永久生存，及国家主权之领土完整，对于侵犯我主权领土，与企图毁灭我民族生存之敌国倭寇，决以武力解决之"，以"达成持久战为基本主旨"。根据战争形势将全国划分为五个战区，任命了各战区司令长官。其中第五战区作战地域为苏北及山东全省。② 根据8月20日颁布的国民政府军队作战序列，第五战区司令长官由蒋介石兼任，副司令长官为韩复榘③，下辖第三、第十一、第二十一、第二十二、第二十四、第五十九集团军，共27个步兵师，3个步兵旅。其中第三集团军由韩复榘任总司令，于学忠、沈鸿烈分任副司令，包括3个军5个师另1个旅，此外有山东5个民团总指挥部，各辖一个保安旅或团，总兵力约10万人。是为山东正面战场主要力量。

日军华北方面军组建后，下达了作战计划，即"占领平津及附近要

① 军事科学院军事历史研究部：《中国抗日战争史》（中卷），解放军出版社1994年版，第22页。

② 中国第二历史档案馆编：《抗日战争正面战场》（上），凤凰出版传媒集团、凤凰出版社2005年版，第34—35页。

③ 1937年9月19日，由李宗仁改任第五战区司令长官。副司令长官韩复榘于1938年1月被处决，由李品仙接任，1939年11月，由孙连仲接任。

地，确保该地的稳定"，并以"争取结束战局"，"迅速歼灭河北省中部之敌"① 为目的，在保定、沧县附近与中国军队决战。9 月 4 日，日军司令官寺内寿一"以歼灭保定、沧县一线附近之中国军为目的"，下达了作战命令。其中，第五师团推进到蔚县附近，准备对保定平原地带进行作战；第一军进入易县、霸县一线，准备攻击保定附近的中国军；第二军进入马厂附近，准备攻击沧县附近的中国军队。② 日军推进十分迅速，至 24 日，已经完成了对马厂和保定、沧县的攻击。接着日军第二军第十师团（矶谷师团）和十六师团（中岛师团）沿津浦线南下，进犯山东，直逼德州。

山东地处我国南北要冲，是联系华北与华中的枢纽，被国民政府看作"南北两战场作战联系之中枢"③，具有极其重要的战略地位，为国民政府军队誓死捍卫之地。当然这一点对日军来说同样重要，占领山东，既可起到拱卫平津安全的作用，又可打通南下通道，实现南北战场的连接，利用津浦铁路线贯通南北，以及胶济线沟通东西，其军事意义不可或缺，为必争之地。9 月 30 日，日军侵入山东境内，先后占领德州附近之于庄、前赵、后赵等村。10 月 4 日，陷德州城，一周后又陷平原。面对敌人的疯狂进攻，韩复榘不仅不予接应，反而借口"保境安民"，拒绝友军入境。但韩军的不作为还是给了日军以可乘之机，10 月 21 日绕过韩军防地，偷渡老黄河。韩复榘措手不及，于是下令退守徒骇河防线。这时，正值日军津浦线兵力单薄，蒋介石命韩复榘、冯玉祥趁机收复德州并进攻沧州。冯部指挥官展书堂进展顺利，收复德州、桑园，正准备直趋沧州、马厂之时，却受到了韩复榘的阻挠。但此时，日军已开始从晋东得手，遂调兵增援津浦线。一路进犯鲁西北，28 日攻陷运河重镇临清；一路沿津浦线正面进击，11 月 10 日始，先后陷落庆云、惠民等地；12 日继续进犯，直逼黄河北岸；13 日攻陷济阳城；15 日，日军抵达黄河北岸的鹊山；16 日，韩复榘下令撤退黄河以北防线，炸毁洛口铁路桥，形成两军南北隔河对峙

---

① 日本防卫厅战史室编：《华北治安战》（上），天津人民出版社 1982 年版，第 36 页。
② 同上书，第 36—37 页。
③ 中国第二历史档案馆编：《抗日战争正面战场》（上），凤凰出版传媒集团、凤凰出版社 2005 年版，第 36 页。

的局面。

12月22日，日军开始从济阳门台子强渡黄河。23日，又从济阳、青城间渡过黄河，直逼济南。24日，韩复榘弃济南城逃往泰安。27日，日军未费一枪一弹占领济南城。接着又进逼泰安，31日，泰安沦陷。韩复榘又从泰安逃往济宁，接着逃往巨野。津浦线山东段防守空虚，给日军留下了可乘之机，日军遂以徐州为目标，迅速向南推进。1938年1月4日，日军攻占曲阜、兖州，一路向西进击济宁，于8日攻陷；另一路沿津浦线南进徐州，直逼鲁南第一站——滕县。滕县守军誓死不屈，掀起了悲壮的滕县保卫战，也揭开了台儿庄大战的序幕。

二　滕县保卫战

1937年12月13日，日军占领南京后，侵略气焰更加嚣张，24日占领杭州，27日又占领济南，形成南北战场呼应之势。日军华北方面军多次向统帅部提出要打通南北通道，实现华北与华中战场的连接。因此地处其中间地带的徐州就成了下一个攻击目标，日军遂制订了以南京和济南为基地，从南北两端沿津浦铁路夹击徐州的战略计划。

为了实现夹击徐州的目的，日军做了充分的准备，先后调集了8个师、5个旅，约24万人，从1938年1月下旬南北同时开进，对徐州实施夹击。中国国民政府也做好了充分的迎战准备，决定"集中兵力于徐州南北地区，拒止津浦路南段于淮河以南，同时于鲁南山区对津浦北段及陇海路东段之敌予以侧击，牵制敌之南下或西上，以保卫徐、蚌"①。第五战区先后调集了11个集团军、64个师，约60余万人防守徐州。其主力集结于徐州北部临沂、滕县和枣庄一带，阻击津浦线南犯日军；另一部部署于津浦铁路南段，用以抵挡南线北进日军。

北线华北方面军第二集团军司令官西尾寿造指挥两个师分路南下。一路由华北方面军板垣征四郎第五师沿胶济线东进，至青岛与海军会师，随后沿胶济路西进，至潍县南下，经高密、诸城、莒县一线，连陷沂水、蒙

---

① 江苏省史学会编：《抗日战争史事探索》，上海社会科学院出版社1988年版，第110页。

阴等地，企图占领临沂，从东线与矶谷师团呼应，齐头并进，直逼徐州。另一路日军由华北方面军第二集团军第十师沿津浦线南下。2 月 14 日，川军先头部队第一二七师在邹县两下店与日军展开激烈的交战，16 日，川军后撤至郭山、龙山一线。次日，双方再次接战，在龙山阵地进行了持续数日的争夺战。这是抗战以来日军在津浦线上遭遇的第一次强有力的阻击。① 3 月上旬，第二集团军指示第十师向滕县发起攻击，又命第五师从临沂向峄县推进，以配合第十师作战。3 月 1 日，由于战事吃紧，张自忠第五十九师曾奉命调往滕县一带驻防，但不久又因临沂战局紧张奉命东调。此时，日军已经完成了对济宁的战事，遂将第一零六师团之重滕千秋旅团调至津浦路正面，配合濑谷旅团沿津浦线南下。3 月 14 日拂晓，日军第十师团第三十三旅团长濑谷率部约 3 万余人，在飞机、大炮、坦克的掩护下，兵分四路向滕县北界河发起攻击。一路由石墙经大小山、季阵，从西路包抄界河；一路自香城出发，经龙山、普阳山之间向界河进击；正面一路 3000 余日军攻占黄家山阵地；另一路日军绕过龙山直扑滕县。中国守军奋起还击，由此开始了悲壮的滕县保卫战。

驻守滕县的中国守军为第五战区川军第二十二集团军，下辖第四十一军和第四十五军，共 4 个师，均为乙丙种师编制，总兵力约 4 万人，司令长官是邓锡侯，孙震副之。此前，川军在山西参加抗战，1938 年年初奉命调往第五战区。川军来到第五战区后，李宗仁电请军委会调拨新枪 500支，又从本战区仓库中拨出大批子弹及迫击炮弹，战斗力大大提升。1938年 1 月，第五战区命川军第二十二集团军沿津浦线北上，阻止南下。6日，第四十五军一二五师到达山东临城，一二七师抵达韩庄，11 日到达滕县，奉命在渭水一线布防。第二十二集团军总部于 1938 年春节进驻临城。奉第五战区指示，第四十一军第一二二师开赴费县，一二四师代替第四十五军驻守滕县。原驻滕县第四十五军一二五师，在香城、界河一线布防，一二七师向微山湖东岸方向推进。②

---

① 滕县政协文史资料委员会编：《滕县文史资料》（第 1 辑），1984 年，第 50 页。
② 马宣伟、温贤美：《川军出川抗战纪事》，四川省社会科学院出版社 1986 年版，第 86页。

1938年3月14日、15日，由于两下店、界河前线战斗紧张，原来守备滕县县城之川军四十一军一二四师三七二旅四个营，陆续抽调驰援三七零旅，开赴邹滕边境石墙以南之池头集、大坞、小坞等地作战，由二十二集团军总部命一二二师接替滕县城防任务。一二二师师长王铭章接命后，对各部队部署进行了调整。其中第三六四旅旅长王志远率旅部及一个警卫连守卫县城。张宣武率领七二七团，在滕县以北北沙河守备。其第一营也在北沙河以西之洪疃守备，统称第三阵地带守备队。第三六五旅长童澄率旅部一个警卫连及七二九团团长王文振所属之三个营，设防在平邑与城前地区，掩护临沂庞炳勋军团之侧背，防止邹县以北之敌向临沂进袭。事实上，守卫滕县县城的可用兵力仅3个警卫连和1个步兵连。① 王铭章于是命令三六五旅回防，因故未成，又令七二七团团部率一营回防县城。

3月15日，滕县战况十分危急，上午10时，香城阵地失守，傍晚界河陷落。同日，滕县城西北石墙、深井一带进行了激烈的阵地守卫战，川军在敌我力量悬殊的条件下，坚守阵地，战况十分惨烈。与此同时，敌一纵队步、骑、炮兵1万余人联合，窜到龙山以东的东郭、田庄地区，企图绕开正面阵地，直接进逼滕县县城。从总的情况看，四十五军前线部队恐难持久，滕县县城战斗迫在眉睫。滕县县城内仅有4个连的正规部队，加2个县属保安中队，另有三六五旅回援之3个步兵连及临城之四十一军军部警卫营，预计会很快到达，总兵力仅四五百人。张宣武到达后，被任命为城防司令，全权负责城防部队的指挥。张宣武接命后，进行了一番周密部署。他命令七二五团之第一营守备东关土寨，并于寨外部分村庄及龙泉塔设前线阵地和警戒阵地；七二七团之第三营守备滕县城东、北两面，并于北关外配备警戒部队；军部警卫营守备滕县城之西、南两面，并于西、南关外配备警戒部队；命迫击炮连在城东北角占领阵地，对东、北关外做好射击准备。同时，饬令各守备部队彻夜构筑工事，预备粮食弹药。② 除此之外，张宣武还命令各警卫部队保卫各司令部并作预备队使用，两个保

① 滕县政协文史资料委员会编：《滕县文史资料》（第1辑），1984年，第25页。
② 同上书，第26页。

安中队除保卫县政府外，即在县府附近构筑阵地，并派遣适当兵力协助警察维持城内外治安秩序，同时帮助市民老弱妇孺向城外疏散，避免伤亡。

16 日晨，日军步、骑、炮战车诸兵种联合两三万人，在其空军配合下，一部继续攻击第四十五军之主阵地。其主力由两下店、界河以东空隙地区，迅速迂回南下。上午 8 时许，其先头部队，已窜到滕县城东边东沙河，与东关外围前沿部队发生战斗。随之，敌炮兵也开始向龙泉塔附近之警戒阵地炮击。川军前方部队和警戒部队也立即起而应战，激战 2 小时后，先后撤回东关主阵地。后来日军占据了龙泉塔制高点为其炮兵观察所，俯瞰全城及其附近几十里地区，对全城构成极大威胁。随后，日军步兵部队也逐步迫近东关圩子附近与东关守备部队开始战斗，另外还有一小股敌人继续向我南沙河方面窜扰。情况十分危急！

面对敌人优势兵力的密集进攻，集团军总司令孙震严令王铭章率第四十一军死守滕县待援，以保卫徐州战区长官部之安全，争取更多的时间进行新的战略部署。这时陈离由前方率两个警卫连回到滕县。王铭章随即召开与陈离和税梯青代师长举行了作战会议，经过讨论形成两套作战方案。一种方案是主张以现有兵力死守滕县县城，等待战区总预备队汤恩伯军团部队增援，内外夹击，打垮敌人。另一种方案则主张放弃滕县城转移到城外有利地区，侧击敌人，使其不敢长驱南犯。① 众人分析，两种方案各有利弊，守城之战虽可能持久，但援军如不能及时赶到或者干脆不来，则又会出现以劣势装备的孤军奋战与优势敌人作持久阵地战的极为不利局面，很可能面临被歼灭的危险。弃城转移虽比较主动、灵活，可以在运动战中捕捉有利战机，侧击敌人，消灭有生力量。但过早放弃城池和战略要地，不仅政治上影响不好，万一优势敌人以一部牵制我军，主力继续南侵，则会过早威胁徐战区首脑，直接影响整个战局。狐疑不决之际，王铭章打电话向孙震报告请示，他首先向长官汇报了守军正与敌军激战，但苦于兵力过少，可能无法坚持太久。然后建议不如放弃县城，转移到城外有利地带，侧击敌人，既可阻止敌人南犯，又可保存自身力量。这个建议遭到了

---

① 滕县政协文史资料委员会编：《滕县文史资料》（第 1 辑），1984 年，第 27—28 页。

孙震的否定，他告诉王铭章一定要死守待援，汤恩伯军团的第十三军第八十九师将立即增援滕县。同时速令现在第二阵地带左翼大坞、小坞附近两个旅立即回援滕县，以增强守城力量。但三人还是比较倾向撤兵转移方案，几经请示，仍未得同意，最后只有陈离获准带警卫连离开滕县，前往南沙河收容整顿部队。陈离于是离城奔赴南沙河，中途在颜楼附近突遭敌人袭击，双方激战一小时，陈离腿部中弹受伤，后几经拼杀突围向临城方向撤离。滕县城内王铭章与税梯青奉长官命令，决定死守县城。二人商定，将一二二师师部迁至城内与一二四师师部合并，组成联合战斗司令部，又布告全城，"为了民族的生存，国家的独立，必须坚决抗战到底，誓与滕县城共存亡"①。

经过一段时间的等待后，10 时许，日军再次发起猛烈攻势，向滕县城东关方向，以密集炮火轰击，企图打开入城缺口。敌人发射的炮弹数量达每分钟 47—50 发之多②，一时间小小的滕县城陷入一片火海，很快在东圩子墙东南角打开一个 20 余米的大缺口。随后 50 余日军先头部队在 20 余挺机关枪的疯狂掩护下向缺口附近推进，企图冲进城内。这时在掩体内掩蔽的守军立即跃出掩体，进入阵地，与敌人展开了激烈的搏斗。守军一部负责切断缺口前敌人的后续部队，另一部向已窜入缺口的敌军猛投手榴弹，使其全部尸横壕内。但疯狂的日军并不死心，随即又发起了第二波冲锋。敌人再次将炮口对准缺口处，进行了长达 1 小时的集中炮轰。然后再以日军 100 余人突进城墙根，企图再次从缺口突入城内。守军又重复了前次做法，打退了敌人的第二次进攻，随之迅速填补缺口，严加守备。经历了两次进攻失败的日军不得不调整主攻方向，下午 2 时许，调集了几十门大炮同时配以数十架次飞机，集中轰击城东北圩子北门附近。日军很快又在北门附近摧垮了一处城墙，然后采用前述战术突进，但由于守军顽强阻击，先后两次进攻又被打退。4 时许，攻城日军又选择了县城东关圩子附近的东城门附近作为攻击点，同样采用炮击辅以空中飞机配合轰炸扫

---

① 滕县政协文史资料委员会编：《滕县文史资料》（第 1 辑），1984 年，第 28—29 页。
② 同上书，第 30 页。

射的办法,一举从东门附近突入,迅速瓦解守军阵地。这次突击,日军又接连组织了两次猛攻,都被守军打退。但至黄昏时分,敌军又以200余人分成若干突击队,借暮色掩护,反复猛烈冲击,最终从东门突入。情势十分危急,张宣武接王铭章师长命令,立即抽调3个连的兵力增援,在东门附近与敌人进行了反复冲杀,最后把突进城门的日军200余人全部赶出。尔后,两军彻夜对峙。

16日的战斗中,日军共发射炮弹3万余发,飞机投弹300余枚,致整个滕县县城建筑物几乎全被炸毁,大街小巷断壁残垣。滕县守城川军自营长严翊以下伤亡300余人,但由于全城的顽强抵抗,在装备悬殊的情况下,仍致敌军伤亡400人以上①,在极度危急的情况下完成了第一天的守城任务。为了补充兵力,王铭章等决定将原据守大坞一带的一二四师所属第三七零旅、第三七二旅调入滕县城内增援,于当晚10时由西关入城。同时,向临城孙震请援,孙震接报后要求王仲廉立即派八十九师迅速驰援滕县,孙又急电战区长官部,请示迅速增加援兵,以解滕县之困局。但无奈王仲廉部到达临城受到日军的小股阻击后,便纷纷撤退,虽几经孙震催促仍消极处之,以"进击滕县、南沙河、东沙河以东地带,打击敌人侧背,减轻日军对滕县的压力,最终夺取战场的主动"②为借口,向滕县东部山区开进,坐失解围之良机。滕县守军则在二十二集团军总部转移到利国驿后,完全陷入孤立无援、独自奋战的危势之中。

16日夜,滕县守军在王铭章的主持下召开了军官会议,会议分析了敌情、地形和自身情况,并决定继续坚守县城等待援军的到来。会议还讨论了第二天的军事部署,命一二四师三七零旅七四零团、七三九团分别负责东关和南城地区守备,以三七二旅三个营另一连为西关、火车站地区守备队;一二二师三六四旅七二七团回撤两营及部分残余部队,负责东城、北城地区守备;此外,又命四十一军警卫营刘止戎部负责西城地区守备,一二二师三六五旅七二九团一个营及三七二旅一个连等残部以及各师旅部

---

① 滕县政协文史资料委员会编:《滕县文史资料》(第1辑),1984年,第31—32页。
② 同上书,第33页。

之警卫连为预备队，在战斗司令部附近待命；县长周同指挥两个保安中队与警察中队，维持城区、城关治安秩序，并作巷战工事，准备必要时参加战斗。总兵力约4000人，与日军三四万人形成悬殊之劣势。①

17日拂晓时分，日军以百余山野炮、攻城重炮、平身炮，同时向县城东关、南关守备区猛烈射击。他们集中主要火力对城内主要交通线以及各类重要设施进行两个多小时的打击，然后由步兵在战车的掩护下向东关守备区推进。同时，仍以空中飞机轮番轰炸城内。一时间"炮声、飞机声、炸弹的爆裂声，震天动地，硝烟弥漫，咫尺不见人影，不闻人声。炸弹与炮弹的破片在人们头上呼啸乱飞。城内城外，四处起火，靠近我阵地附近之民房，亦被敌人纵火焚烧"②。虽然守城川军誓死战斗，但日军步兵在优势火力的掩护下反复冲锋，逐步侵入东关守备区。东关守军一二四师三七零旅七四零团两营迅速迎击，后几经反复，双方伤亡均较大。中午时分，日军东关突击终于得逞，守军不得不向东城河附近撤防。

上午9时许，日军以百余炮集中轰击城墙东南角，城墙迅速瓦解，很快被打开了缺口。接着，在数十挺轻重机枪掩护下，100余名日军步兵突击登上城墙。守城将士立即英勇反击，先以密集火力切断敌人后路，然后登上城墙以大刀与敌人进行白刃战，敌人的进攻被击退。但参与拼杀的部队连长以下百余人大部壮烈牺牲，全连仅剩13名战士，极其惨烈。随后日军又多次冲锋，前后达九次之多，但都被顽强的一二二师三六四旅七二七团之王成钰、吴忠敏两个营击退。前后共击毁敌战车2辆，打死打伤敌兵300余人。③ 在这次拉锯战中，团长张宣武腿部负伤，一二四师三七零旅七四零团团长王麟在城关附近指挥作战，不幸头部中弹，光荣就义，团政训员胡德珍也在战斗中中弹牺牲。

东南城进攻失败后，日军又转而以百余门大炮及数十架飞机，攻击南门附近阵地，经过半个多小时的猛烈轰炸后，南门附近又被打开一个缺口。敌人故伎重演，在数十挺机枪的掩护下蜂拥而上。把守南门的川军一

---

① 滕县政协文史资料委员会编：《滕县文史资料》（第1辑），1984年，第34—35页。
② 同上书，第36页。
③ 同上书，第37页。

二四师三七零旅七三九团蔡钲营迅速投入战斗，经反复冲杀，连续打退了敌人的两次进攻。在敌人发起第三波冲锋之际，三七零旅旅长吕康头部中弹，身受重伤，大股敌人在飞机、大炮、机关枪的掩护下登城，守城川军被迫撤守南城区。随后，日军沿南城两翼向城墙东南、西南两角发展，城下日军沿着城根向西进逼。当日军登上城墙西南角后，在敌人强大火力的压制下，守卫部队军部警卫营刘止戎部被迫退守西门以北地区抵抗。在情势极其危急的情况下，王铭章指挥警卫连及保安团一部奋起抵抗。王铭章在指挥中遭到敌西门城楼机关枪射击，子弹穿过腹部。在士兵处置过程中，再遭射击，壮烈牺牲，随行人员仅一人幸免。这时敌人愈加丧心病狂，大量的炮火倾泻城内核心阵地，破坏性极大。随着入城敌人的增多，巷战逐步展开，越来越多的将士甚至保安团、群众投入到巷战中去。一二四师副师长税梯青在西城指挥战斗，其所部师参谋长邹慕陶、副官长傅哲民及三七零旅参谋长罗毅威等在激战中先后牺牲。最后，税梯青与参谋处长税斌、代理团长何煜荣等数人从西门突围西撤，后在敌人围追堵截下，经西岗、夏镇从微山湖转移到徐州。

至傍晚时分，川军守城部队仍控制着城内核心阵地及城东、城北守备地区，北门、东门、东北城角、西北城角也尚在控制之中，但伤亡极其惨重。为了迅速占领全城，日军又在黄昏时分发动了新的攻势。以一部沿津浦铁路南北两端猛攻西关及汽车站，另一部步兵主力投入城区进行夺城战。日军占领西南城墙、西城墙后，以数百挺机枪和大炮对守城川军大肆扫射和轰击。城内顿时陷入一片火海，建筑物破坏严重。这时的守城川军已被逐渐分割，指挥联络渐次失灵。但广大将士毫不畏惧，指挥部参谋以下各级干部纷纷出来督战。在激烈的战斗中，一二二师参谋长赵象贤、副官长罗辛甲等先后壮烈牺牲。

入夜后，敌人改用迫击炮密集轰击。但滕县群众仍不惧死亡，坚持帮助搬运伤员，他们沿着城根将伤员送到火车站附近，然后转运后方，官兵和群众牺牲很大。到当晚19时以后，三七二旅完成了掩护任务后遂有序撤退。在熊、黄合编营的掩护下，先后有两营完成撤退任务。21时许，熊、黄部在撤退中突遭敌人伏击，伤亡惨重，所部一边英勇抵抗，一边继续撤退，艰难突出重围，于第二天凌晨安全转移到夏镇。

滕县保卫战，守城川军以悬殊之兵力和装备，在孤立无援的情况下，面对敌人的铁壁围城，毫不畏惧，艰苦奋战，坚持两日有余，打退了敌人的多次疯狂进攻，打出了中国的军威和中国人的志气。这次战役给予了日军以深重的打击，付出了伤亡两三千人的惨重代价，迟滞了南侵徐州的步伐，为接下来的台儿庄大战赢得了宝贵的准备时间。但是，川军将士和滕县群众也付出了不低的代价，计有约3000名将士和500名群众伤亡。① 滕县一役，由于敌人的狂轰滥炸，美丽的滕县城也毁于一旦。更重要的是，滕县沦陷后，日军的铁蹄得以继续南下，整个枣庄和鲁南地区陷入严重危机之中。

三　临沂阻击战

在津浦线正面川军浴血保卫滕县的同时，临沂方面国民党军也打响了阻击战。临沂为鲁南重镇，南控徐海，东北可通莒县、诸城，西北通费县、泗水、蒙阴、新泰，西南通枣庄、台儿庄，是捍卫徐州的第二道防线，直接关系着徐州第一防线台儿庄的安全，也关系着陇海、津浦两道铁路线的安危。1938 年 2 月 21 日，板垣师团第二十一旅团长坂本川之率 3 个步兵联队、1 个炮兵联队、1 个骑兵大队、辎重部队、工兵部队以及刘桂棠部，共约 2 万人，向临沂方向突袭。

其时，国民党山东省第三区行政督察专员兼临沂城防司令员为张里元，在强大的日军即将来袭之际，张自知不可抵挡，便及早做好了打算。是年 1 月 10 日，日军占领潍县时，就向第五战区长官部急电请示支援。第五战区长官司令李宗仁随即派驻守东海、连云港一带的第三军团庞炳勋部，火速赴临沂驻守，以确保台儿庄和徐州的安全。1938 年 2 月上旬，庞炳勋部奉命调驻临沂拒敌。庞炳勋部原驻防河北，1937 年 10 月沧县失守以后，奉命调往徐海地区担负警备任务。调防临沂后，庞炳勋部成为这一带阻击日军的主要依靠力量。庞当时是第三军团长兼第四十军军长，军

---

① 滕县政协文史资料委员会编：《滕县文史资料》（第 1 辑），1984 年，第 41 页。

部是乙种编制，直属一个特务营和第三十九师，师属第一一五旅、第一一六旅两个步兵旅和1个补充团，另有炮、工、辎、通各1个营，另有1个骑兵连及1个手枪连。第三十九师师长马法五、副师长刘世荣，第一一五旅旅长朱家麟、副旅长黄书勋，第一一六旅旅长李运通、副旅长崔玉海，全军将士计有13000余人。装备计有步枪8000支，各种手枪约900支，轻重迫击炮约60门，重机枪约60挺，轻机枪约600挺，掷弹筒约200个，山炮4门，战马约300匹。① 该部在徐海驻防的三个多月期间，人员及武器得到补充，但所部新入伍者较多，缺乏训练，这对部队战斗力来说是一个不利因素。

1938年2月中旬，庞炳勋部队在临沂集结完毕，其驻防情况是，军部及第三十九师师部驻临沂城南关的山东省第三乡村师范学校；第一一五旅驻城东相公庄，第一一六旅驻城北诸葛城，补充团驻城关军部附近，此外炮、工、辎、通各营及军属特务营均驻城南关，骑兵连驻相公庄以东。另有张里元所部保安团也有相当战斗力，驻守在城内，与驻军协同作战。

庞部到达临沂后，首先派人对地形进行认真考察，又召集营以上官长及各级参谋联席会议研究敌情及攻守方法。研究决定李运通旅沿汤头至葛沟一线构筑工事，并从白塔起至城东九曲顺河构筑了主阵地。同时，面对强大的敌人，部队还做了最坏打算，派人到临沂西部山区侦察地形，准备一旦守城失败，即与敌开展游击战。是时，日军在沂水、诸城、莒县一带与沈鸿烈部和刘震东部激战，两部渐次不支，如若退下来，将直接威胁临沂。庞部于是接第五战区司令长官李宗仁的命令派兵支援，一一五旅所部第二二九团、二三零团奉命出动，增援莒县。2月26日，援军右翼第二二九团到达并占据莒县城，左翼第二三零团同时进驻莒县城西。日军于次日拂晓发动进攻，经一天激战，第二二九团团长受伤，士兵伤亡很大，敌人的几次进攻被击退。28日凌晨，日军再次发动猛烈攻势，城内外两部联系被切断，在强大的压力面前，第二二九团决定撤退。下午6时许，撤

---

① 中国人民政治协商会议全国委员会文史资料研究委员会编：《徐州会战——原国民党将领抗日战争亲历记》，中国文史出版社1985年版，第105页。

至莒县西南 30 里处之夏庄，与旅长朱家麟及二三零团会合。随后在朱家麟的带领下，且战且退，至相公庄一带休整。是役第一一五旅所部共伤亡官兵 500 余人，损失山炮 2 门①，一定程度上延缓了日军进逼临沂的步伐。

3 月 3 日，日军由莒县经夏庄、黄庄一线，向临沂前沿阵地汤头逼近。庞炳勋部第一一六旅第二三二团负责迎敌，但由于双方力量悬殊，战事持续五六天后，所部损失惨重。第二二九团所部在铜佛官庄一带与敌激战，三营长汪大章身先士卒，冲锋在前，壮烈牺牲，所部官兵也伤亡 80 余人。② 鉴于中国军队强有力的抵抗，日军被迫放弃太平、白塔一带阵地，退守汤头镇。经过一番休整后，加上部分援军，日军集结了约 5000 人，配大炮 30 余门，坦克 20 余辆，于 9 日出击，企图强行通过临沂进逼台儿庄。沂河以东，汤头以南一带沙岭子、白塔、太平、亭子头一带先后陷落，情势十分危急。第五战区司令长官李宗仁电令必须坚决保卫临沂，拒敌前进，以保障台儿庄和徐州的安全，除派令张自忠部增援外，又派第五战区本部参谋长徐祖诒前往指挥。与此同时，3 月 9 日，一股日军由蒙阴沿公路南下，补充团李振清率部迎击。次日在垛庄激战。补充团一营在垛庄北大石桥附近埋伏，机动队队长率部冲杀。11 日，调集山炮对城南门轰击，打开一缺口，随后发动总攻，但攻城受阻，伤亡较大。而城外负责伏击的一营收获颇丰，共炸毁敌汽车 3 辆，缴获卡车 1 辆、步枪 9 支、物资多宗，毙、伤敌人数十。③ 由于汤头一带战事吃紧，日军大有直逼临沂之势，军部随即令补充调防临沂。

12 日下午 2 时，第二三一团与日军在诸葛城至九曲一线激战，在敌人飞机、大炮、坦克并用的强大攻势下，所部伤亡巨大，"临沂已成危城一座"④。12 日下午，第五十九军张自忠部到达临沂，集结于诸葛城一带，

---

① 中国人民政治协商会议全国委员会文史资料研究委员会编：《徐州会战——原国民党将领抗日战争亲历记》，中国文史出版社 1985 年版，第 107 页。

② 同上书，第 109 页。

③ 同上书，第 108 页。

④ 《大公报》1938 年 3 月 21 日第二版。

徐祖诒也于前日到达临沂。张自忠所部第五十九军辖三十八师和一八零师，加军部和师部直属人员，全军共约26000余人。① 两部会合后，在徐祖诒的主持下，在临沂城内召开了所部高级人员军事会议，商讨对敌之策。会议传达了第五战区长官部的命令，指出日军企图攻陷临沂向台儿庄增援，驻防临沂所部须在临沂附近一举歼灭敌军。会议决定以第五十九军军长张自忠指挥所部黄维纲师，自诸葛城向敌右后方袭击，奏效后向汤头追击前进；第四十军第三十九师——六旅守诸葛城至郁九曲一线阵地，牵制敌军主力；第四十军第三十九师补充团及师属骑兵连自郁九曲以南向敌左后方袭击，在汤头与张自忠部会合；第四十军第三十九师第一一五旅工兵营及军属特务营为机动部队，由第三十九师师长马法五指挥，随时策应各方。总的方针是出其不意，打破常规，利用近战化解对敌之装备劣势。

13日拂晓，张自忠所部从日军侧面偷渡沂水，进驻城东12里处南曲房村，"以大军团活动于敌人侧背"，与庞部形成对日军的夹击之势。是日早晨始，日军以飞机对临沂城轮番轰炸。张自忠部首先收复白塔、顶子铺，对日军形成威压之势。敌人发现后，立即将已逼近临沂之部撤回，集中兵力应付张自忠军。庞炳勋部乃乘胜追击，于当夜11时占领距城30里处相公庄，派手枪队出城肃清城东南附近残敌，又派骑兵至相公庄以东骚扰敌军。同时，张自忠所部也击退日军的进攻，致其仓皇逃窜，"一退九十余里，缩入莒县城内，据城死守"②。此"光荣之歼灭战"，张、庞两部也伤亡一千八九百人③，毙敌1500余人，"造成台儿庄大战前一出辉煌的序幕战"④。

3月18日，张自忠部奉命离开临沂，调防他处。庞炳勋部仍驻原地，于22日集结于汤头附近，并对沂水、蒙阴实行警戒。23日，日军增援部队会同莒县、汤头之残敌，共5000余人，在飞机、大炮、坦克的配合下，

---

① 中共临沂市委党史资料征集研究委员会编：《临沂革命斗争史稿（1919—1949）》，山东人民出版社1991年版，第66页。

② 李宗仁口述，唐德刚撰：《李宗仁回忆录》，广西人民出版社1980年版，第507页。

③ 《大公报》1938年3月21日第二版。

④ 李宗仁口述，唐德刚撰：《李宗仁回忆录》，广西人民出版社1980年版，第507页。

向第四十军庞炳勋部阵地猛烈攻击。庞军不支，只得撤防至城东桃园、黄山一带。此时，张自忠部援军离开，而庞部也由于连日战斗，疲惫不堪，且减员严重，战斗力大大降低。24日，日军再次对庞军阵地发起攻击，先以大炮猛烈轰击，随后在强大火力的掩护下，展开全线攻击。庞军为保存实力，将部队撤至沂河西岸既设阵地，与日军隔河对峙。鉴于敌人强大的攻势，为确保临沂城的安全，张自忠部回师增援，在韦家屯、桃园一带与日军展开激烈战斗，25日东渡沂河，占领桃园。

26日，日军以一支千余人的分队，在大炮的掩护下，绕道至临沂西北义堂一带，张自忠军急忙调兵至大岭一线布防。敌先后占领营子、乾沂庄等处后，暂停前进。27日，正面进攻之敌军进犯临沂城西之古城南沙埠庄、北道、大岭、小岭等处。同时，以另一部自蒙阴南下，袭击并占领城西南约30余里之朱陈镇，在临沂守军后背形成威胁。庞炳勋遂以三十九师第一一六旅第二三一团会同保安团留守临沂城，余部撤至城南地带，军部转移到九曲店至黄山一线。

28日，日军继续增兵，加紧攻城，先以大炮、飞机对城内轮番轰炸，城中建筑毁于一旦。守城部队在七德、前后七里屯、前后岗一带修筑阵地，以逸待劳。29日，敌军猛攻前、后钦宿，守城将士与敌人进行了多次争夺，浴血奋战，毙敌逾百。其时，第五十七军王肇治旅也奉命赴临沂增援，是日晚7时，王部奉命向城西北十里铺前进，对大、小岭方向发动攻势。汤恩伯部骑兵团增援部队也先后抵达城西胡子峪，奉命向义堂以北地区进攻。日军伤亡较大，被迫撤向汤头。晚10时许，第五十九军全面出击，敌军匆忙北逃。是日晚，日军坂本旅团调2个步兵联队和1个野炮兵联队，驰援台儿庄战场，仅留1个联队步兵和少数炮兵在临沂继续进攻。但其时临沂城已被攻破，城西北面城墙被炮火摧毁，敌冲进城去。城内守军与敌人展开巷战，伤亡过重，后援不继，只得撤至临沂城南。临沂阻击战成功地将日军坂本旅团阻滞近1个月的时间，击伤、击毙日军约6000余人①，"将板垣、矶谷两师团拟在台儿庄会师的计划彻底粉碎，造

① 唐士文：《台儿庄战役有关事实辩证》，《中共党史研究》1989年第6期。

成尔后台儿庄血战时，矶谷师团孤军深入，为我围歼的契机"①。

第三节　台儿庄大战

一　台儿庄大战前的态势

1938 年 3 月末，日军在临沂遭受重挫，遂绕过临沂城调大部兵力继续向西，企图经兰陵镇、洪山镇向南进犯，进而从侧背威胁台儿庄国民党军队。从津浦铁路线正面进犯的日军则在滕县激战之时，于 3 月 16 日即以一个混成旅团越滕县南下，与国民党汤恩伯第二十军团第八十五军王仲廉部在南沙河、官桥一带遭遇，尔后又与第四师陈大庆部在党山一带发生激战后陷入对峙状态。17 日，日军继续强攻滕县，川军连连告急，虽经李宗仁多次催促，但第二十军团所部行动迟缓，第八十五军第八十九师张雪中部在官桥、临城一带与敌稍事抵抗，便撤出阵地，官桥顷刻陷落。与此同时，驻防临城的第二十军团、第二二集团军指挥部纷纷撤离，向韩庄方向转移。临城变成为一座没有设防的空城，是夜日军得以长驱直入。随后日军第十师团濑谷支队兵分两路，以第一大队向韩庄方向追击，至韩庄运河处被阻，与国民党第二十二集团军隔岸对峙；以另一大队向枣庄、峄县方向进发。18 日，滕县城陷落，是日枣庄也被日军占领。20 日，日军占领峄县城，逼近台儿庄，目标直指徐州。

台儿庄是山东的南大门，位于苏鲁交界之地，徐州东北，峄县之南，水运、铁路交通便利，又为台潍公路临台支线的终点，军事上为徐州屏障。日军自发动全面侵华战争以来，北平、天津、南京相继沦陷，如果再下徐州，即可通过津浦线实现南北战场的贯通。但由于中国守军的顽强抵抗，以及徐州周边有台儿庄等天然屏障，日军屡攻徐州不下，遂选择从台儿庄入手，"台儿庄苟为日军所得，徐州必不可守"②。官桥、临城陷落

---

① 李宗仁口述，唐德刚撰：《李宗仁回忆录》，广西人民出版社 1980 年版，第 507 页。
② 曹乃珉编：《台儿庄血战歼敌记》，新生书局 1938 年版，第 1—2 页。

后，日军的战略意图非常明确，即以一部沿津浦线两侧攻击韩庄，以主力由枣、峄攻取台儿庄后，再由此右旋回以攻徐州。日军之所以选择台儿庄而不以韩庄为进击徐州之途是有其原因的。韩庄南邻运河、西濒微山湖是天然屏障，易守难攻，且韩庄以南为山地，不适宜机械化部队运动。同时，台儿庄以南地势平坦，且进攻台儿庄又可截断临沂国民党军的退路，并可与东路日军实现"分进合击之效"。① 其时，日军驻临城、枣庄、峄县之敌，约有步兵 3 个联队，骑兵、炮兵、工兵各 1 个联队，配有坦克车五六十辆，联合之敌约万余人。②

国民党第五战区为确保台儿庄的安全，进而保卫徐州，对军事部署进行了紧急调整。在临沂和滕县保卫战正酣之时，蒋介石已预料到徐州形势危急，急调汤恩伯第二十军团和孙连仲集团驰援鲁南。汤恩伯部辖第五十二军关麟征部和第八十一军王仲廉部，共 5 个师的兵力，军团装备齐全，有配属 15 生的德制重炮营 1 个，为国民党军队的精锐之师。汤部第八十一军王仲廉部先抵徐州后，即奉命驰援第二十二集团军的作战，但滕县很快陷落，所部遂做掩护友军撤退和迟滞敌人的南进工作。孙连仲集团军虽名义上辖第三十军、第四十一军两个军，但由于参加山西娘子关保卫战，损失较大，仅有第二十七师黄樵松部、第三十师张金照部、第三十一师池峰城部 3 个师的兵力可参加战斗。孙连仲原为西北军冯玉祥旧部，以善于防守战著称。早期有南田之战和西安守城战的成功战例，抗战爆发后在娘子关扼守正面阵地，成功地阻滞了日军前进的步伐。正是由于孙连仲善于防守，所部到达徐州后，李宗仁即命其赴台儿庄部署防务建筑工事③，扼守台儿庄正面阵地。根据第五战区司令长官李宗仁的判断，日军矶谷师团会急于夺取打通津浦路的首功，而不等蚌埠方面援军北进呼应，冒进台儿庄，进而进攻徐州。据此判断，李宗仁制订了诱敌深入的作战计划。命汤恩伯所部在津浦线上稍做抵抗后，即转移到抱犊崮东南山区，为日军南进

① 枣庄市台儿庄区政协文史委员会编：《台儿庄文史资料》（第一辑），1990 年，第 24 页。
② 《台儿庄战役资料选编》编辑组、中国第二历史档案馆史料编辑部合编：《台儿庄战役资料选编》，中华书局 1989 年版，第 1 页。
③ 李宗仁口述，唐德刚撰：《李宗仁回忆录》，广西人民出版社 1980 年版，第 513 页。

让开道路,其重炮营则调回台儿庄运河南岸,归战区长官部指挥。汤部的任务是待日军进入台儿庄阵地与孙连仲部接触后,"台儿庄发挥防御战至最高效能之时",即"潜行南下,拊敌之背,包围而歼灭之"①。3月24日,蒋介石到达徐州视察防务。又派副参谋长白崇禧、军令部次长林蔚、作战厅第一厅厅长刘斐等组成临时参谋团,以协助李宗仁指挥作战。是时,在津浦线南段,还有新四军第四支队协同李品仙、廖磊两集团军,采取以运动战为主、游击战为辅的联合行动,活动于淮河流域的广阔空间,津浦线南段日军时刻受到威胁,不敢贸然北上。② 这也间接地支援了台儿庄,为确保台儿庄战役的胜利做出了重要贡献。

战区长官李宗仁下达了作战计划,其总的作战目的是收复鲁中广大地区,以一部在运河沿线取攻势防御态势,以主力从峄县东南方及东北方山地侧击南下之敌,聚歼于临枣支路与韩庄运河间地区。具体作战部署是,命汤恩伯军团新配属第三十一师(欠一一零师)集主力于峄县东侧及枣庄西北方焦山附近一带山地,于3月21日拂晓全线发起攻击,然后侧击临城、沙沟两地附近,把敌人压迫至微山湖东岸实施歼灭,以一部集结于台儿庄北方地区,准备协助主力对峄县及其西北地区的战斗;命邓锡侯部第二十二集团军所属一一零师以一部在候新闸以西运河南岸防御,待机渡河北进,主力置于贾汪附近及荆山茅村镇间地带;张自忠部(欠一旅)在费县集结整顿后,趁虚向滕县南北地区与由南阳镇附近渡河的第三集团部队呼应,截击南下或北退之敌,并自行警戒泗水方面的日军;命孙连仲第二集团军所部张轸第一一零师(欠五十一军)越过济宁南北地区,行进到兖州、邹县及界河、官桥一带,与张自忠部及临城以南的攻击部队呼应,从侧背袭击敌人,并负有阻止敌人增援或截断敌人退路之责;庞炳勋军团(张自忠所部一旅归之)负责扫除汤头附近地区的敌人,然后以一部向莒县方向追击,将主力集结于汤头附近布防,对沂水蒙阴方面自行警

① 李宗仁口述,唐德刚撰:《李宗仁回忆录》,广西人民出版社1980年版,第514页。
② 程思远:《政坛回忆》,广西人民出版社1986年版,第116页。

戒，命陆战队归其指挥。[①] 从其作战计划可以看出，李宗仁设了一盘很大的棋局，战线以台儿庄正面防守为中心，辐射枣庄、峰县、韩庄、兰陵、洪山等军事要地；左翼北及济宁、兖州、邹县，南及界河、官桥以至于临城一带；右翼东自临沂，西迄向城。战线全长达百余公里。这种布局被称为与登堡阵线，分中路及左右翼，即孙连仲部为中路，由汤恩伯、关麟征部守第一道防线；右翼为张自忠、庞炳勋部，左翼为曹福林、孙桐萱部及一部分桂军。另有刘汝明部游击队"纵横其间"[②]。这是由德国将军与登堡首先使用，而日军惯用的战法，闻名世界。这次被国民党第五战区用来对付日本，正是巧妙地利用了日军兵力有限、孤军深入的缺点，充分发挥国民党军大集团、长战线、机动性的优势，以大兵团的运动战，打击敌人之侧背，使敌人无法集中主力以扑台儿庄[③]，为台儿庄大战的胜利提供了充分的保障。

作战计划发布后，各军依命迅速行动。3 月 24 日，第二十军团以第四师陈大庆部向枣庄日军发动攻击，25 日在枣庄东郭里集将日军赤紫联队部队歼灭；以第五十二军第三十一师监视峰县，由第一一零师袭击所在日军。在第一一零师与日军激战中，一团长中日军炮弹阵亡，但所部仍坚持战斗，顽强抗击，双方均伤亡惨重。后经数日顽强攻击，日军仍坚守峰县，不克，但在较大程度上牵制了峰县日军支援台儿庄。

二　台儿庄大战经过

3 月 23 日，日军濑谷启向部队发出进击台儿庄的命令，以一部赴临沂，策应第五师团二十一旅团作战，一部部署于韩庄一线；另以第六十三联队神福荣大佐部及第十联队野炮、重炮旅团，第二联队屯驻军重炮第五队并临时更编之山炮一连，独立机关枪一大队，独立轻装甲车一连及屯驻

---

① 《台儿庄战役资料选编》编辑组、中国第二历史档案馆史料编辑部合编：《台儿庄战役资料选编》，中华书局 1989 年版，第 152—153 页。

② 曹乃珉编：《台儿庄血战歼敌记》，新生书局 1938 年版，第 4 页。

③ 《大公报》1938 年 4 月 22 日第 2 版。

军临时编成之战车队、自动车三中队、工兵一中队①，从正面向台儿庄附近大运河一线推进。上午 9 时许，日军骑兵 300 余人在战车的掩护下向台儿庄进发，至康庄与国民党军第二集团所部遭遇，接着在赵庄附近又与国民党军骑兵支援队激战，台儿庄正面战事正式爆发。此时，孙连仲军团已经在台儿庄一带布下了口袋，等待日军的到来。在台儿庄城，孙连仲以池峰城第三十一师第一八四团防守，该师其他部队则集结于台儿庄东西两侧，以备协同作战。以第二十七师、第三十师及独立第四十四旅集结于台儿庄以南地区，以及作策应。

赵庄激战后，日军增兵 500 余人，坦克 7 辆、炮 6 门，继续向前推进战线至前城障山一线，国民党军骑兵与之激战数小时后，撤退至左翼警戒。与此同时，日军后继部队 2000 余人携炮 20 余门，沿台枣公路由兰城店向台儿庄奔袭。11 时许，到达刘家湖，步兵在大炮的协同下攻占园上。14 时，第三十一师以一部由南洛袭击日军右翼，将其主力击溃，分割于东西两地。17 时，日军以 20 余门野山炮向台儿庄北部城墙猛烈轰击，历时 4 个小时之久，最终打开一个缺口，日军步兵 200 余人在坦克车的掩护下从缺口突入城内。守城国民党军第一八四团奋起抵抗，将日军击退，但团长王震、营长姜常泰负伤，以下官兵伤亡甚多。

3 月 25 日拂晓，日军集中炮火猛攻台儿庄北门及小北门，同时派一支六七百人的队伍向邵庄发起猛攻。在炮火的掩护下，日军 200 余人由小北门突入，被守城官兵围困于大庙内。与此同时，在王代团长的率领下，经过激烈的战斗，终于将缺口堵住。随后，第三十一师守城部队接命，设法肃清冲入城内之日军。第二十七师一部也奉命由黄林庄渡河，从右翼侧击台儿庄之敌，其南岸防务由第四十四团接替。10 时许，日军大部向南洛、刘家湖、邵庄一带阵地全线进攻，第三十一师官兵奋勇反击，战斗极其激烈，营长梁敬贤阵亡，团长王郁彬、营长高鸿立身负重伤，以下将士伤亡严重，最后不支，刘家湖、邵庄失守。其时，第二十七师在刘桥与日

---

① 中国第二历史档案馆编：《抗日战争正面战场》（上），凤凰出版传媒集团、凤凰出版社 2005 年版，第 672 页。

军遭遇，团副郑云奇率众抵抗，后因援军不继退守斐庄。日军以炮火向国民党军所在斐庄及前彭村猛烈轰击，郑云奇中弹牺牲，其余官兵伤亡90余人。由于战情的变化，第二集团军指挥部及时调整战术，制订了侧击南下日军的作战计划。以两团兵力，威胁金庄高地，以一团兵力，从胡鲁沟威胁铁路方面的日军；命三十一师主力附炮营占领台儿庄及北站地区，加强工事，以拒正面来犯之敌，以一部占领三里桥及其以南地区，乘机侧击南下之敌；命二十七师以一旅集结于陶沟、桥村、上庄、雷草，并迅速构筑工事，乘机侧击南下之敌人，以另一旅集结于黄家桥、水晶沟、陈庄附近，为军团预备队。①

26日7时许，日军以6架飞机轰炸台儿庄及南北站，园上日军也在飞机和大炮的掩护下，进行反攻。13时，日军又在炮火的掩护下从刘家湖向刘桥占领阵地，并向台儿庄城西北城墙轰击，先前所构筑工事被击毁。15时，第三十一师第一八六团开始向园上、孟庄日军主动出击，但并未奏效，被迫退入城内。是日夜，守城各部曾发动多次夜袭行动，但均未得手，仅达扰乱之目的。但战斗仍在继续，27日1时许，第二十七师前进至张楼、上村地区，占领攻击位置。5时许，第七十九团占领斐庄、孟庄，尔后集中兵力围攻刘桥、刘家湖日军，两个小时后将后刘桥之敌击溃，此时第八十团业已击退岔路口、潘坠地，先后占领枣庄、杨家庙、张楼等村，攻克邵家庄。下午2时，日军五六百步骑兵，以7辆坦克的猛烈炮火做掩护，向孙庄、前后枣庄等处反攻，国民党军所部官兵奋起还击，战况极其惨烈，双方互有伤亡。是日5时30分起，第三十一师也与日军发生了激烈冲突。日军以重炮10余门，集中火力向台儿庄城墙射击，大、小北门均被摧毁，驻守北门之第一八一团将士全员殉国。随后，百余日军借炮火掩护突入，在城内悬挂起日本旗帜，第一八六团在团长王冠五的率领下奋起还击，突入之敌被歼大半，余员退入大庙及碉楼顽抗。正午时许，日军11辆坦克车由刘家湖向台儿庄推进，行进至距城300米处时，

① 《台儿庄战役资料选编》编辑组、中国第二历史档案馆史料编辑部合编：《台儿庄战役资料选编》，中华书局1989年版，第3页。

中国守军以战车防御炮轰击，敌坦克 6 辆被毁，仓皇北遁。晚 18 时，日方 2000 余步兵、300 余骑兵及战车、装甲汽车五六十辆沿台枣公路南进赴援台儿庄。中国驻军即命重炮连向刘家湖射击，敌数辆战车及装甲车被毁、数十名骑兵被毙，余皆仓皇北逃。入夜时分，守军炮兵阵地遭日军炮击，但因提前变换阵地未受损。

28 日晨 5 时，第十二七师第一五九团郭金荣部向刘家湖反击，第一五七团杜新民部向邵庄前园村、汶上进攻，经过一番激战后，杜部占领前邵庄，郭团迫近刘家湖寨边，至下午 2 时，双方形成对峙状态。3 时许，邵庄、孟庄又遭日军炮火袭击，中国守军坚守阵地，伤亡惨重。是日 4 时左右，第三十一师对突入城内之敌发起攻击，一面以迫击炮集中轰击大庙，一面以敢死队冒火杀敌。7 时许，日军以 20 余门重炮分别向台儿庄城西北角及北站轰击，在炮火的掩护下突进的日军被守军顽强击退。但西北角城墙已被轰塌约 3 丈缺口，日军骑兵于 17 时冲至西关，企图突入城内，但被第一八一团戴炳南部击退。此时，由于城内外日军越聚越多，相互联系策应，军团决定第二十七师、第三十一师同时行动，以肃清城内外之敌为目的。至 22 时，台儿庄城内外打响了肉搏战，"台庄城内巷战甚烈，城外之敌大举来犯，城内火光烛天，电话中断，战况之激为前所未有"。午夜 1 时许，西北角城墙被日军突破，城外之敌不断涌入，战斗愈益激烈，营长王祖献阵亡，其余官兵伤亡殆尽，预备队曾试图多次增援均未成功。至 29 日，台儿庄城内已有一半被敌占领，情势极其危急，蒋介石连忙电令第二集团军全力保守，"即有一兵一卒，亦须本牺牲精神努力死拼"。① 同时命令关麟征派一部迅速南下，于北洛、泥沟附近侧击敌人。

29 日，日军第五师团坂本支队、第十师团濑谷支队主力 4000 余人、炮 20 余门、战车三四十辆②增援台儿庄，迅速突入城内，战况愈加激烈。第二十七师第一五七团杜新民部于 3 时占领斐庄、邵庄，5 时许日军集中

---

① 《台儿庄战役资料选编》编辑组、中国第二历史档案馆史料编辑部合编：《台儿庄战役资料选编》，中华书局 1989 年版，第 6 页。

② 同上书，第 154 页。

炮火向斐庄、邵庄轰击，发起反扑，顿时间，"房舍中弹起火，尽成焦土"①。旅长侯象麟率所部向刘家湖、园上、台儿庄东北附近地区敌人发起反复猛攻，集中迫击炮火力向敌人轰击，毁敌汽车4辆。但下午1时许，二十七师炮兵阵地被敌发现，遂遭其重炮袭击，毁炮2门，官兵伤亡多人。是日上午，台儿庄北站正面敌人不断增加，西北城垣被敌炮击毁数处，一部日军突入，大部被第三十一师守城部队解决。第四十四旅也于5时许到达龚庄、贾家口、大河崖一线，7时即向台儿庄以北敌人夹击，战斗十分激烈。

29日夜至30日晨，第三十一师仍在城内与敌进行激烈巷战，展开生死肉搏，第三十一师派一营增援。8时许，三十一师以迫击炮轰击城西北角碉楼，歼灭大半。22时许，挑选了57名士兵组成"奋勇队"，着日军制服、钢盔，向西北角袭击，日军误认为友军支援，奋勇队员乘机挺进敌院内，"以炸弹手榴弹冲杀良久，从此敌益形削弱矣"②。第二十七师于凌晨3时开始攻击，很快占领园上、孟庄等地，续向邵庄、斐庄攻击。战斗中，二十七师所部以迫击炮击中敌人汽油库，敌战车随即向刘家湖方向移动，中国军队趁机拿下邵庄。随后，双方展开激烈的攻防战，日军先以燃烧弹集中扫射，续以战车协同步兵反攻，中国守军以战车防御炮协同步兵防御，互有损伤。此外，第四十四旅也对三里庄日军发动猛烈攻击，阵地先得后失，伤亡惨重。该旅随即撤至铁路沿线待机。第三十师（欠八十九旅）从铁路西渡河，切断日军联络线，并对日军根据地刘家湖从侧面发起攻击。占据台儿庄北部及刘家湖、三里庄、南洛一带的日军虽遭中国军队三面包围，但仍顽强据守，双方呈胶着对峙状态。鉴于此，第五战区遂命汤恩伯军团王仲廉部对峄县发起佯攻，以牵制其南下增援台儿庄；命关麟征部迅速向泥沟、北洛前进，以一部向南洛协助孙连仲集团解决台儿庄附近之敌，以主力极力破坏铁路、公路，切断峄县与台儿庄敌人的联络线，并协助王仲廉军阻止峄县

①　《台儿庄战役资料选编》编辑组、中国第二历史档案馆史料编辑部合编：《台儿庄战役资料选编》，中华书局1989年版，第6页。

②　同上书，第7页。

之日军南下增援台儿庄。①

31日上午4时50分，第二十七师第一五九团、第一五八团分别向刘家湖、刘桥和三里庄、园上日军发起攻击，与其步骑炮联合三四百，战车8辆遭遇，日军又围攻岔路口阵地。第二十七师先以战车防御炮击毁敌坦克3辆，日军复以重炮还击，下午5时又以战车8辆包围岔路口，以10辆反攻园上、孟庄中方阵地，并以重炮轰击各村落。至晚20时，台儿庄北门有500余名日军冲入，沿巷口与第三十一师所部进行白刃争夺战，第九十三旅所属一营入城增援。敌人以猛烈火力完全控制了西关西区域，电话联系中断。经过浴血奋战，第三十一师已将第1次入侵城内之日军完全消灭。但后入城之敌仍盘踞碉楼及大庙内，且城墙缺口仍随堵随破，不时有日军涌入，入城日军以火光及其他办法，警示其占领区域，白天用飞机轰炸、晚上用炮击的方式轮番轰击中国军队所据之区域，致将士伤亡惨重，第三十一师康如法副师长身负重伤。

4月1日，为迅速清理城内之敌，孙连仲指挥部重新调整部署，从第二十七师挑选250人组成奋勇队，其主要任务是从台儿庄城东北角城墙爬入，迅速扑灭盘踞在碉楼及大庙内的日军残敌，凡到达者立即赏5000元。另命除园上部队外，至少备一营兵力，以防止敌人反攻，并派出小股部队向刘家湖方向佯攻。台儿庄附近日军由于连日遭受中国军队攻击，"精锐之师伤亡殆尽"，"已成强弩之末，但无积极进犯模样"，又不断以飞机、大炮向台儿庄城内轰击及投弹，城内已成一片焦土。是日午夜时分，奋勇队各项突击准备工作完毕，2日晨1时许趁黑摸至城东北角，越城墙入城。奋勇队官兵以必死的决心，勇猛突击，据守城东北角日军即刻被击溃，奋勇队继而攻占东门，占领数处要点及碉楼，并以此为据点向外扩展。至下午2时，第二十七师奋勇队官兵已完全收复城东面，并打开东城门，恢复了城内外部队的联系，但仍未取得与城西第三十一师的联络。②由于峄县日军沿台枣公路向东南急进，二十七师只得退守燕子景，雷草、

---

① 《台儿庄战役资料选编》编辑组、中国第二历史档案馆史料编辑部合编：《台儿庄战役资料选编》，中华书局1989年版，第155—156页。

② 同上书，第9页。

刘桥、连庄一带阵地失守，被迫退守台儿庄东南各村庄。是日，第三十师第一七五团在台儿庄城西北角向敌人发起攻击，毙敌数十人，将城西北角完全夺回。同日又命第一三九师设防岔河镇，以其一部侧击日军，使局势转危为安。是日，汤恩伯所部在兰陵镇、洪山镇一带完成对日军的迂回包围，经数日连续攻击，日军遭受重创，大部向东南方向撤退，企图与台儿庄附近一部联合，向岔河镇西南方向逃窜。

4 月 3 日 7 时 30 分，日军集中炮火向台儿庄东南第二十七师阵地攻击，陈庄、李庄失守，所部退守古拉、古梁王城与敌对峙。9 时 20 分左右，台儿庄城南门外有日军约 200 人进占黄林，企图偷渡运河。孙连仲即命第四十四旅之一团及第三十二师重迫击炮营（欠一连）归池峰城指挥，速占黄林庄附近运河南岸阵地，阻止敌人渡河。日军为解除台儿庄左侧威胁，以一部牵制汤恩伯军团于洪山镇，以大部向右翼进攻。汤恩伯部第四师、第二十五师前后夹击，歼敌大半，缴获轻机枪 10 余挺、步枪 100 余支、马匹 50 匹、服装辎重甚多。① 同时，城内日军发起全线总攻，拟做最后挣扎，全城约 2/3 为日军所占，孙连仲部仅以守南关一隅顽强坚守。3 日夜，日军以 3 个联队的兵力及炮 40 余门，向第二十七师和第三十一师发起猛攻。

4 日拂晓，日军又集中其主力向第二十七师进攻，企图粉碎其台儿庄右翼阵地，即将后堡、五圣堂、陶沟桥、斐庄、孟庄一带截成数段，双方混战持续一夜之久。日军以战车连续冲击，发射炮弹 2000 发以上，附近村落、民房及工事被夷为平地，官兵多与阵地同归于尽。分布于赵庄、刘庄、东庄、黄林庄、赵村一带的第二十七师二线防守部队与日军展开了顽强拼杀，但终在敌人炮火集中轰击以及战车、步兵的冲击包围下，伤亡殆尽。盘踞于台儿庄城内的日军，以平射炮 10 余门向第三十一师守城部队连续轰击，辅以四五架飞机在空中轮番轰炸，以此为掩护，日步兵乘势反攻，从凌晨至 17 时，先后发动 4 次猛烈攻击，还使用燃烧弹将守城将士

① 中国第二历史档案馆编：《抗日战争正面战场》（上），凤凰出版传媒集团、凤凰出版社 2005 年版，第 673 页。

所据之房屋烧毁,守城将士在火海中与日军肉搏巷战达 10 余次,其状十分惨烈。同时,彭家楼、插花庙第三十军也遭到日军的数次猛烈攻击,终因寡不敌众,守兵伤亡,彭家楼陷落。经过多日激烈搏斗,孙连仲各部伤亡惨重,至 3 月 4 日时,第二十七师仅余战斗人员约 2000 名,第三十一师余 1400 余名。[1]但各部也略有斩获,如关麟征军于当日先后攻占爱曲、秋湖,并奉命向甘露寺、柿树园、泥沟攻击前进,以图歼灭兰陵镇东北地区日军残余。

4 月 5 日,战局已十分艰难,第五战区司令长官李宗仁下达命令,要求 3 日内将城内外之敌歼灭,为激励守城将士坚持战斗,凡"树立首功者奖洋 10 万元"[2]。是日,由峄县南下增援台儿庄之日军被汤恩伯军团包围,连日实施猛攻,日军伤亡严重。尔后,汤恩伯军团向台儿庄附近地区运动。所部第一一零师抵进金陵寺后,立即向獐山急进。当时拂晓,台儿庄正面日军还集中炮火向猛攻大庙中国军队轰击,大庙日军残敌也发起猛攻,试图突围,但均未能奏效。

4 月 6 日 10 时许,李宗仁亲赴台儿庄前线督战,关麟征第五十二军所部先头部队已经到达刘庄一带,正向台儿庄推进,下午 5 时又由岔路口转向枣庄北进。下午日军主力向右翼关麟征所部发起反攻,在底阁、张楼一带激战。为迅速完成歼灭敌人的任务,第二集团军指挥部制订围歼计划。命汤恩伯军团于是日下午 8—12 时,由岔路口、刘庄一带向日军发起总攻;以第二十七师于晚 8 时,向孟庄、斐庄、园上地区进击,协同汤军团作战;又命第三十师集结部队,向南北洛前进,协同作战;命第三十一师向三里庄以南敌人出击,并负责围歼台儿庄城内日军;第四十四旅除继续担任河防任务防止日军渡河逃窜外,并负责在必要时协助第二十七师作战。[3]各部在接到任务后,逐渐展开了向日军的反攻。第二十七师精选 2

① 中国第二历史档案馆编:《抗日战争正面战场》(上),凤凰出版传媒集团、凤凰出版社 2005 年版,第 675 页。

② 《台儿庄战役资料选编》编辑组、中国第二历史档案馆史料编辑部合编:《台儿庄战役资料选编》,中华书局 1989 年版,第 11 页。

③ 同上书,第 11—12 页。

个连组成的袭击队，于晚 6 时许向纪庄、王庄进击，在沧汪庙、园上、东庄、李庄、陶沟桥一带与日军遭遇后，立即发起猛攻，敌军仓促应战，稍事抵抗后即行北撤。至 23 时，二十七师完成了对这一带各村庄的占领。随后大部队跟进，向前后刘桥、刘家湖等重点地区日军发起攻击，日军汽车、骡马、辎重部队纷纷被迫后撤，"状极狼狈"①。是日 19 时，在重炮袭击下，园上日军弹药库爆炸，火光冲天，其士兵即刻纷乱逃窜，第三十一师所部乘机向该处敌军发起攻击，并迅速占领该地。此时城内一小队日军从北门出发，企图向园上增援，但被趁机逆袭，西北门也被中国军队夺回。晚 23 时许，第三十一师第九十三旅乜子彬所部开入台儿庄城内，协同第九十一旅王冠五部开展肃敌战斗。是时，王部已经完成了对东门的占领，随后各部展开了对日军的搜捕肃清工作。此外，左翼军团也取得了巨大战果，击毙日军四五千人，缴获战车、飞机及弹药、辎重等大批物资。至 7 日拂晓，台儿庄方面日军已被歼灭大半，开始北溃。② 在李宗仁的亲自指挥下，各部继续追击逃往峄县方向的日军，以扩大战果。至此，台儿庄大战宣告胜利结束。

三　台儿庄大战胜利的历史意义

台儿庄大战是全面抗战爆发以来，中国军队取得的第一次重大胜利。这次大战历时半个多月，国民党军队取得了重大成果，摧毁了日军最精锐的板垣和矶谷师团，歼敌 1 万余人，缴获了大批武器、辎重，堪称日本入侵中国以来遭受的第一场引人注目的大惨败，沉重地打击了日本帝国主义的嚣张气焰，使日本"皇军"不可战胜的神话破灭。在当时的中国人看来，日本帝国主义"想仰仗工业帝国主义者的犀利的武器，来实现其'精兵主义'的迷梦，结果在台儿庄碰到历史无情的教训，……证明北一

① 《台儿庄战役资料选编》编辑组、中国第二历史档案馆史料编辑部合编：《台儿庄战役资料选编》，中华书局 1989 年版，第 12 页。

② 中国第二历史档案馆编：《抗日战争正面战场》（上），凤凰出版传媒集团、凤凰出版社 2005 年版，第 681 页。

辉的'精兵主义'是完全不可靠的"①。这次战役被认为是中国军队"自抗战以来所有'战略机动'的顶点"②，坚定了广大将士坚持抗战的信心，扭转了全面抗战爆发以来，中国正面战场屡战屡败，尤其是南京沦陷以来失败主义思潮蔓延的局面。诚如李宗仁所言，"全国各界，海外华侨，乃至世界各国同情我国抗战的人士，拍致我军贺电如雪片飞来。前来参观战绩的中外记者和慰劳团也大批涌到。台儿庄区区之地，经此一战之后，几成民族复兴的新象征"。③ 半年多来笼罩在民众心头的悲观、沮丧情绪一扫而空，中国人看到了抗战胜利的一线希望。

台儿庄战役最直接的影响是迟滞了日军的进攻步伐，延缓了日军打通津浦铁路交通线的计划。日军在平津和沪宁战场取得胜利以后，急于打通津浦线的交通，但以台儿庄战役为中心的中国抗战却前后坚持了 5 个月之久，为后来的武汉会战赢得了准备时间。更重要的是，这次胜利严重消耗了日军实力，其第五师团死 1281 人、伤 5478 人，第十师团死 1080 人、伤 4137 人④，又有坦克车 30 余辆被毁，被缴获大炮 50 余门、步兵炮 77 门、战车 40 辆，轻重机枪 931 挺、步枪万余支⑤，是日本新式陆军建立以来第一次惨败。⑥ 这种人力物力的消耗，对其后战争的发展势必产生重要的影响。

台儿庄大战的胜利还大大提高了中国的国际声望，扩大了中国的国际影响。中国的抗日战争是世界反法西斯战争的重要组成部分，中国是亚洲地区反对日本侵略者的主要国家。台儿庄战役是中国反对日本帝国主义侵略战争的一个重要战役，也是世界反法西斯战争史上一次以弱胜强的著名战例。这次胜利，"虽然在一个地方，但它的意义却在影响战斗全部，影

---

① 《申报》（汉口）1938 年 4 月 8 日第 1 版。

② 《申报》1938 年 4 月 9 日第 1 版。

③ 李宗仁口述，唐德刚撰：《李宗仁回忆录》，广西人民出版社 1980 年版，第 517 页。

④ 日本防卫厅防卫研究所战史室：《中国事变陆军作战史》（第 2 卷第 1 分册），田琪之译，中华书局 1979 年版，第 41、62 页。

⑤ 中共枣庄市委党史研究室：《中国共产党枣庄地方史》（第一卷），中共党史出版社 2005 年版，第 127 页。

⑥ 李宗仁口述，唐德刚撰：《李宗仁回忆录》，广西人民出版社 1980 年版，第 517 页。

响全国，影响敌人，影响世界"①。也因此，台儿庄这个名不见经传的弹丸之地，"几乎一夜之间成为举世瞩目的地方"②。中国军队在这次战役中浴血奋战，付出 2 万余人的宝贵生命，赢得了世界的尊敬，使苏、英、美、法等主要国家开始越来越多地关注中国，关注中国抗战，并纷纷向中国伸出援助之手。

四 台儿庄大战是抗日民族统一战线的胜利

台儿庄大战既是中国正面战场的一场军事胜利，但绝不是国民党军队单纯的军事胜利。当然，国民党军队在这场战役中发挥了关键作用，在战斗中充分利用了日军的弱点，"采用大规模的运动战略，处处取攻势，争得主动地位"，同时又能做到阵地战与运动战、游击战巧妙配合，更重要的是在这场战役中，国民党军各支、各派军队能够团结一致，同仇敌忾，连李宗仁本人都认为比第一期抗战有显著的进步③，这是军队战斗力提升的重要前提，为取得战役胜利的基本保证。

但不应否认，"当地民众与军队之英勇"④ 也是这场战役取得胜利的重要保障。也就是说，抗日民族统一战线的建立，充分调动了广大民众反击日本侵略者的热情。当时鲁南地区的老百姓，自动走上前线，冒着枪林弹雨到战场上踊跃抬送伤兵，常常不畏艰辛绕道百余里，才能辗转送到后方，但老百姓"视护受伤弟兄，乃理所当然之事"。故此李宗仁信心满满地认为，"要是我们更努力发动民众，参加到抗战中来，那末我们抗战的胜利，会更加迫近"⑤。当时鲁南一带的老百姓自发地组织了各种形式的支前运动。如在滕县保卫战中，当地 3 位老人组织铁匠用铁轨连夜打造了 20 多把大刀，送给守城将士；当地武术拳师郭宽率领弟子 30 多人要求参加守城战斗。在滕县保卫战中，第一二二师少校副官鲁福庆被日军俘虏并

---

① 《周恩来政论选》，人民网，http：//cpc. people. com. cn/GB/69112/75843/75874/75991/5175425. html。

② 上海《大公报》（英文）1938 年 4 月 9 日。

③ 徐公达、张子健：《鲁南会战记》（第二版），中国战史出版社 1939 年版，第 28—29 页。

④ 曹乃民编：《台儿庄血战歼敌记》，新生书局 1938 年版，第 4 页。

⑤ 徐公达、张子健：《鲁南会战记》（第二版），中国战史出版社 1939 年版，第 29 页。

被射杀，当地百姓掩埋尸体时，发现他还没有完全死亡，就将他带到家中隐藏起来，精心调养，待伤愈后送其归队。在峄东一次战斗中，机枪手全部牺牲，重机枪也被日军夺走。当地一位农民见状，便奋不顾身地冲上前去，硬是把那挺机枪夺了回来。因此，老百姓发自内心地支持部队、支持抗战，完全和军队配合了起来，"在战场上抢救伤员的是民众，当反间谍的是民众，帮助军队运输炮弹、粮食的也是民众。这些民众完全是赤诚地表现他们的爱国热情，充分地担任起救亡的责任来了"①，这是国民党军正面战场上少有的现象，为战役的胜利注入了无穷的力量。

当然，在积极参加台儿庄抗战群众中，还有不少群团，他们有组织地参加战地服务工作，有些与共产党的组织与领导有着密切关系，或者是中共党员在其中发挥了关键的作用，为最后胜利提供了重要保障。战役期间，中共苏鲁豫皖边区特委指示各县区党组织，要把发动群众支援前线作为中心工作之一。特委书记郭子化对鲁南地区党组织提出了"一切为了抗战，一切适应抗战的需要"的要求，并向广大工人、农民发出"不为敌人开车，不为敌人修路，破坏敌人运输"的号召。②邳县党领导下的青年救国团组织了1000余副担架，冒着敌机轰炸，在运河两岸抢救伤员。在各交通要道，设立战地服务团、民众驻军联合办事处，接待过往的中国军队，并主动为其向导。还组织了2000余辆小推车，趁夜色深入敌后，用驴驮、肩挑、车推等办法，抢运粮食，支援前线、救济难民。又如沛县县委组织了500余人为军队侦察敌情，传递情报。当地游击队还组织上千名群众跨过微山湖破坏铁路，直接地参加到抗战中去。以地下党员丁行为副团长的第三十一师战地服务团，甚至直接建议池峰城师，向全师官兵发出"三十一师誓与台儿庄共存亡"的号召，为战士演唱抗战歌曲，极大地提振了部队士气，官兵斗志昂扬；还在各村召开群众大会，发动群众支援前线打击敌人；并及时将台儿庄作战的英勇事迹和胜利消息进行报道，

---

① 中共枣庄市委党史研究室：《中国共产党枣庄地方史》（第一卷），中共党史出版社2005年版，第131页。

② 同上书，第130页。

扩大宣传；还在参战部队中做统战工作。① 云南妇女战地服务团，从云南昆明来到台儿庄，主要负责战地医护工作，护理从前线下来的伤员，协助将重伤员护送到火车站，转移到后方医院治疗。② 上海战地话剧巡回演出队，则到伤兵房间进行慰问演出，所制作的话剧短小精悍、慷慨感人，所唱歌曲催人奋进。③ 来自上海的四川旅沪战地服务团，来到枣庄后，吸取了部分矿工、学生参加，在滕县保卫战中慰问和战地服务。其宣传组往返于枣滕之间，勇敢地活跃于前沿阵地；其谍察组英勇善战，多次破坏日军的行动；爆炸组则为配合川军牵制日军兵力做了不少工作。④ 台儿庄大战后，鲁南特委以这个服务团为基础，组建了"抗日义勇军"，成为鲁南地区一支重要的抗日武装组织。当时还形成了一种记者上战场，作家赴火线，人人是战士的壮观场面，数以百计的中外记者和作家云集台儿庄，冒着纷飞的战火，采访抗战英雄，会见参战将领，及时报道台儿庄大战的英勇事迹，宣传了台儿庄抗战，鼓舞了民众的爱国热情。

台儿庄大战中，在国民党军队正面战场积极抗战的背后，还有中国共产党所领导的敌后战场的密切配合，为夺取胜利做出了积极的贡献。1938年2月，彭德怀曾向蒋介石承诺会当即派军队支援徐州抗战。我军第一二九师一部在宋任穷的率领下，于2月中旬东出沧石路以南至邢台之间活动，声援徐州国民党军抗战。周恩来、叶剑英也指示活跃在长江流域的新四军张云逸部配合国民党李品仙、廖磊部活动，以牵制南线日军。3月中旬，第一二九师所部一旅在徐向前的率领下东出津浦线，配合鲁南战场作战。⑤ 第一二九师还专门建立了津浦支队，夜袭车站和津浦线上的铁路桥，从背后对津浦铁路线北段日军形成较大威胁，间接支援鲁南抗战。据统计，在台儿庄大战期间，即1938年2—4月，中共领导下的八路军、新

---

① 枣庄市政协文史资料委员会编：《枣庄文史资料》（第三辑），1989年，第29—32页。

② 枣庄市政协文史资料委员会编：《枣庄文史资料》（第三辑），1989年，第41页。

③ 同上书，第42—45页。

④ 枣庄市台儿庄区政协文史委员会编：《台儿庄文史资料》（第一辑），1990年，第103页。

⑤ 中共枣庄市委党史研究室：《中国共产党枣庄地方史》（第一卷），中共党史出版社2005年版，第128页。

四军主动出击，先后作战 400 余次，毙伤、俘虏及击溃日军 2 万余人，击毁敌汽车 500 余辆，缴获机枪 100 余挺、步枪 300 余支，牵制了 10 余万日军的行动①，大大减轻了鲁南战场的军事压力，有力地配合了正面战场的作战。

在台儿庄大战中，中共鲁南地方党组织领导下的武装力量为配合正面战场作战发挥了积极作用。如张光中领导的沛县人民抗日义勇队曾主动袭击津浦铁路沿线临城日军，前后达三次之多，多有斩获。滕县人民抗日义勇队在于公、王见新的领导下，在官桥、井亭一带多次伏击日军的汽车队，炸毁津浦铁路线位于滕县城以南的两座铁路大桥，击毙日军修桥工兵十余人。峄县人民抗日义勇大队在朱道南、刘景镇的领导下，在临枣铁路、公路上多次伏击日军增援队，毙伤日军 10 余人，缴获战马多匹。枣庄煤矿工人还在枣庄地方党组织的领导下，组织了破袭队、爆破队，积极参与破坏日军的行动。张福林曾动员枣庄矿工数百人，将临（城）—枣（庄）—赵（墩）铁路路轨扒毁，炸毁桥梁，切断了日军的交通联络和军事补给线。又炸毁枣庄日军的汽油库和泥沟的弹药库。这都在较大程度上支援了台儿庄前线，牵制或破坏了敌人的行动，直接或间接地减轻了战场压力。

因此，台儿庄抗战是以国民党正面战场为主体，有各界群众积极参加的，包括中国共产党及其领导下的武装力量积极配合，在抗日民族统一战线旗帜下的集体抗战，绝非国民党一党一军的单纯军事对抗，其敌后群众和中共武装力量的支援配合，也是这场战役取得胜利的基本保证。更重要的是，在支援和配合前线抗战的过程中，鲁南地方中共党组织及其领导下的武装力量得到了迅速发展，广大人民群众也得到了锻炼，积累了丰富的斗争经验，为嗣后开展敌后抗日游击战，建立敌后抗日根据地奠定了基础。

---

① 中共枣庄市委党史研究室：《中国共产党枣庄地方史》（第一卷），中共党史出版社 2005 年版，第 129 页。

第四节 日本侵略者在枣庄的暴行与殖民统治在枣庄的建立

一 日本侵略者对枣庄人民的疯狂屠杀

日本侵略者铁蹄所到之处，使美丽、宁静的枣庄大地遍染鲜血，这片土地很快就被嗜血成性的侵略者变成杀人屠场，成千上万的枣庄平民被日军用枪打死、用刀刺死、被狼狗撕咬，或被砍下头颅致死，许多女同胞被敌人侮辱、杀死，乃至幼儿也无法逃脱劫难，可谓生灵涂炭，神州萧条，帝国主义对枣庄人民犯下的滔天罪行罄竹难书。

日本帝国主义者对中华民族的侵略是广大中国人民所不能容忍的，面对敌人的机枪和屠刀，每一个有血性的中国人都不可能坐以待毙，他们必然奋起反抗。从日军铁蹄踏入中国土地的第一刻起，中国军队和人民就掀起了反抗侵略的巨大浪潮，尤其是七七事变以后，全中国人民更是不畏强暴，在抗日民族统一战线的旗帜下，全国各界、各阶层人民的团结一致抵抗，给日本侵略军以巨大的打击，使其每前进一步都要付出巨大代价。在日军侵入枣庄之初，就遭到了枣庄人民的顽强抵抗，尤其是在此遭遇了入侵中国以来罕见的失败，在滕县战役和台儿庄战役中因受国民党军队的顽强抵抗而备受挫折。

对于中国人的抵抗，日本侵略军除在战场的屠杀外，还在战场之外实施报复，在手无寸铁的人民群众身上进行惨无人道的蹂躏和屠杀。这种报复性屠杀在抗战初期极为常见，如在滕县，1938 年 3 月 15 日，日军沿铁路南下，行至北沙河附近，看到铁路桥已经被一二二师王铭章所部七二七团炸毁，铁轨被扒及张贴的大量抗日标语，又听到村民在传唱抗日歌谣，于是恼羞成怒，杀进北沙河村，制造了骇人听闻的"北沙河惨案"。"日军进村后就进行了灭绝人性的大屠杀，不论是走不动的老年人，还是在地上刚会爬的婴儿，有的被扔进水里淹死，有的捅死后再开膛破肚……当时血迹一摊摊，一片片；死人一个个，一堆堆。哭声、喊叫声、厮打声、杀

声响遍全村，惨不忍睹"①，野兽般的日军竟不分老幼奸污全村女性达 11
人之多，有的被奸污后又被开膛破肚，完全没有了一点人性。次日，又进
村烧杀抢掠，还把各家贵重物品、衣服及其他一切抢劫一空。全村惨遭杀
害的达 83 人之多，烧毁房屋、抢掠财物不计其数。全村生产生活遭到了
致命打击，许多村民只得逃荒、要饭，或者靠背'河脚'、拉车为生。②
又如在市中区，1938 年 3 月 20 日，有 40 名日军在纪官庄被国民党抗日军
队全歼。日军于 23 日包围纪官庄，对村民实施报复。"他们手举火把见
屋就烧。他们发现赵麻子夫妻出门躲火，将要走开，就兽性发作，把他俩
硬推进屋里，把门挂上，活活烧死了！……日本兵像发疯的野兽，两眼通
红，见人就杀，远的枪打，近的用刺刀穿"，有人甚至被开膛破肚③，其
状更是惨不忍睹。1938 年 3 月 19 日，日军矶谷部队一部在向永安乡方向
进攻时，遭到驻在薄板泉和放马场的中国军队的反击。第二天早上，日军
却派飞机向在老和尚寺避难的群众进行报复性轰炸，老百姓被炸得血肉模
糊，有的断胳膊断腿，"树枝上挂着死人的头发、骨肉和衣服。有个吃奶
的孩子被炸掉了头，他的母亲胸部被炸成血窟窿"④。这次惨案共有 600
多人被炸死，1000 余人被炸伤。⑤ 在台儿庄，1938 年农历二月十九，由
于在战场上遭受重挫，日军遁逃至兰城店、贾堡、邵庄一带，在各村烧杀
抢掠，无恶不作。贾堡村由于 4 人破坏日军的通信联络设施被杀，罗庄、
邵庄两村有 7 人被杀。其手段极其残忍，邵庄村民有的被一刀劈为两段，
有的被砍去胳膊、腿后，因流血过多而亡。日军连小孩也不放过，他们把
两个孩子用刺刀穿死，把另一个孩子用枪托砸死。在兰城店西的某小村庄
一次就有 16 人被集中杀害。罗庄有一怀抱孙子的妇女，被日军一脚踢倒，
当场刺死，孩子被从前胸穿到背后，然后用刺刀挑起扔到水塘里，孩子的

---

① 滕县政协文史资料委员会编：《滕县文史资料》（第一辑），1984 年，第 55 页。
② 同上书，第 59 页。
③ 中国人民政治协商会议枣庄市中区委员会文史资料委员会编：《枣庄市中区文史》（第
二辑），1992 年，第 59—60 页。
④ 同上书，第 62 页。
⑤ 中国人民政治协商会议枣庄薛城区委员会文史资料研究委员会编：《薛城文史》（第二
辑），1987 年，第 171 页。

母亲也被奸污，其父被日军砍死。① 日军在枣庄所进行的报复性屠杀还有很多，完全暴露了侵略者灭绝人性的本质，在枣庄的每一寸土地上都留下了血的罪证。

实际上在更多的情况下，嗜杀成性的日本侵略军并不需要任何理由，就会对群众大开杀戒，他们大纵淫欲，恣意妄为，把枣庄大地当作了他们的屠杀训练场，任意剥夺无辜百姓的生命；又把抢掠、破坏百姓财产作为乐事，使无数百姓无家可归，财产尽失。如1938年农历二月二十九，有300余日军开进了峄县西北邹坞村，村民惊慌失措，男女老少大部分出逃。日军进村后，端着刺刀到处搜查。在村西南枯井里有5位村民被发现打死，井西边园屋子里有32人也被搜出打死。在村东头，日军搜出5个青年，全用刺刀刺死，其中一位被吊在树上，用洋刀大卸八块而惨死。其他村民有父子被砍头、剖腹，有年仅6岁的孩童被刀劈两半，有耄耋老人被刺刀刺死。日军更在村西北角爬桥上布置了岗哨，见到路人就拉到桥上，用刺刀乱刺，"有的故意不一刀刺死，听着受害者凄厉的呼叫声哈哈大笑，然后才一刀杀死，将尸体踢在桥下水里。一时间爬桥两边河里堆满了尸体，鲜血染红了河水，蟠龙河成了血的河流"②。这是震惊世人的"爬桥惨案"，共造成无辜村民83人被害，全村房屋80%被烧毁，粮食、木器家具全部烧光，家禽家畜全部吃光。③ 又如1938年3月22日，日军在郭里集犯下了滔天罪行。这天下午，日军步兵千余人，配合12辆坦克，骤然开进郭里集，正在逃难的村民被堵截回来，接着就抓捕男人，追赶妇女，大肆烧杀，制造了"郭里集惨案"。据老人回忆，一伙日本兵把抓到的十几个老人、小孩用绳子牵着押到西街一家酒店里，接着一个兵又送来一名妇女，在他们去抓人时，乡亲们劝妇女趁机逃跑，那个日兵回酒店发现妇女逃跑后，端起刺刀就向在场的人耳门里扎，刺刀穿进耳门，再用力

---

① 枣庄市台儿庄区政协文史资料委员会编：《台儿庄文史资料》（第三辑），1992年，第111—113页。

② 中国人民政治协商会议枣庄薛城区委员会文史资料研究委员会编：《薛城文史》（第二辑），1987年，第165页。

③ 同上书，第166页。

拧搅，把人活活搅死，名曰"耳锲"。东街有个叫王庆的青年，被绑在树上"大开膛"；一位王大娘被刺死在锅台旁；一位姓石的老太太也被刺死在锅屋里；西街壮年任振田，刚出大门就被杀害；张广营、毕瞎子两位盲人，也被残杀。东街王茂朴的妻子，日军企图强奸，她抗拒逃跑，日军紧追不放，她跑到菜园投井身亡。东街北头一位赵姓的老大娘，六十多岁，被日军侮辱，又扒光衣服吊死在树上，还扯开她的裹足带，看中国妇女的小脚。这次惨案，全乡共有 78 人被日军杀害，被奸污的妇女 37 人，840 余间房屋被烧毁，约 17 万斤粮食被抢走、烧毁，衣物 5000 余件被抢。① 其余案例不胜枚举，一桩桩惨案，极大地暴露了侵略者灭绝人性、惨无人道。

表四　　　　　　　　　枣庄沦陷后日军暴行统计表

地点		时间	暴行概况	备注
市中区	齐村镇	1938 年 3 月	齐村镇一片火海，烧毁房屋 200 余间，粮食数千斤，牲畜 20 多头，其他不计其数	日军先头部队
			蒋大汉等 5 人被日军用刺刀挑死；吴三、吴四被乱枪打死	
			西圩子村崔广方被吊在树上，用刺刀开膛致死；冯玉奎被刺三刀，肠子外流，两天后死亡；田老大被拴马尾巴上拖死；宋纲良被乱刀刺死；田德胜被害后扔在缸窑里。另有 5 人被枪击致死	
		1938 年农历四月二十四	日军小分队窜至后川一带，逢人就杀，后川、曾店两村被杀害 10 人，伤 4 人，烧毁房屋数十间	驻枣庄日军出去一个中队清乡、扫荡
			尖山子村宋振方、吴清杰在五叉沟被挑死	
		1938 年农历四月二十六	朱子埠村王老五、李朝銮的父亲及孙传栋被抓，用铁丝穿锁骨至齐村西岭杀害，该村房屋几乎被全部烧光	

① 中国人民政治协商会议枣庄市中区委员会文史资料委员会编：《枣庄市中区文史》（第二辑），1992 年，第 57 页。

续表

地点		时间	暴行概况	备注
市中区	齐村镇	1938 年农历八月十九	在建国村杀 4 人，奸污妇女。后窜至乔屯，将韩复全等 4 人开膛；另两名村民被打伤。在柏山村，杀害村民 2 名；用硫黄弹烧毁房屋 48 间，烧死并抢走耕牛、猪羊数十头。在杨岭村杀害 3 人，在谷山庄杀害 2 人，烧毁房屋 200 余间。返回途中，又抓获建国村民陶金明，押至枣庄拷打致死	
		1939 年农历六月	在沟湾村枪杀 2 人，烧毁房屋 10 多间，抢走粮食近千斤	
		1939 年农历八月十五	日军巡道兵行至前川村开枪射击在田中劳动的农民，打死 1 人，打伤致死 1 人。其中 1 人被打死后，生殖器被割下	
	黄庄乡	1938 年农历二月二十	日军从遗棠村抓走王福成，奸污 2 名妇女，烧毁房屋 3 间	
		1938 年三月二十六	日军从寨子村抓走村民 47 名，其中王作路等 6 人至今下落不明	
		1938 年四月初	日军在王林村抓走村民 6 人，带到枣庄，限其 3 天内交小麦 9000 斤。其中戴广海家无力交粮，父子被杀害	
		1938 年农历四月十七	枣庄日军扫荡南山，在后陈湖村抓走村民 4 人，杀死 1 人，牵走村民牛 1 头，驴 1 头	
		1938 年农历四月下旬	日军骑兵闯进小屯村，轮奸妇女，抓走村内鸡若干只	
		1938 年农历四月	10 余名日本兵在官庄村抓鸡时，将 1 名 4 岁女孩按进水缸里淹死	
		1938 年农历四月底	日军向前陈湖村发射 4 发炮弹，炸死儿童 1 名，后进村打伤村民 1 名	
		1938 年农历五月	日军 5 人在官庄北轮奸行路女子 3 名	
		1938 年农历五月十五	日军在王林村将村民王德章绑在槐树上用刺刀刺死；在强奸妇女时遭到反抗，遂将其 1 岁多的孩子砸死；又放火烧毁房屋 30 余间，牵走牛、驴多头	
		1938 年农历五月	遗棠村一妇女被奸污	
		1938 年农历八月	官庄村民邵立光因听不懂日语，被日本兵开枪打死	

地点		时间	暴行概况	备注
市中区	黄庄乡	1938 年农历八月二十二	日军在王林村打伤妇女，烧毁房屋百余间，抓走村民 2 人；经黄庄村时，抓走村民 1 名，在枣庄杀害	由永安、蔡庄扫荡返回途中
		1938 年 11 月	日军在梁辛庄开枪打死村民 4 人	
		1940 年	日军闯入小屯村，烧毁房屋 1 间，打伤村民	
	永安乡	1938 年 3 月 20 日	3 月 20 日早上，天刚明，鬼子的两架飞机从北方飞来，在老和尚寺上空转了一圈，怪叫着向下冲来，对避难群众进行多次轰炸，被炸死、烧死大约 600 多人，受伤 1000 余人	3 月 19 日下午，日军矶谷部队一部向永安乡方向进攻，驻在薄板泉和放马场的中国军队向日军反击。双方一开火，在山上逃难的老百姓潮水般地向山南老和尚寺村逃去，群众达 10000 人之多
		1938 年农历三月十四	日军在张林村烧毁房屋 3 间	
		1938 年 5 月	崔庄村民 1 人被日军枪杀	
		1938 年农历五月初八	日军向英庄炮击，进庄后，见人就杀，多人被杀	日军为扫荡天生桥的抗日游击队
		1944 年 8 月	永安乡数百名村民破袭临枣铁路，阻滞日军运输，被日军巡逻兵发现，立即开枪射击，并疯狂追杀群众。当场打倒村民 30 多人	
	市郊乡	1938 年农历四月十七	日军对龙头村实施报复，将该南、北、东三龙头 17 位老人驱赶到村外，全部用刺刀穿死，同时放火烧了全村房屋，共计 1100 间；此次惨案，三个村共有 22 人遇难	农历四月十六，驻枣日军发现有游击队在龙头公路上截击日军军车
		1938 年农历八月十五	日本海军飞机每 3 架为一队梯次飞临枣庄上空，飞机编队飞行极慢、极低，在枣庄上空盘旋飞行一周，然后俯冲轰炸，地毯式轰炸，每隔若干距离均匀地投下炸弹，到处弹坑累累；枣庄煤矿南大井前的铁道被炸断了，炸断的铁轨高高地指向天空	

续表

地点		时间	暴行概况	备注
市中区	西王庄乡	1938 年 3 月 19 日	日军在该乡实行杀光、烧光、抢光的"三光"政策；4月初，台儿庄战役失败后，更加疯狂	
		1938 年 4 月 13 日	日军烧毁于官庄村 2/3 的房屋，共计 250 余间；杀死村民 30 余人。在土山西牛鼻窑用机枪扫射打死避难百姓 40 余人	
		1938 年 4 月	日军在宋楼村烧毁房屋 85 间，枪杀村民 5 人，宰杀牲畜 60 多头；是月，日军在该乡共杀死村民 85 人，烧毁房屋 423 间，宰杀牲畜 441 头，奸淫妇女无数	
	渴口乡	1938 年 3 月下旬	日军到达枣庄后，四处抓夫为其运输。在殷村，强行掳走村民及逃难村民 6 人；运送完物资后，日军将民约 60 人捆绑到了台儿庄西进行扫射，仅 1 人幸免于难	
		1938 年农历八月下旬	卓山据点日军下山抢掠 2 名妇女蹂躏数日	
		1938 年农历八月二十八	殷村村民田毓凯在向卓山送水途中被打死	
		1938 年秋	凤凰岭村村民王士运在田间劳动时被追赶，并枪击致死	
		1939 年春	小陈庄村村民陈清岳在大刘庄村西头被枪击	
		1939 年秋	卓山据点日军下山抢掠，打死莲汪村村民 1 人，还抓走几十只鸡	
		1940 年春	田庄村村民田思道因精神病发作，爬上卓山，被日军当摔跤人靶，后被推下山顶摔死	
	孟庄乡	1938 年农历三月	上道沟村民梁继列、吕守春在避难时被日军发现，被当场挥刀杀死；日军又火烧全村，1 名妇女被烧死屋中，共毁房屋 120 余间，粮食、衣物被毁不计其数	
		1938 年 4 月	前孟庄东双山子据点日军窜进沈桥村，纵火烧毁房屋 40 余间；打死村民 1 人	
		1938 年腊月	日军在寺山子村砍死村民 1 人，又纵火烧村	进山扫荡路过

续表

地点		时间	暴行概况	备注
市中区	税郭镇	1938 年农历二月底	日军从龙山向东边的楚子山开炮；后纵火烧毁西长汪、董楼等 3 个村，在税郭砍死村民 1 人，割人头示众；枪杀 1 人	曾遇国民党军队顽强抵抗后报复
		1938 年 3 月 23 日	30 人惨遭杀害；200 余间房屋被烧，各种衣物、粮食、农具化为灰烬；牛、驴、羊、猪被洗劫一空	3 月 20 日，40 名日本兵在纪官庄被歼，日军向纪官庄村民报复
		1938 年农历三月初十	日军一个营在东长汪、桃园向难民用机枪扫射；复把地窖子里所茂难民 30 余人用刺刀刺死	
		1938 年农历三月二十一	在宋庄、三里屯、陈岭、东西长汪、东西郝湖、王庄，抓走鸡鸭等，打伤村民 18 人、打伤 1 人，奸污妇女 3 人	日军骑兵和步兵 400 余人到苍山县的雷雨口村扫荡途中
		1939 年秋	税郭镇单皮匠被日军抓走带路，在苍山县吴山头一带被刺刀穿死	
	郭里集	1938 年 3 月 22 日	日军步兵千余人，配合坦克，开进郭里集。共杀害村民 78 人，奸污妇女 37 人；仅东街、西街、民主村共烧毁房屋 600 多间，全乡共毁房屋 840 余间，有 17 万斤粮食被抢或烧毁，5000 多件衣物被抢	
滕县		1938 年 3 月 15 日	全村惨遭杀害的有 50 多户，83 人；日本兵奸污女性 11 人，有的被奸污后又被开膛破肚；烧毁房屋 240 余间，牲畜 12 头，家具 10 余套，大小车 15 辆，粮食 27500 斤；砍伐树木 80 余棵，抢走猪、羊、家禽不计其数	日军沿铁路南下，行至北沙河附近，因铁路桥被炸、铁轨被扒前进受阻，于是对北沙河村进行报复，前后两天

续表

地点	时间	暴行概况	备注
台儿庄区	1938 年 3 月 14 日	日军进入张山头后，杀人放火，无恶不作，四处追杀躲藏的百姓。共杀死和烧死张山头百姓 31 人，焚烧房屋 40 多间	日军 1 个排 33 人，从泥沟经柳园直向张山头村。张山头时有 13 户人家、70 多口人，还有外来逃难的 20 多人
	1938 年农历二月十九	日军遁逃至兰城店、贾堡、邵庄一带，进村之后，实行烧光、杀光、抢光的"三光"政策，烧杀抢掠，无恶不作。贾堡村 4 人被杀，罗庄、邵庄两村有 7 人被杀，多人被辱。兰城店西的小村庄有 20 人被杀，1 人被奸污，房屋被烧无数	
峄城区	1938 年夏	枣峄铁路日军经常到附近村庄奸污妇女，抢劫物品，仅张店和孔村两村就有 2 人被杀，被奸污妇女无数，并抓民夫为其做工，稍有不从即被杀害或灌辣椒水	
	1939 年农历四月初一	下午 2 点多，日军驱赶着逃难的人群到了上黄崖村，打死、打伤多人，奸淫妇女多名，烧毁全村房屋 90 多间	日军调集薛城、韩庄、台儿庄、峄城驻军对枣南地区扫荡
	1940 年秋	兰陵郭某被虐待致死，先是绳捆，狗咬，狼狗将郭撕咬得体无完肤，最后被一枪刺穿胸膛而死	
山亭区	1939 年以后	山亭桑村据点日伪兵，奸淫烧杀无恶不作。每次到山区扫荡，都要大肆骚扰百姓，东至葛庄、贾庄、盘石沟、张宝庄，南至辛庄、芹沃、上黄沟、峭村一带，所到之处抓鸡、搜鸡蛋、撵猪羊、抢衣物；同时还砸老百姓的锅、鏊子，送到城里去造手榴弹；走后就放火大烧一通；还硬逼着少吃缺穿的农民挖封锁沟、垒封锁墙、筑碉堡楼，稍有懈怠，即受毒打	

续表

地点	时间	暴行概况	备注
薛城区	1938 年农历二月二十九至三月初一	西邹坞村，共有 83 人被害，杀绝 12 户，房屋被烧光 80%，粮食、木器家具全部烧光，家禽家畜全部吃光	
	1938 年 3 月 24 日	日军在南、北临城四处抓人，37 人被日军用刺刀捅死在三街大坑边，尸体推入坑中	
	1938 年 3 月 26 日	日军把铁甲车开到张桥村，见人就开枪，村民张连诺等 7 人当场被打死；全村 120 多户，580 多间房屋被烧光	
	1938 年 3 月 17 日	日军进古井村，强奸妇女数名，杀死村民 12 名	

资料来源：中国人民政治协商会议枣庄市中区委员会文史资料委员会编：《枣庄市中区文史》（第二辑），1992 年；中国人民政治协商会议滕县委员会文史资料委员会编：《滕县文史资料》（第一辑），1984 年；枣庄市台儿庄区政协文史委员会编：《台儿庄文史资料》（第一辑），1990 年；中国人民政治协商会议枣庄市台儿庄区委员会文史资料委员会编：《台儿庄文史资料》（第二辑），1991 年；政协枣庄市台儿庄区委员会文史资料委员会编：《台儿庄文史资料》（第三辑），1992 年；政协枣庄市峄城区文史资料委员会编：《峄城文史资料》（第一辑），1989 年；中国人民政治协商会议枣庄薛城区委员会文史资料研究委员会编：《薛城文史》（第二辑），1987 年；中国人民政治协商会议枣庄市山亭区委员会文史资料委员会编：《山亭文史资料》（第一辑），1990 年；政协枣庄市峄城区文史资料委员会编：《峄城文史资料》（第十二辑），2003 年；中国人民政治协商会议枣庄市委员会文史资料委员会编：《枣庄文史资料》（第一辑），1985 年。

从现有的回忆资料看，日本侵略者在枣庄地区制造的惨案至少有 60 余起，数量极其庞大，且主要集中于 1940 年以前，1940 年以后相对较少，这一方面是由于日军在各地的统治机构逐步建立，统治趋于稳定；另一方面也因为日军逐渐完成了对城市和重要交通线的控制后，推行奴化教育，实行"治安强化"，筑碉堡，建据点，挖封锁沟，征夫出役，需要相对稳定的统治，改变了原先的野蛮屠杀政策，以适应对日伪统治区进行政治、军事控制与经济掠夺的需要，其屠杀更多的是对广大根据地和敌后军民的扫荡、清乡等野蛮行径。但是即便如此，在日伪的严酷统治下，广大百姓仍无以聊生，生活极其悲惨。其治下的汉奸走狗对广大人民来说，仍然是极其野蛮、残忍且无法回避的，有时比之日军有过之而无不及，何况二者还是紧密一体的。如1939年以后，日伪组织在山亭桑村建立了据点，防御工事极其坚固，常驻日军23人，最多时有50余人，有伪警备队100多人，另有区中队、警察所及新民会等。盘踞在这里的日伪兵成为当地的一大祸害，奸淫烧杀无恶不作。每次到山区扫荡，都要大肆骚扰百姓，东至葛庄、贾庄、盘石沟、张宝庄，南至辛庄、芹沃、上黄沟、峭村一带，所到之处抓鸡、搜鸡蛋、撵猪羊、抢衣物，无所不取；又大肆破坏老百姓财产，砸坏他们的锅、鏊子，送到城里去造手榴弹，离开时放火大烧一通。还经常强迫老百姓出力役，硬逼着他们挖封锁沟、垒封锁墙、筑碉堡，稍有怠慢，即遭鞭子抽、枪托子捣。即使寒冬腊月，老百姓也得穿着单衣站在水里干活。① 在市中区，日伪军在卓山上设立了据点，修筑了碉堡。其主要目的是扼住通往山区的咽喉，以防止山区抗日游击队对市区的袭击。卓山据点的日军白天经常下山残害百姓，逞其禽兽行为。② 因此，即便是日军放弃了入枣初期对普通百姓的野蛮及大规模的屠杀行径，但老百姓仍没有摆脱日伪的白色恐怖，时刻生活在生死的边缘。

日军在枣庄制造的惨案还有一个突出特点就是手段极其残忍，惨无人道，可以说无所不用其极，野蛮至极，给枣庄人民造成深重的灾难。首先是手段的多样且丧失人性。如1938年3月22日的郭里集惨案中，日军用刺刀向百姓的耳门里扎，刺刀穿进耳门，再用力拧搅，把人活活搅死。还采取被"大开膛"的方式杀害青年王庆，连60多岁妇女也被侮辱，尔后又扒光衣服吊死在树上，还扯开女子的裹足带，看中国妇女的小脚。③ 在

---

① 中国人民政治协商会议枣庄市山亭区委员会文史资料委员会编：《山亭文史资料》（第一辑），1990年，第41页。

② 中国人民政治协商会议枣庄市中区委员会文史资料委员会编：《枣庄市中区文史》（第二辑），1992年，第71页。

③ 同上书，第56—57页。

1938 年 3 月 14 日的张山头惨案中，日军将修筑完工事的 5 位村民用腰带捆在一直，像刺靶子一样，挨个把刺刀穿进这 5 个人的胸膛。一男童被日军一刀刺进胸膛，气绝而亡，另一女童被日军用刺刀从后背穿进去，然后挑起扛在肩上，走了十几步，两臂膀一挥扔出老远；一 3 岁的幼儿扔进大火里活活烧死；另一幼儿及其年迈的奶奶也被日军用刺刀挑进火里活活烧死。① 其次是破坏性极其严重，不仅使广大百姓随时会丧失生命，失去亲人，还失去了家园，无以生业。据不完全统计，1938—1945 年，日军仅在薛城区所杀害的干部、群众就达 1872 人，奸污妇女 384 人，烧毁房屋 10065 间，抢劫粮食 4400000 余斤，抢杀大牲畜 1063 头、猪羊 12874 只。② 在滕县，被残杀的有姓名可查的干部、群众达 4028 人，奸污妇女 871 人，烧毁房屋 62216 间，抢粮 876659 斤，牲畜 2001 头，衣物用具不计其数。③ 当然，面对灭绝人性的屠杀，勇敢的枣庄人民并没有甘于束手就擒，不少群众还是做出了本能的反抗。如在市中区西王庄乡，1938 年 4 月初，一青年女子被一日本兵追逐，村民邱学文勇敢协助她逃脱。是月中旬的一天，又有一妇女被日本兵奸污，被村民宋继成、赵敬海、赵玉泉等人发现，他们遂持铁叉、棍棒追赶该士兵。随后另一名增援日军士兵赶到。在村民宋景岳的组织下，愤怒的西王庄村民团结起来，纷纷拿出武器与日军展开搏杀。"两个持枪带刀的鬼子，在人群中拼命乱跑，百姓合力追打，如同过街之鼠。……陷入人流竟脱下军服，丢掉军帽东窜西逃，时到中午，乡民仍边喊边追边打，七手八脚打得鬼子兵体无完肤。"④ 最后两名日本士兵被打死，宋景平等割下其头颅献于驻鲁王桥的游击司令梁继璐，充分显示了中国人的智慧和勇敢。可以说，日本侵略军对枣庄人民欠下了无数笔血债，对中国人民犯下了滔天罪行，

---

① 枣庄市台儿庄区政协文史委员会编：《台儿庄文史资料》（第一辑），1990 年，第 118—119 页。

② 中国人民政治协商会议枣庄薛城区委员会文史资料研究委员会编：《薛城文史》（第二辑），1987 年，第 180 页。

③ 枣庄市地方史志编纂委员会编：《枣庄市志》，中华书局 1993 年版，第 47 页。

④ 枣庄市老龄委员会、枣庄政协文史资料委员会编：《古稀老人话今昔》（枣庄市文史资料第 12 辑），1991 年，第 112 页。

我们在祭奠亡灵的同时，要时刻保持着清醒的头脑，不要忘却历史的沉痛教训，时刻谨记发展，不断强大，避免重蹈被侵略的历史覆辙。

二　日本殖民统治在枣庄的建立

军事占领只是日本侵略中国的第一步，但其终极目的是政治上实现对中国的殖民统治，以对中国进行经济掠夺。日本政府于 1937 年 12 月 24 日通过的《处理中国事变纲要》指出，"在华北，以增进中国民众的安宁和福利为政策的要点，政治的目标是建立防共亲日满的政权，经济的目标是建立日满华不可侵害的关系。在指导时，加以谋求促进，逐步扩大和加强这个政权，使它成为重建新中国的中心势力"[①]。其实质就是在被占领土上扶植以汉奸为主体的日伪以确立其政治统治。日本侵略军在发动军事进攻的过程中，就积极寻找汉奸，扶植傀儡政权，推行"以华制华"的统治政策，实现占领后就基本可以构建起较为完备的日伪统治体系。

到 1938 年 5 月下旬徐州会战结束时，山东完全沦为敌人后方，全省人民成为日伪统治下的亡国奴。留驻山东的日本侵略军有第一零四、第一二零师团全部及第一零三、第一一零、第一一四师团的各一部，另有 3 个守备队，总兵力共 4 万余人。由于兵力有限，广袤的山东大地上，其在军事上只能以控制中心城市、重要港口以及铁路交通线为主。而对山东的政治控制也不例外，是"通过在中国培植一种可以供它利用的政治力量，以配合军事进攻和殖民统治，这便是其一贯的政治伎俩"[②]。日军军事占领各主要城镇后，陆续成立了治安维持会，作为地方政权行使政府职能，会长由其选取的汉奸充任。山东省级伪政权成立于 1938 年 3 月 5 日，马良任省长，下设总务、民政、财政、建设、教育五个厅，治济南。后不久，以秘书处取代总务厅，另设警备厅、顾问参事室。伪山东省公署隶属于 1937 年 12 月 14 日在北平成立的伪"中华民国临时政府"管辖，省以

①　复旦大学历史系编译：《1931—1945 日本帝国主义对外侵略史料选编》，上海人民出版社 1983 年版，第 252—253 页。

②　刘大可：《日本侵略山东史》，山东人民出版社 1991 年版，第 210—211 页。

下实行道、县制，下设鲁东、鲁西、鲁南、鲁北 4 道和济南、烟台 2 市，共辖 107 县，即墨县、胶县划归青岛特别市后，改为 105 县。① 其中今枣庄市所辖区域隶属鲁西道管辖，治先设于济南，后迁泰安县，再迁济宁县。1940 年 6 月，伪山东省公署将原 4 道改设于登州、青州、兖济、东临、济南、莱潍、泰安、曹州、沂州、武定 10 道。济南仍为省辖市，烟台市降为道辖市。其中今枣庄所辖峄县、滕县隶充济道管辖。② 1943 年 8 月，伪山东省公署改为山东省政府，并设省保安司令部，省长兼保安司令。

到 1938 年秋，日军在其中尉大叶圣雄的带领下，全副武装开进台儿庄，台儿庄沦陷，至此枣庄全区沦为日军的殖民统治区。进占枣庄后，日军打着“东亚共荣”的旗号，挑选了一批甘于做走狗的汉奸分子，成立了维持会。此后，峄城、枣庄、薛城及沿途乡村均相继建立了维持会。③ 至 1940 年，日伪势力又逐步扩展到农村，区、乡的伪政权也陆续建立。尔后又责令各区筹建学校，以利于推行其奴化教育。④ 至此，日伪已经基本完成了构建枣庄地区统治体系的工作，贯通了从省、道到县，再到乡、区的级伪政权组织体系，实现了对沦陷区的政治控制。

事实上，日伪对枣庄地区的政治控制是以其军事控制和威慑为前提的。从 1938 年开始，日军先后在枣庄派驻有包括枣庄宪兵队、滕县宪兵队、临城宪兵队、台儿庄宪兵队、涧头集宪兵队五个宪兵队在内的日军核心军事组织。此外，还有派驻枣庄的铁道青年队的第 6 大队，以掠夺枣庄地区丰富的煤炭资源，刺探中国军事情报。其兵力共有 120 余人，编为 3 个中队，全部队员分布在临城、两下店、滕县、官桥、南沙河、枣庄等车

---

　　① 郑新道：《民国时期山东行政区划变迁述略（1912—1949）》，《山东省志资料》1984 年第 2 辑，第 154—174 页。

　　② 傅林祥、郑宝恒：《中国行政区划通史·中华民国卷》，复旦大学出版社 2007 年版，第 623 页。

　　③ 枣庄市老龄委员会、枣庄政协文史资料委员会编：《古稀老人话今昔》（枣庄市文史资料第 12 辑），1991 年，第 100 页。

　　④ 中国人民政治协商会议枣庄市山亭区委员会文史资料委员会编：《山亭文史资料》（第二辑），1991 年，第 168 页。

站的铁路沿线。① 伪警备队是日伪驻枣庄地区军事力量的重要组成部分，包括峄县伪警备队、滕县伪警备队、官桥伪警备队、临城伪警备队、沙沟伪警备队、台儿庄伪警备队、涧头集伪警备队 7 个伪军组织，总兵力有3300 余人。② 这些伪军组织甘当亡国奴，替日本人卖命，成为欺压和屠杀枣庄人民的急先锋，他们抓壮丁、征军饷粮食，欺压百姓，无恶不作。同时还积极镇压群众的抗日活动，配合日军对根据地的扫荡，成为中国人民抗日事业的重要障碍。

表五　　　　　　　抗日战争时期枣庄的日伪军事组织概况表

类型	名称	设立时间	概况	备注
日本宪兵队	枣庄宪兵队	1938 年8 月	由济南日本宪兵部兖州分队派日军少尉分队长松岗贼雄，带领宪兵 20 余人进驻枣庄，建立了枣庄日本宪兵分遣队，机构设在中新内街 24 号，由松岗雄任队长。此后，日军另一个头目儿玉，又带领 5 个中队来枣，驻在西车站南大兵营内，前后日军驻枣庄 300 余人	日军宪兵在枣庄盘踞达 7 年之久，大力发展伪政府，破坏枣庄地区的抗日活动，掠夺煤炭资源
	滕县宪兵队	1938 年	驻有两个日军宪兵联队，先后由日军丰田、佐藤两头目统管。火器配属有迫击炮、轻重机构、手枪、步枪等装备，依托工事是岗楼两座，碉堡五个，还设有监狱、刑讯室、水牢、警犬训练处	

---

① 张安元主编：《枣庄军事志》，枣庄日报社，1986 年，第 34 页。
② 同上书，第 11—13 页。

类型	名称	设立时间	概况	备注
日本宪兵队	临城宪兵队	1938年春	日寇在津浦线上临城安设了两处日军兵营，常驻日军达900余人，各种火器3800多件。编制机构有步兵队、通信队、铁军车队、宪兵队、济南铁路局临城警备段、临城站诘所、第八野战邮电局、发电所、正泰洋行株式会社、收用工馆、配给所、妓女院、交易所和日本青山疗养院	
	台儿庄宪兵队	1938年10月	由日军中尉千叶圣雄带领全副武装的20名日军建立，后日军增至200多人，头目后换平山大郎、土屋	
	涧头集宪兵队	1941年10月	由日军小队长平贺带领24名宪兵建立。火器配备手炮一门，重机枪一挺，轻机枪两挺，战马五匹	
伪警备队	峄县伪警备队	1942年12月	编制人数1000余，配备武器千余件，分立两个大队，主要头目：庞敏斩、赵洪云、王紫滨、宫德远等12人，日军5名，分驻在县城西关、九区柿树园、一区马塞等12处。伪警队极力镇压群众的抗日活动，维护日本侵略者在峄县的统治	
	滕县伪警备队	1938年	编制200余人，主要头目有丁渭西、李玉美、裴国玺等，配有迫击炮、轻重机枪、手枪、步枪等武器，工事有岗楼两座、碉堡五个	

续表

类型	名称	设立时间	概况	备注
伪警备队	官桥伪警备队	1943年秋	初编70余人，后增至360余人，区长隋义德兼警备队长	1945年8月，日军投降后，警备队改编成蒋新编36师第2团，隋义德任团长。不久隋团被新四军歼灭
	临城伪警备队	1939年春	有伪军105人，中队长李昭全，还有一个骑兵分队，队长赵至周。警备队营房安在铁路东边中南大中华粮行。据点中，日伪军共有步枪100多支，轻机枪一挺，迫击炮、小手炮各一门，还有军马20多匹。警备队营房周围、特设封锁沟、土围子、鹿寨、铁丝网，还每隔几米暗埋一颗地雷。依据装备工事，日伪军在此奸淫烧杀，欺压良民，他们曾把三岁的儿童捆起点灯，将正在田间劳动的群众捕去喂狗	官桥是津浦线上的一个镇，从湖西到东部山区必经此地，南北九省的交通被它锁卡，在这里安据点，既能保护军备铁路，又能卡住南北交通。1939年春，先设官桥维持会，后改称"兖济道滕县警备队官桥中队"。同时，日军也在官桥驻一个中队，中队长意赖。1945年10月，共产党领导的八路军和新四军挥师官桥，将日伪警备队全部消灭
	沙沟伪警备队	1939年春	由滕县警备队派出一个分队占沙沟，组建起伪警备队，队长郑鹤亭，编制人员30多名，长短枪30余支，后人员增加数十人，住在地主王官恩宅院内	这帮伪军积极配合日军在临城、沙沟等地扫荡，扰乱共产党领导的运河支队、铁道游击队的抗日行动，替日寇抓劳役，1945年日寇投降，伪警队随之消失
	台儿庄伪警备队	1944年初	由峄县警备队第五大队副大队长张元太，带着200余名伪军进驻台儿庄，拉起台儿庄伪警备队组织，住在地主梁一鹤院内。1944年秋，张元太被所属的第三分队长孙茂年仇杀，旋即张元太之弟张保太接替伪警队长职	此警备队专门替日军盘剥农民，征收军饷，后被八路军一一五师歼灭

类型	名称	设立时间	概况	备注
伪警备队	涧头集伪警备队	1940 年春	伪峄县保安第 5 大队长兼第八区区长龙希贞带领 500 余人闯进涧头集,安扎下据点,随后 20 余名日军也在此驻防。伪警队下设 10 个中队,3 个精锐分队,共达千余人,配备三挺机枪、长短枪数百支,自行车 18 辆。伪警队建筑了兵营,修筑了工事,布防严密	涧头集镇地处运河南岸,从这里能纵贯峄县、韩庄、贾汪等地,水陆便达,具有重要战略地位。该伪警备队的主要任务是钳制八路军、运河支队的抗日行动,直接帮助日寇屠杀中国人民。1945 年秋,伪警队被八路军——五教导二旅六八五团铲除,并生俘头目龙希贞,后由当地人民处决

资料来源:张安元主编:《枣庄军事志》,枣庄日报社,1986 年,第 11—13 页。

同时,为了加强对各地的控制,日伪军占据枣庄以后,陆续建设了一系列的据点。通过征发各所在地的民夫,筑碉堡,挖封锁沟,构筑了坚固的工事,以此作为对敌占区民众威慑和镇压的暴力机构,同时作为拱卫城市、保护交通线的屏障,后来还成为防范敌后军民进攻的军事堡垒。据现有史料可知,这项工作从 1938 年日伪军构筑滕县界河车站、程楼、后峄庄、东马村、龙虎、店子等据点开始①,以后根据形势发展的需要,每年陆续增设。1939 年,日军设立重要据点 27 处,包括大坞、级索、鲍沟、桑村、俞庄、冯卯、九老庄、卓楼、磨泉、柴胡店、后仓沟、大石楼、大官庄、刘村、前黄庄、野庄、西岗、徐庄、西集、羊庄、邹坞、甘林、黄庄、沙沟、郭里集、税郭、台儿庄等据点。1940 年,日伪军又增设马山头、卓楼、山亭、东沙河、魏庄、羊庄、南沙河、王开、张汪等据点。②1942 年,又设滕县高庄、东郭、五所楼等据点。1943 年 1 月,在埠阳、

① 枣庄市地方史志编纂委员会编:《枣庄市志》,中华书局 1993 年版,第 35 页。
② 同上书,第 40 页。

九女山、东白山、灰墩、小埠子等村镇安设据点，并控制了临枣公路。此时，鲁南地区日伪据点达 441 处。[①] 至此，通过步步推进，日伪政权在鲁南地区基本完成了以军事据点为中心的庞大军事统治网的建设，其触角也延伸到农村地区，这与日伪政府区、乡级伪政权的建设步伐基本一致。此后，随着统治体系建设的完成，军事据点的建设步伐逐步放缓，但至1945 年 1 月时仍有建设，其时伪徐州绥靖军郝鹏举部乜庭宾师进驻夏镇及以北地区，安设 12 处据点。这期间日伪据点的建设基本是为配合其在沦陷区"治安强化运动"和对敌后根据地进行的扫荡，有些为新设，有些则是被抗日军队拔出后重新设立的。到了抗战后期，随着抗日力量的发展，被抗日军队拔除的据点越来越多，其活动范围被大大压缩。如前述乜庭宾部进驻夏镇后不久，被抗日军队在房庄歼灭一个营，后又智取了驩城、大王庙两据点，班村据点伪军被迫投降，乜庭宾逃往临城，余敌南逃。鲁南军区部队收复了夏镇以北，济（宁）邹（县）公路以南、津浦铁路以西的大片地区。2 月 27 日，峄滕铜邳总队二营四连突袭马家楼伪据点，将伪军一个小队 30 余人全部生俘。3 月，鲁南军区三团、五团各一部及军区特务营、赵镈独立营、温河独立营等联合发起讨伐伪军王洪九部战役。战斗从 7 日至 20 日，分两次进行攻击，共毙俘伪军 700 余人，先后攻克了岭石、涧沟崖、寿衣庄、响马岭等八个伪据点，解放了 100 多个村庄。[②] 这样，在抗日军队的攻击下，日伪的军事统治网逐渐土崩瓦解。

在日伪统治期间，广大沦陷区人民饱受苦难，日本侵略者以其强大的军事力量为基础，以各级伪政权组织为依托，对广大沦陷区人民进行欺凌和压榨，对占领区的经济尤其是煤炭资源进行大肆掠夺。"这些汉奸分子是一批民族的败类，他们卖国投靠，残民求荣，为虎作伥，效忠于日本帝国主义，成为日本侵略者推行战争政策、奴役中国人民的代理人"[③]，对全体中国人民犯下了不可饶恕的罪行，将被永远钉在历史的耻辱柱上。

---

① 枣庄市地方史志编纂委员会编：《枣庄市志》，中华书局 1993 年版，第 44 页。
② 同上书，第 46 页。
③ 刘大可：《日本侵略山东史》，山东人民出版社 1991 年版，第 211—212 页。

第三章　中国共产党领导下的
敌后抗战

第一节　枣庄沦陷后的形势及中共领导的敌后武装抗战

一　枣庄沦陷后的形势

1938 年 5 月，徐州会战结束，整个鲁南地区沦为日军占领区。侵略者迅速地实现了对该地区的军事占领，以日伪军为主体，在枣庄各重要城镇及公路、铁路沿线布下重兵，设置了遍布全区的日伪军事据点，又逐渐以汉奸败类为主体构筑了县、区、乡各级伪政权统治体系。国民党政权在枣庄的政权组织土崩瓦解，但山区仍为国民党旧政权、地方民团和土匪、流氓所控制，他们不仅不积极抗日，还对共产党领导下的抗日救亡运动进行镇压，对广大人民横征暴敛，任意欺凌，人民群众仍然无以聊生。

鲁南地区先后经历了台儿庄大战和徐州会战，在这一带曾聚集过大量的军事部队，发生过极其惨烈的军事斗争，最后以国民党军队败逃结局。在战斗中和国民党军队撤退以后，大量的武器弹药被遗弃，散落到民间，为原本土匪、民团就多的鲁南地区新武装的出现提供了极大便利。原国民党地方政府官员为了发展势力，笼络一批社会闲杂人员、地主、特务甚至土匪势力，乘势组建自己的队伍。这些队伍往往有国民党政府所谓的"委任状"，在形式上属于"合法"队伍，但出现过滥的情况，"一时间，鲁南大地山头林立，司令如牛毛，割据一方，称王称霸"。① 其中在枣庄地区势力较大者有梁继璐的国民党第五战区游击队第三支队，为枣庄峨山口村人（今属枣庄市市中区孟庄镇）梁继璐组建，他招拢当地国民党政府人员、蓝衣社会员、"安清帮"成员，由国民党第五战区游击指挥部司令李明扬签发委任状，下编三个团和一个特务营，由梁继璐任司令，所部总人数约 1000 人②，主要活动于枣庄北部北庄一带。梁继璐是较为顽固的反共分子，对共产党领导的抗战队伍持敌视态度。1939 年 10 月，曾将共产党领导的双山县抗日小分队俘虏。③ 此后又于 1940 年 6 月下旬，与国民党铜山县县长兰伯华、峄县县长陈鉴海及王治尧等联合率部向黄邱山进攻。④

再就是黄僖堂的国民党军事委员会别动总队华北第五十支队。黄僖堂为峄县马兰屯乡马兰屯街（今属枣庄市台儿庄区马兰屯镇）人，于 1938 年 2 月组建国民党政府军事委员会别动总队华北第五十支队，黄任司令，副司令崔遽庵，参谋长孙伯龙。初时队伍约 300 人，由华北地区国民党奉文龙部招编，号"华北抗日特别纵队第五十支队"。1940 年，队伍扩大到 1000 余人，被国民党第五十一军收编，黄升任团长，这支队伍主要活动于马兰屯一带。黄部接受国民党政府领导，与共产党领导的抗日武装队伍经常摩擦。1939 年秋，共产党鲁南县委巡视员时平在阴平一带被黄抓捕，后将其活埋。⑤

崔遽奄部于 1938 年接受李明扬委任，为第五十支队司令。后队伍扩到 1000 余人，主要活动在中兴煤矿公司、费县、白彦、张汪、张庄一带。该部也持顽固的敌视共产党的态度，经常搞摩擦。⑥

活动在峄县南部、邳县北部、泥沟、涧头集、大崮村、马兰屯一带的国民党山东省第三督察专员公署孙业洪游击队支队，是当时一支较有实力

① 中共枣庄市委党史研究室编著：《鲁南革命史》，山东人民出版社 1998 年版，第 172 页。
② 张安元主编：《枣庄军事志》，枣庄日报社，1986 年，第 27 页。
③ 同上书，第 28 页。
④ 枣庄市地方史志编纂委员会编：《枣庄市志》，中华书局 1993 年版，第 38 页。
⑤ 张安元主编：《枣庄军事志》，枣庄日报社，1986 年，第 28 页。
⑥ 同上书，第 29 页。

的武装。孙对抗日曾持较为积极的态度，1938 年 5 月底，组织当地百姓，埋伏在北洛大路两侧，将百余名从台儿庄返回峄县的日军全歼，缴获枪支百余。① 在峄县地区抗战热情高涨之时，他积极奔走乡里，收拢枪支，以北洛村的部分学生骨干及"抗日杆子会"成员为主体，于 1938 年秋组建了"抗日联庄会"，约 60 人，年底扩大到 300 多人，改称"常备队"。② 1939 年春，孙部被临沂专员张里元火并，改称"山东挺进军总指挥鲁南军区挺进军第十二纵队九十三支队"，孙任队长，下辖 3 个大队，其编制为 500 余人，配备轻机枪 20 挺，步枪 500 支，短枪 30 支，战马 12 匹。在接受国民党军领导后，孙部逐渐持不抗日态度，并与共产党队伍制造摩擦。所部于 1941 年 9 月，将共产党运河一大队长胡大义抓捕送至国民党临沂专署处，后杀害于横山张浴沟村。③

周同所部是当时一支重要的国民党武装，周于 1937 年受任滕县县长，到任不久即组建了武装警察和保安团，约六百人。日军入侵后，曾一度组织民众抗日，并以所部积极配合川军王铭章部保卫滕县城。滕县失守后，于 1938 年 6 月在滕县城西成立滕县抗日政府保安队，共百余人，80 多支枪，周同任队长，下设三个中队。次月 7 日，所部将伪军丁三黑部分别包围在望冢和生家庄，击毙丁部 10 人，缴枪 20 多支，丁部溃逃。④ 但由于周长期接受国民党思想教育，不愿意与共产党武装联合抗日，还积极推行反共路线。1940 年秋，周部对滕县五区的共产党抗日武装大举进攻，抓走共产党干部五六人，战士二三十人，缴去长短枪 50 多支，子弹 5000 余发，使当地抗日力量遭受重创。

滕县申宪武部于 1938 年春接受国民党顾祝同部的任命，组建"国民党政府军事委员会别动总队挺进第七纵队四十三支队"，初时有四五十人。后随着队伍的不断扩大，申晋升为挺进第七纵队司令，1944 年加入

---

① 枣庄市老龄委员会、枣庄政协文史资料委员会编：《古稀老人话今昔》（枣庄市文史资料第 12 辑），1991 年，第 104 页。
② 张安元主编：《枣庄军事志》，枣庄日报社，1986 年，第 29 页。
③ 同上书，第 30 页。
④ 枣庄市地方史志编纂委员会编：《枣庄市志》，中华书局 1993 年版，第 35 页。

国民党，受命为国民党山东省鲁南专员，山东保安第二师师长。① 申部成分极其复杂，他以国民党蒋介石代理人自居横行于滕县一带，压制抗日力量的活动。八年抗战期间表现极其反动，"始则消极抗日，继则与日伪勾勾搭搭，始终奉行的是积极反共的政策。……为鲁南一带尽人皆知的反共反人民的急先锋和两手沾满鲜血的刽子手"②。1938 年 7 月，偷袭鲁南人民抗日义勇总队，致政治委员何一萍中枪身亡。在 1944 年 8 月入驻闫村后，一年间曾枪杀共产党和当地群众达二三百人。③

王玉森部组建于 1937 年，主要活动于其家乡滕县羊庄一带，成员为这一带的无业游民和田园百姓，约有一个团的兵力。该部自称"国民党军事委员会别动纵队第五梯队第四十三支队"，下设 4 个营，配有 8 挺轻机枪，140 支短枪，474 支长枪。1938 年 9 月，投靠申宪武部，被任命为纵队副司令兼四团团长。王部坚决奉行国民党的反共政策，1939 年 7 月，指挥所部对共产党羊庄区 13 村进行血洗，枪杀共产党地方武装骨干百余人，焚烧房屋数百间，夺走粮食数万斤。④ 1939 年 10 月 20 日，抗日武装滕县县大队击溃于驳山头，王玉森被生擒，后枪决于幼鹿山。⑤

此外，活跃于枣庄一带的国民党武装还有国民党军事委员会战区特种工作团第三总团第二分团陆仰山部，主要活动在贾汪煤矿以东之崮岘及运河南北两岸；国民党苏鲁边游击司令韩治隆部，主要活动于铜山县二区青山泉及柳河两岸地区；孙鹤龄父子所部，孙鹤龄控制着白彦社的五个民团，是费县、梁邱、山阴、滕县、山亭等地土顽主要首脑人物，其子孙益庚为白彦乡乡长兼国民党苏鲁战区第八支队司令，活动在费县白彦一带。⑥ 另外，还有枣庄及周边县长、区长组织的队伍总计有 72 个之多⑦，

---

① 张安元主编：《枣庄军事志》，枣庄日报社，1986 年，第 31 页。
② 滕州市政协文史资料委员会编：《滕州文史资料》（第七辑），1991 年，第 136 页。
③ 张安元主编：《枣庄军事志》，枣庄日报社，1986 年，第 31 页。
④ 同上书，第 32 页。
⑤ 枣庄市地方史志编纂委员会编：《枣庄市志》，中华书局 1993 年版，第 37 页。
⑥ 陈玉中：《试述一一五师对鲁南抗日武装发展壮大的历史贡献》，http://blog.sina.com.cn/s/blog_66c9c2350100pmyx.html。
⑦ 中共枣庄市委党史研究室编著：《鲁南革命史》，山东人民出版社 1998 年版，第 172 页。

成分十分复杂。这些队伍有的利用旧政府权势，有的以地主民团或土匪武装为基础。其追求也各不相同，有的仅为死里求生；有的则借抗日之名，行保家之实；有的则意在抗战的旗帜下逐鹿中原。基于此，其有着抗日、进步、妥协、投降的各种走向。但总的来说，这都是些乌合之众，以抗战为旗号行鱼肉人民之实，更重要的是他们不仅不积极抗战，还对中国共产党及其领导的抗日武装持敌视态度，正所谓"蒙泗邹峄滕，十里一司令；枪口不对外，专打抗日兵"①，对鲁南人民的抗日事业产生了极大的破坏作用。其对人民和抗日武装之敌视和危害有时甚于日伪组织，他们或独立，或勾结联合形成一股恶势力，横征暴敛，鱼肉乡里，对广大人民群众的生命和财产安全也构成严重的威胁。

与此同时，1938 年 10 月，广州、武汉相继失守后，日军基本停止了对国民党正面战场的军事进攻，改为政治诱降为主、军事打击为辅的方针，国民党只要放弃容共抗日，转而奉行亲日满防共方针，可与其他以亲日防共为主义者同等视之，即"不妨害其存在"②。此前，日军华中派遣军司令即提出，对中国所有占领区彻底进行治安肃正，强化新政权。③ 在其 11 月制定的《陆军作战指导纲要》中，华北方面的任务是要"专心确保占据地区并使之安定"，特别要首先迅速恢复山东省等华北地方要地的治安，并确保主要交通线，在占据地区内"进行大规模的扫荡作战"④。这时，日军在华北方面的有 13 个师团，占其在华总兵力的 47%⑤，足见华北方面占领区是日军治安肃正的重点地区。

1939 年 9 月，日本大本营决定成立中国派遣军总司令部，其中华北方面军司令部所辖第十二军负责山东方面的作战。下辖各部分布如下：第二十一师团驻徐州附近地区；第三十二师团驻兖州附近地区；独立混成第六旅团驻青岛附近地区；独立混成第五旅团驻莒县附近地区；独立混成第

---

① 滕州市政协文史资料委员会编：《滕州文史资料》（第五辑），1989 年，第 86 页。
② 日本防卫厅防卫研究所战史室：《中国事变陆军作战史》（第 2 卷第 2 分册），田琪之译，中华书局 1980 年版，第 64 页。
③ 同上书，第 53 页。
④ 同上书，第 69 页。
⑤ 刘大可：《日本侵略山东史》，山东人民出版社 1991 年版，第 213 页。

十旅团驻徐州以北地区。以此为依托，日军从 1939 年 1 月至 1940 年 3 月间，在包括山东在内的华北方面军分三期实施了所谓"肃正作战"，其方针是"通过讨伐作战，全部摧毁匪军根据地，同时彻底进行高度的分散部署兵力，随后即依靠这些分散的据点，对匪军反复进行机敏神速的讨伐，使残存匪团得不到喘息时间和安身处所"①。其肃正作战与一般的进攻作战要领不同，重点是要"专以敌人游击战术为对象给予完全封锁"，"以奇袭、快速奔袭作为作战指导的基础"，"采取果断的、高度冒险的大胆行动也是必要的"②。这期间，日军先后对山东境内鲁西、鲁东、鲁南、鲁东等地的中国军队实施了作战，以期达到巩固其对各地军事占领的目的。

　　1939 年 7 月 3 日始，日军华北方面军直属第十四师团、第十师团、第三十五师团、第十二军所属第三十二师团、第一一四师团，对鲁西地区进行扫荡，其结果是"治安圈显著扩大"③。此后，又于 1939 年 3 月 25 日至 4 月 25 日、6 月 7 日至 25 日，1940 年 1 月 29 日至 2 月 15 日，由华北方面军第十二军主力部队先后对苏北于学忠部（后逃鲁南）、鲁南于学忠部、沈鸿烈部及共产党领导的抗日武装及鲁东大小"匪团"实施攻击。在日军的打击下，于学忠部先在苏北被击溃逃往鲁南后，在鲁南也无以立足，其他各"顽强抵抗之敌"④ 也被击破，抗日游击根据地被摧毁。国民党军队纷纷溃逃，大片地区被日军占领，1939 年年初，日军治安地区只限于铁路两侧数公里内，经过三期治安后，在整个华北地区控制的县已达 80% 以上。⑤ 为了达到作战目的，日军实行了"囚笼"政策，以铁路为柱，公路为链，碉堡为锁，辅之以封锁沟、墙等屏障，构筑从敌占区向根据地的网状"囚笼"。在枣庄地区也陆续构筑了大批日伪据点，数量最多

---

①　日本防卫厅战史室编：《华北治安战》（上），天津人民出版社 1982 年版，第 109 页。
②　日本防卫厅防卫研究所战史室：《中国事变陆军作战史》（第 2 卷第 2 分册），田琪之译，中华书局 1980 年版，第 154 页。
③　日本防卫厅战史室编：《华北治安战》（上），天津人民出版社 1982 年版，第 112 页。
④　同上书，第 114 页。
⑤　日本防卫厅防卫研究所战史室：《中国事变陆军作战史》（第 2 卷第 2 分册），田琪之译，中华书局 1980 年版，第 160 页。

时达 440 余个，对各抗日根据地进行全面封锁。并以各据点为依托，日军又以维持会为基础，基本完成了县、区、乡日伪政权的建设。

抗战进入相持阶段后，一方面，由于前期抗战的国民党军队坚持正面战场的片面抗战，军力消耗巨大，渐显力不从心；另一方面，由于日本政府的政治诱降政策也发挥了作用。国民党政府虽然仍在重申坚持持久抗战，但在事实上，其内外政策却已发生了重大的变化。蒋介石将抗战到底的含义重新解释为"恢复到卢沟桥事变以前的状态"，表明以其为首的国民党政府由片面抗战逐步转变为消极抗战。1939 年 1 月，国民党召开第五届五中全会，不仅确立了"防共、限共、溶共、反共"的方针，还成立了"防共委员会"，将反共重又提上议事日程，与抗日民族统一战线的初衷渐行渐远，从而逐渐走上积极反共的道路。

二　中共鲁南特委的建立

在枣庄沦陷后不久，随着各方势力的发展和政治、军事形势的变化，抗日形势变得越来越严峻，刚开辟的抱犊崮山区抗日根据地在日、伪、顽势力的夹击中，艰难生存。共产党领导下的抗日军民活动范围极其局限，仅能在根据地中心地带的大炉、高桥、徐庄、北庄、车辋等地周旋。根据中共中央和河南省委的指示精神，1938 年 12 月，边区特委划归苏鲁豫皖边区省委管辖。边区省委决定撤销苏鲁豫皖边区特委，分别成立苏皖、苏鲁豫、鲁南三个特委。1939 年 1 月，鲁南特委正式成立，此前的几个月鲁南各县直属省委领导。鲁南特委由宋子成担任书记兼社会部长，刘剑任组织部长，许言任宣传部长，杨士法任民运部长，于化琪任政府工作部长，张福林任职工部长，蓝名述任青年部长，李汝佩任妇女部长。委员还有张光中、李乐平、张岗、钱钧等。特委下辖峄县、滕县、边联县、临郯县、费县、临费县 6 个县委，中共临郯中心随之撤销。鲁南特委的成立，使鲁南地区又有了统一的党的领导机构，标志着鲁南地区党的组织建设走向了统一发展的道路①，是鲁南地区地方党组织发展史上具有里程碑意义的大事件。

中共鲁南特委成立后，与边联县委和直辖第四团联合起来，采取了两手抓的工作方针，着力加强自身建设。其一是着力抓党的组织建设。为了扩大和完善鲁南党的组织，特委要求各县委尽快建立健全各级党组织。同时为了督促各县委的组织建设工作，对特委主要成员进行了明确分工。由书记宋子成负责全盘工作，刘剑、于化琪、蓝铭述分别负责临郯县委、边联县委、峄县县委。在特委的领导下，各县委的组织发展工作开展得卓有成效。如峄县县委先后发展了张月如、赵静波、戴子愚、马端祥、王磊等为党员，建立了涧头集区委、沙沟区委、棠阴区委等；滕县的东部地区也由原来的 1 个支部发展到 7 个支部、2 个小组，党员人数也由原来的 16 人发展到近 60 人②；滕西地区先后建立了皇殿岗、生庄、苗庄、柴里、西岗、大坞等党支部。各县委都在特委的领导下，建立起支部、区委、县委三级组织机构，党员人数也不断扩大，有 1000 人之多。③ 其二是在开展组织建设的同时，始终把创建抗日武装作为党的中心工作，以在严峻的形势下捍卫革命、保护人民。特委对下辖各县委明确要求要创建自己的抗日武装，以作为创建革命根据地的依托。不仅如此，特委还创建了直属的 3 支抗日武装，第一支是八路军第十二支队，是通过统战工作，由地方武装争取争取而来；第二支是人民抗日义勇总队，为特委创建抗日根据地的主要依靠力量，当时称"第五战区临沂专员公署保安司令部直辖第四团"；第三支是四县边联常备大队，由原苏鲁豫边区特委以联庄会的名义组建。这几支队伍是由特委直接领导和指挥，在打击日伪顽的斗争中发挥了关键作用，是保卫抗日根据地的主要依靠力量。

鲁南特委在加强自身建设的同时，还重视群众工作，继续开展统战工

---

① 中共枣庄市委党史研究室：《中国共产党枣庄地方史》（第一卷），中共党史出版社 2005 年版，第 133 页。

② 中共滕州市委党史办公室编：《中共滕县党史大事记（1930—1949）》，1990 年，第 33 页。

③ 中共枣庄市委党史研究室：《中国共产党枣庄地方史》（第一卷），中共党史出版社 2005 年版，第 135 页。

作。枣庄沦陷后，地方势力错综复杂，山头林立，利益各异，中国共产党要想发展抗日事业，就必须做好统战工作，尽可能团结一切可以团结的力量，把大家号召到抗战的旗帜下来，才有可能夺取最后的胜利。因此，鲁南特委在中共山东分局①的领导下，积极争取大炉地区爱国人士万春圃支持与配合，在大炉、车辋一带逐渐稳定下来。此外，还加强对国民党部张里元的统战工作，经过郭子化的多次争取与协商，张里元与中共的关系变得越来越融洽。为了加强统战工作，还建立了四县边联办事处，其主要工作就是负责联络各方势力，协调各方关系。1938 年 9 月上旬，因特委所属之义勇总队供给困难，经省委批准，与张里元达成协议，总队改称为"第五战区临沂专员公署保安司令部直辖第四团"。1939 年 1 月，中共山东分局派童陆生到张里元部任副司令，张克辛、曹光彬分别任政治主任和宣传科副科长。鲁南特委所开展的一系列统战工作，为中共鲁南地方党组织在当地的生存与发展提供了重要条件，也为抱犊崮山东抗日根据地不断巩固和发展扫除了诸多障碍。群众工作是中共鲁南特委的核心工作之一，其主要内容就是在广泛发展群众的基础上，通过建立各类团体和组织，把抗日工作推向更深层次。为此，特委成立了民运工作团，由特委书记宋子成任团长，其工作就是充分发动群众，获得他们的信任和支持。如边联县委在原农会的基础上，建立了农民救国会，继而成立农民抗敌自卫团，宋宜安为会长和总指挥。又如临郯地区在县委的领导下，成立了抗日宣传队、工作队和 3 个剧团，在芦汪子一带建立了由 300 多人组成的农抗团。其他各县委还成立了如妇救会、青救会、儿童团等多个群众团体。通过这些群众团体，广大群众以不同的形式积极参加抗日活动，有钱出钱，有力出力，积极配合中共领导的抗日活动，有时甚至以土枪、土炮、铡刀等作为武器，直接打击日本侵略军。② 也正是这一系列统战工作和群众工作的开展，动员了抗日根据地的各界力量，形成了人民战争的汪洋大海，这是我党坚持抗战的制胜法宝。

---

① 1938 年 12 月上旬，苏鲁豫皖边区省委改为中共山东分局。

② 中共枣庄市委党史研究室：《中国共产党枣庄地方史》（第一卷），中共党史出版社 2005 年版，第 133 页。

三　组建抗日武装，开展对敌斗争

在极其严峻的形势下，中共苏鲁豫皖边区特委始终坚持武装斗争，其主要方式就是建立由特委直接领导的武装。1938年5月21日，中共苏鲁豫皖边区特委在峄县的老古泉村召开特委扩大会议，决定以滕、沛、峄三县抗日武装为基础，组建第五战区苏鲁人民抗日义勇队第一总队。由张光中任总队长，何一萍任政委，韩文一任参谋长，王见新任政治部主任。总队共600余人，辖三个大队：一大队（沛县抗日武装）由谢文秀任大队队长，宋学敏任教导员；二大队（滕县抗日武装）由于公任大队队长，渠玉柏任教导员；三大队（峄县抗日武装）由朱玉相任大队队长，刘景镇、郭致远、李浩然任副大队队长，纪华任教导员，张鸿仪任副教导员。① 全队共800余人②，总队部驻南塘。义勇总队的建立，加强了党对滕、沛、峄三县抗日武装的领导，通过整合，提高了部队战斗力，为其后发展壮大苏鲁边区的抗日武装力量打下了良好基础。

在组建和发展抗日武装的同时，苏鲁豫皖边区特委还积极开展对敌斗争，不断在铁路、公路沿线截击日军车辆和小股敌人，赢得了广大人民群众的拥护和支持，使共产党和义勇总队在人民中的声望不断提高，力量发展迅速。与此同时，义勇部队还开展了反对国民党顽固派势力的斗争。1938年5月，国民党别动队司令马卫民部，多次与义勇部队制造摩擦，截击中共人员和枪支弹药。义勇总队于是奋起反击，一举击溃马部4300多人，生擒马卫民本人。此役大大鼓舞了士气，扩大了义勇总队的影响，为队伍的发展创造了良好条件，到是年8月，已经发展壮大到1000余人的规模。不久，义勇总队又展开了一次更大规模打击土顽的斗争。1938年6月，驻滕县东部冯卯（今属枣庄市山亭区）申宪武纠集邹县的秦启荣、峄县的梁继璐、滕县的刘广田、费县的李以锦等盘踞在鲁南一带的国

---

① 中共枣庄市峄城区党史征集研究委员会编：《中共枣庄市峄城党史大事记》，1989年，第38页。

② 中共枣庄市委党史办公室编：《红色战旗——中共苏鲁豫皖辖区特委专辑》，山东友谊出版社1995年版，第13页。

民党残留各部力量，总兵力 3000 余人，妄图一举吃掉义勇总队。特委获知情报后，决定给予坚决反击，命第三大队由峄县南部赴南塘总队，又调集抗日自卫军董尧卿部和刘清如带领的临郯费峄四县边联常备队助阵，这次反顽斗争还受到万春圃、田瑶峰、梁继箴等带领的峄县联庄会常备队的支援。经过两昼夜的激战，集结在羊庄、庄里、北塘一带的申宪武部被击溃，申率残部退守冯卯、东江一带。这次斗争取得了决定性的胜利，沉重打击了土顽反动势力，巩固了我敌后抗日根据地。

申宪武部退守老巢后，仍不改反共立场。他招兵买马，收拢旧部，又联络文王峪的韩秀尧、东江的刘广田等地主武装，势力很快恢复，企图东山再起。在我党武装发展的过程中，鲁南地区的地主、土匪武装和部分土顽势力感受到了威胁，为保存实力，他们沆瀣一气，迅速与申宪武部纠合在一起，对边区特委和义勇总队虎视眈眈，严重威胁着我方安全。在此形势下，边区特委经过研究决定向苏鲁豫皖边区省委请求支援，7 月 5 日派王见新赴边区省委汇报情况。省委书记郭洪涛听完汇报后，决定亲率省委机关及四支队二团、三团三个连，到达滕峄边区增援义勇总队。7 月中旬，义勇总队在中共边区省委书记郭洪涛所部的配合下，向申宪武老巢冯卯发起攻击，经一夜激战，攻下冯卯，计毙俘敌 350 余名，缴获长短枪百余支。申宪武率残兵逃窜。① 是役先后攻克冯卯、高庄等据点，击毙申部 200 余人，俘虏 150 余人，缴获长短枪 100 余支。② 战役结束后，欲乘势消灭东江刘广田部，但先后三次进攻均未奏效。同时，在攻克冯卯后，冒名扣押了一批土豪劣绅，犯了打击面过宽的错误，遭到滕峄边区的地方豪绅武装反对，他们遂与申宪武沆瀣一气，联合起来威胁义勇总队，这其中也包括国民党梁继璐所部。郭洪涛认真分析了边区形势，遂决于 8 月中旬，命令四支队及省委机关撤出滕峄边山区，向沂蒙山区转移。又命令义勇部队立即向东转移到抱犊崮东部山区，以大炉、车辋为中心创建抗日根据地。

---

① 枣庄市地方史志编纂委员会编：《枣庄市志》，中华书局 1993 年版，第 34 页。

② 中共枣庄市委党史办公室编：《红色战旗——中共苏鲁豫皖辖区特委专辑》，山东友谊出版社 1995 年版，第 14 页。

　　郭子化接到边区省委的指示后，连夜召开紧急会议，讨论了当前形势，决定特委率义勇队第一总队及四县边联常备队立即向抱犊崮东部山区撤退，命董尧卿率领的鲁南抗日自卫军留回峄县西南继续活动，中共滕峄边特支大部随特委转移。郭洪涛所部转移过程中，途经八里沟时，遭遇顽军伏击，激战8个多小时才将其击退，于月底到达沂水埠庄。郭子化率人民抗日义勇总队向抱犊崮山区东部大炉一带转移过程中，也于8月下旬遭到顽军伏击。抗日义勇队第一总队在撤退时，还负责掩护300余户抗日家属，当冒雨行至滕县东部旱河子村时，遭到土顽刘玉华的袭击，义勇队第一总队教导员渠玉柏等2人牺牲，三大队连长刘宪玉、指导员杜继贤等数人负伤。[①] 经过艰苦的战斗，部队于当夜到达鲁南中心县委所在的徐庄。经过短暂休整后，继续行军，次日晚又遭顽军李以锦部拦截，几经交涉方始放行。部队继续行军，经高桥镇略加休整，继续赶往目的地，经日余终于到达大炉。

四　山外抗日军联合委员会的建立

　　枣庄沦陷前后，虽然各方势力鱼龙混杂，但坚持抗战者也不在少数，这些力量后来经过我鲁南地方党的组织，产生了强大的凝聚力，为坚持敌后抗战做出了突出贡献。

　　这些队伍中，活跃在峄县南部、运河以北地区的进步武装主要有3支，其一为国民政府军事委员会别动总队华北第五十支队第三梯队孙云亭部、孙伯龙部，国民政府军事委员会战区特种工作团第三分团第五大队邵剑秋部，还有接受共产党领导的鲁南民众抗敌自卫军董尧卿所部。孙伯龙是黄埔军校毕业生，曾任国民党峄县县党部书记。曾一度任黄僖堂部参谋长，后因不满其反共政策，在周营一带组织了一支百余人的武装。邵剑秋是峄县四区湾槐树村（今属薛城区周营镇）人，出生于地主家庭，是一个较为激进的活跃分子，曾在家乡兴办过乡农学校。全面抗战爆发后，邵剑秋从禹城返回家乡，1937年12月，他利用家庭、同学关系，并得到联

---

　　① 枣庄市地方史志编纂委员会编：《枣庄市志》，中华书局1993年版，第35页。

庄会一部分爱国人士的支持，毅然组织起了抗日武装，规模迅速发展到300多人，邵任大队长，授"国民党第五战区特种工作团第三总团第五大队"的番号。[①] 1938年枣庄沦陷后，邵剑秋率部在周营以北地区坚持武装抗日。这是两支比较进步的队伍，对日本帝国主义的侵略怀有透骨之恨，对中国共产党的抗日民族统一战线政策持正面态度，他们虽然打着国民党军队的番号，却是可以改造的抗日武装力量。

1938年6月，为了把这几支抗日武装组织起来联合抗日，扩大抗日根据地，中共苏鲁豫皖边区特委派朱道南率领苏鲁义勇部队第三大队到峄南做统战工作。朱道南在白楼村与邵剑秋和孙伯龙等部举行了会谈，向他们宣传了我党抗日民族统一战线政策，分析抗战形势，说明抗日救亡的重要意义，还对国民党顽固派制造摩擦，分裂抗日力量的阴谋进行了揭露，并提出联合抗日的主张。后又经过几番劝说，邵剑秋、孙伯龙、孙云亭等均表示愿意与共产党部队合作。再经磋商，最后达成协议，商定成立山外抗日四部联合委员会，由朱道南任主任委员，孙伯龙、邵剑秋、孙云亭、董尧卿为副主任委员[②]。根据邵剑秋的要求和邀请，共产党员文立正到其部任政治教官，并开办了抗日青年训练班，培养干部。文立正在训练班中任政治教官，义勇总队宣传队女队员梁巾侠任助理教官。经过为期1个月的培训，训练班为地方抗日武装培训了50余名革命骨干。

山外抗联的成立，有利于密切各武装之间的联系，对消除相互之间的隔阂和误会、增强团结发挥了积极作用。通过力量整合，山外抗联在我党的领导下，大大提高了峄县南部抗战部队的战斗力。7月上旬，邵剑秋部在沙沟西杨庄，伏击日军抢粮小队。毙伤敌13人，烧毁汽车1辆，缴获步枪10支，轻机枪1挺。[③]

9月，活动在滕、峄边地区的董尧卿、董一博领导的鲁南民众抗日自

---

① 阜阳市委党史研究室、阜阳新四军历史研究会编：《微山颍水——邵剑秋纪念文集》，1998年，第4页。

② 中共枣庄市峄城区党史征集研究委员会编：《中共枣庄市峄城党史大事记》，1989年，第40页。

③ 枣庄市地方史志编纂委员会编：《枣庄市志》，中华书局1993年版，第35页。

卫军 300 余人，与活动在邹滕边区的原鲁南民众抗日自卫军会合。原董部为孔师第二旅，董尧卿为旅长。[①] 这样，在党的领导下，枣庄地区原本分散的武装力量逐渐聚拢到一起，形成了具有一定实力的抗日武装，为后来创建八路军运河支队、峄县支队，坚持敌后游击战和开辟峄南黄邱山套抗日根据地打下了坚实的基础。

五　开辟抗日根据地

1938 年 5 月，徐州会战结束，枣庄地区也随之沦为敌占区。但日军兵力有限，只能以中心城镇为据点，在广大农村地区尤其是地势险要的山区，日伪势力几乎很难立足，这是中国共产党领导敌后抗日游击战，创建抗日根据地的重要条件。中共中央对在山东建立抗日武装和开辟敌后抗日根据地极为重视。1938 年 5 月，中共中央任命郭洪涛为中共山东省委书记。不久，山东省委扩大为苏鲁豫皖边区省委，郭洪涛任边区省委书记。边区省委对山东的抗战事业做了较为详尽的规划，要求各地大力发展抗日武装，建立抗日民主政权，创建抗日根据地。规划明确指出各地要以当地建立的抗日武装为骨干力量，抽调干部建立和充实地方党组织，发动群众，着重取得乡政权。鲁中要创立以沂蒙山区为中心的抗日根据地，向南发展开创抱犊崮山区抗日根据地。

抗战初期，随着日军对枣庄地区侵略的深入，鲁南地区人民在党的领导下经过创建革命武装，开展一系列的反对日伪顽势力的艰苦斗争建立抗日根据地。由于枣庄地处山东的最南端，是全省最后沦陷的地区，其抗日根据地的起步也晚于其他地区。其中重要的有滕峄边区抗日根据地、沛滕边抗日根据地和抱犊崮山区抗日根据，这些根据地的建立为我党领导敌后抗日游击战提供了保障，在战略上发挥了重要作用。

（一）滕峄边抗日根据地

在枣庄地区，首先创建的抗日根据地是滕峄边区根据地。根据上级指

---

① 中共滕州市委党史办公室编：《中共滕县党史大事记（1930—1949）》，1990 年，第 32 页。

示精神，边区特委积极组建抗日武装，创建抗日根据地。抗战爆发以来，在党的组织和领导下，枣庄地区已经陆续出现了小鸽窝抗日武装、邹坞暴动队伍、鲁南民众抗日自卫军、峄县保安大队、抗日自卫团、大北庄抗日义勇队、善堌农民抗日救国军、峄县人民抗日义勇大队、鲁南抗敌自卫军、战地服务团宣传队以及沛县的多支抗日武装，在鲁南抗战中发挥了重要作用。随着形势的发展，边区特委决定整合各支力量，组建由党直接领导的抗日武装。1938年5月下旬，特委指示峄、滕、沛等地的抗日武装会师鲁南，正式组建"苏鲁人民抗日义勇队第一总队"。

义勇总队成立后，在边区特委的领导下，开展了一系列的打击日伪和反击国民党顽固势力的斗争。如1938年6月28日，第二大队由于公率领，袭击滕北大铁桥，炸翻日军货车10余节。第三大队曾在甘霖伏击日军运输队，打死打伤日军数人，缴获战马3匹、弹药武器一宗。在积极对日发动军事进攻的同时，边区特委还充分发动和组织群众，先后组织了农救会、妇救会、儿童团、抗日自卫团等群团组织，充分调动群众的抗日积极性，让他们以各种形式参与到抗战中去。还注意做开明国民党人士的统战工作，于此前的4月派生碧泉等与原国民党滕县县长周侗协商，成立了滕县抗日民主政府，中共党员马奉莪任五区区长。为了推进滕峄边抗日根据地的开辟，根据特委指示，6月在徐庄建立中共峄滕边县委。[1] 李东平任书记，周南任组织委员，杨际元任宣传委员。

在边区特委的领导下，滕峄边山区的抗日热情空前高涨，群众对共产党和义勇总队高度信任，积极拥护和支持抗战工作，党组织发展也非常迅速，在义勇总队等地方武装的支持下，在滕峄边区，特委控制的地区不断扩大，形成了初具规模的抗日根据地。但是根据地事业的发展，引起了封建地方武装和国民党顽固派的不满。他们对根据地极度仇视，采取各种手段封锁，限制党和抗日军队的活动。边区特委从抗日大局出发，对各股势力进行了统战和说服工作，希望他们能够团结起来，将矛头一致对外，共

① 中共滕州市委党史办公室编：《中共滕县党史大事记（1930—1949）》，1990年，第34页。

同抗日。经过一番工作，一部分人放弃了对共产党的敌视，但仍有申宪武、马卫民等顽固不化。特委在忍无可忍的情况下，决定消灭马部，经过3日激战，全歼马部，生俘马卫民本人，为当地老百姓除了一害，巩固了滕峄边抗日根据地。

（二）滕沛边抗日根据地

滕沛边区县位于微山湖东岸，津浦铁路以西的夏镇（今属济宁市微山县）一带。这一地区十分特殊，地理位置上有着十分特殊的地位，从这里向东可以进入抱犊崮山区抗日根据地；向西可以跨入微山湖。该区位于鲁南和湖西两大抗日根据地的中间地带，军事地位十分重要。1938年5月，徐州、沛县相继沦陷，中共在湖西一带的抗日武装又被土顽封家雄、刘振帮部缴械，活动范围被大大压缩。边区特委于是决定开辟湖东抗日根据地，1938年春，主传珍受组织委派来到湖东。

由于夏镇一带群众基础比较好，主传珍很快打开了局面，不久就发展了陈卓民、张化民、李昭瑞、李昭海入党，帮助林福友恢复了组织关系，建立了三孔桥党支部。接着又建立了南庄支部。到1939年上半年，在夏镇所辖的老坝、南庄等22个村均发展了党员，建立了党支部或党小组。党员人数达1000余人。① 至此，在东至津浦路，西至微山湖西岸，南到微山岛、十字河，北到欢城、房庄、陶阳寺，方圆60余里的范围内，中共党的组织发展获得了巨大的成功，至1938年12月，这一带地区已经建立了夏镇、欢城、滕八区3个区委，建立了党的基层组织体系。苏鲁豫皖边区特委决定以此为基础建立沛滕边县委，驻夏镇，隶属苏鲁豫皖特委所辖之丰沛鱼中心县委。由主传珍任书记，周牧九（周鼎勋）任组织部长，沈惠民任宣传部长，郑一鸣任社会部长（后改称统战部），张运海（张新华）、张用沛为县委委员。② 县委辖沛县第七区、滕县第七区、滕县第八

① 中共枣庄市委党史资料征集研究委员会编：《枣庄地区党史资料》（第三辑），1985年，第47页。

② 中共微山县委党史资料征研委员会编：《微山县党史大事记》，中共党史资料出版社1990年版，第47页。

区和水上区四个区委及夏镇特支。①

沛滕边县委成立后，继续着力加强党的组织建设。第一，由于党员数量增长过快，素质亟待提高，县委决定开办党员骨干训练班。先后在南庄、老坝、部城、泰山庙、老坝湾等村开办了五期，训练党员150多人②，大大提高了党员的修养和政治素质，为当地党的组织培养了大批干部。

第二，积极发动群众，宣传党的抗日主张，为把群众组织起来，从1939年8月起，先后开办了工、农、青、妇等积极分子训练班，前后三期，至是年底共培训学员280多人③，通过向群众宣讲抗战理论、知识，大大提高了他们的政治觉悟。通过一段时间的宣传发动，沛滕边区根据地的群众运动开展得轰轰烈烈，群众的抗日热情空前高涨，抗日部队受到群众的爱戴和拥护。每到一地，民兵自卫团主动替其站岗放哨，妇女会为其做军鞋、洗衣服，冬天来临时为其募集冬服，群众基础十分牢固。

第三，继续做好统战工作。为了团结一切抗日力量，边区县委积极开展统战工作，对各方势力均持开放态度。与湖区的国民党沛县县长保持着良好的统战关系，他表示愿意共同抗战。我党派朱煜如、赵前等政工干部到其政府和部队中任职。1939年4月，为推动统战工作，县委在汇子湾召开沛滕边士绅名流和农、工、商各界代表大会，成立了沛滕边联合办事处。民主选举了苗宗藩为办事处主任，张天刍为秘书科长，孙辛农为司法科长，王志成为军事科长，郑一鸣为财粮科长。办事处设在水火庙，是联合各界共同抗日的县级政权机构。国民党滕七区、滕八区区长也分别表示服从沛滕边联合办事处领导。④办事处成立后，对开展统战工作更为有利。国民党滕县第四区（鲍沟区）区长宗次桐，滕县县长周同的部下胡

---

① 中共微山县委党史资料征研委员会编：《微山县党史大事记》，中共党史资料出版社1990年版，第47页。

② 中共枣庄市委党史资料征集研究委员会编：《枣庄地区党史资料》（第三辑），1985年，第47页。

③ 中共微山县委党史资料征研委员会编：《微山县党史大事记》，中共党史资料出版社1990年版，第53页。

④ 同上书，第50页。

介藩都在我的统战下，同意参加联合办事处。总之，通过边区县委的卓有成效的统战工作，与当地各种势力保持了相对融洽的关系，这种关系的保持，对稳定湖区的抗战局面起到了积极的作用。

第四，积极创建地方武装，发展壮大抗日力量。日军占领鲁南地区以后，在津浦铁路沿线的临城一带活跃着一批靠破坏敌人运输，扒火车搞物资为生的青年人。县委获悉后，决定对其进行争取，于是派地下交通员与他们进行接触。经过几番发动，他们表示愿意接受共产党的领导，共同抗日。这批人员共分 6 伙，每伙十余人到二三十人，后交由杜季伟、洪振海、刘金山等领导的鲁南铁道大队领导。又如 1939 年 7 月，张新华受区党委和军区的派遣，在沛滕边县组建了地方武装警卫营。营长张自新，副营长李仁山，教导员李超然。警卫营辖 5 个连。[①] 该部于 1940 年 8 月编入五县游击大队。同时，在县委的领导下，还建立了沛滕边县民运大队、突击大队。其中民运大队由县委民运部组建，王吉善任大队长。该大队辖农民连、青年连、职工连、妇女连和警卫连 5 个连。突击大队也由民运部组建，陈世俊任大队长，下辖 2 个连。

从 1938 年至 1940 年间，由于沛滕边地方党组织卓有成效的组织、政治、军事和统战工作，在津浦铁路以西、微山湖以东一带开展了轰轰烈烈的针对日伪顽的斗争，建立了较为完善的党的组织体系，形成了良好的群众基础，与部分国民党势力也保持着良好关系。为保障抗日，尤其是保持我党交通线的畅通发挥了重要作用，是鲁南及山东抗日根据地的重要组成部分。

（三）创建抱犊崮山区抗日根据地

抱犊崮山区地处临沂、费县、峄县交界处，地势险要，与外界交通相对封闭。早在全面抗战爆发前，中共苏鲁边区特委就决定在抱犊崮山区建立工作基点，开辟山区工作，为建立革命根据地做准备。特委先后派郭致远、李韶九等同志以行医为名，到这一带开展群众工作。随后陆续开辟了

---

① 中共微山县委党史资料征研委员会编：《微山县党史大事记》，中共党史资料出版社 1990 年版，第 52 页。

大北庄、高桥和周村工作基点,他们在这里积极向群众宣传革命道理,发展了一批党员,团结了一批进步人士。1936 年 6 月,苏鲁豫皖边区特委机关迁到高桥,进一步加强发展党员工作和发动群众工作,建立党支部,使党在山区扎下根,为此后开辟抗日根据地打下了坚实基础。

苏鲁义勇总队到达抱犊崮山区后,活动于大炉村周围地区,与当地的农民一起,积极开展对敌斗争,拔除伪军据点,镇压土顽势力,保卫地方和平与安宁,逐步开辟了以抱犊崮山区为中心的鲁南抗日根据地。为适应当地抗日形势的需要,1938 年 8 月,在特委的领导下,建立了临、郯、费、峄四县边联县委①,由王永福任书记,对外称"四县边联办事处政治部"。边联县委成立后,将既有武装进行整编和扩充,组建了名义上为归属张里元山东第三区保安司令部直辖第一营、直辖第二营,营长分别由士绅宋云石、万春圃担任,两营约有七八百人枪,多数建立了党支部。后经边区省委批准,临郯青救会和四县边联大队编入义勇部队第一、第二大队。

1938 年 9 月,边区省委根据鲁南抗日形势发展的需要,决定撤销鲁南中心县委,在涌泉建立临郯中心县委。刘剑任县委书记,韩去非任组织部长,周南任宣传部长,丁梦孙任青年部长,朱道南任统战部长,杨士法任民运部长,石世良任军事部长。中心县委下辖临沂县委、峄南县委和临郯费峄边联县委。② 按照边区省委的指示,中心县委负责开辟东海、赣榆等地党的工作。

义勇总队到达大炉后,因在转移途中减员严重,急需补充人员,特委决定将"临郯青年抗日义勇队"和"四县边联常备队"部分武装编入义勇总队。9 月上旬,因义勇总队供给困难,经省委批准,特委利用与张里元的统战关系,与其达成协议,决定将苏鲁人民义勇队第一总队改名为"第五战区临沂专员公署保安司令部直辖第四团",但仍保持原先建制,可独立行动,受苏鲁豫皖边区省委领导。其后,所部团、营领导干部先后

---

① 中共临沂地委、枣庄市委、济宁市委党史征委会编:《鲁南地区党史大事记》(送审稿),1986 年,第 77 页。

② 同上。

有所变动，李乐平继李浩然为团政委，刘景镇接朱玉相任三营营长，张洪仪接纪华任教导员，刘清如任一营营长。这支由鲁南党领导的队伍在山区稳定下来以后，对敌采取了一系列军事行动，鲁南党组织开始创建抱犊崮山区抗日根据地，坚持在这一带的抗日斗争创造了条件。

　　义勇总队改名为直辖四团后，继续坚持对敌斗争，通过一系列的胜利，巩固了抱犊崮抗日革命根据地。1938 年 9 月中旬，直辖四团为解决扩充兵员、筹集过冬给养问题，三营将士在刘景镇和纪华的带领下，开赴峄县小屯、香城一带。受到当地群众的热烈欢迎，大家积极参与募捐，很快就筹到了大批的棉花和布匹。10 月底，棉衣赶制完成后，即刻发放列装。是月，直辖四团第一营、第二营还曾与四县边联直辖一营一连共同配合张里元部进行了胭脂山伏击战。张里元部卢焕彩团和何志斌团在华中北面与东面设伏，四团及边联队伍在西面设伏。第二天，日军五六百人乘六七十辆汽车，由西南向东北临沂方向急驰。卢团见日军声势浩大，未发一枪即仓皇撤退。只有四团、边联所部及何团继续参加战斗，经过激烈战斗，毙敌六七十人。[1] 我部也付出重大代价，一营一连连长宋荣文以下 60余人全部壮烈牺牲，全连仅有五六人幸存；何团所部也损失四五十人。战斗结束后，部队在北寺村为宋荣文等烈士召开追悼大会。会上，群众情绪高亢，踊跃报名参军，很快补齐战斗减员。11 月 3 日，三营和边联常备队在枣庄附近会合，又打了一场漂亮的奔袭战，成功突袭枣庄日伪据点，活捉伪军 8 人、日军 5 人，缴获部分枪支、弹药。[2]

　　1938 年年底至 1939 年年初，直辖四团还成功拔除日伪车辋据点，保卫了抗日根据地的安全。日伪车辋据点是 1938 年 10 月设立，其时日军300 多人在伪军刘克锡、崔六两部的配合下，趁四县边联办事处驻地车辋村空虚之际，突袭进村，安设据点，严重威胁了当地抗日武装的活动。同时，据点里的日伪军也经常袭扰周边村庄，群众不堪欺凌，纷纷向我部请

---

　　① 　中共临沂市委党史资料征集研究委员会编：《临沂革命斗争史稿（1919—1949）》，山东人民出版社 1991 年版，第 104 页。

　　② 　中共枣庄市委党史资料征集研究委员会编：《枣庄地区党史资料》（第五辑）（人民抗日义勇队专辑），1987 年，第 16 页。

求出兵拔除据点。四团政治主任梁度世和副参谋长张少溪等紧急召集了营以上干部会议,大家一致认为车辋据点形势险要,而我抗日武装装备差,不适宜强攻,对车辋之敌采取围困战术,迫敌撤退最为适宜。1938 年 12 月中旬,四团出敌不意,迅速控制了车辋西北的制高点,不断对敌袭扰,据点日伪军被迫龟缩 40 余天。其间,临沂、枣庄之日伪曾多次派兵增援,均被击退。1939 年 1 月 29 日上午,四团出兵把据点团团围住,农救会组织了担架队、交通队前来支援,周边群众也主动组织起来参战。此时,临沂之敌 200 余人欲再次增援,被第五战区司令部第十七支队伏击,被打死 40 余人。车辋据点日伪军见增援部队迟迟不到,于下午 2 时许开始突围。我部乘机出击,打死日军 25 人,缴获罐头、食品 20 多箱及其他战利品①,取得了最后的胜利。

这次拔除日伪据点的胜利,解除了对我抗日武装和党组织、群众的威胁,提振了参战指战员的士气,提高了党及其领导下的抗日武装在人民中的威望,增强了广大群众抗日的信心,也为部队积累了丰富的战斗经验。

1939 年 4 月,因统战关系和对敌斗争的需要,经边区省委批准,直辖第四团更名为“二旅十九团”,仍保持原先建制并独立行动。同时,根据省委安排,将四县边联办事处领导下的保安直辖第二营编入该部。8 月 4 日,十九团三营在营长刘景镇的率领下,成功奇袭峄县城。这次突袭,有一营、二营的密切配合,还有地下工作者、时任伪峄县警备局二等巡官孙继德做内应,激战 2 小时,打死日军十余人,毙、俘伪军百余人,生俘伪县政府以下数人,并争取了一个伪军中队反正,缴获步枪 50 余支。②此次袭击战,打击了日伪军团的嚣张气焰,振奋了群众,提高了我抗日武装在人民群众中的威望。此后,很长的一段时间内,峄县城内的日伪军轻易不敢出城骚扰百姓。

1939 年 9 月,第十九团与一一五师胜利会师,山东分局决定去掉张

① 中共临沂市委党史资料征集研究委员会编:《临沂革命斗争史稿（1919—1949）》,山东人民出版社 1991 年版,第 106 页。

② 中共枣庄市峄城区党史征集研究委员会编:《中共枣庄市峄城党史大事记》,1989 年,第 47 页。

里元部队的番号，于 10 月 1 日正式更名为八路军——五师苏鲁支队。支队下辖 3 个营，张光中任支队长，政委为李乐平，参谋长胡云生，副参谋长阎超，政治部主任李荆山。1940 年 12 月，遵照中共中央关于地方武装正规化的指示，——五师将地方武装改编为 5 个教导旅，苏鲁支队改编为教导二旅五团，胡云生任团长，副团长贾耀祥，政委曾明挑，参谋长王六生，政治处主任杨永松。

苏鲁人民抗日义勇队第一部队在改编为苏鲁支队和编入教导旅后，在——五师的统一领导下，参加了 10 余次较有规模的战斗，表现异常机智顽强，为创建鲁南抗日根据地，打击日伪顽敌对势力做出了应有的贡献。

（四）开辟峄滕铜邳地区的抗日斗争

枣庄南部的峄滕铜邳地区处于台儿庄和贾汪中间地带，地处山东省的最南端。徐州会战后，国民党军队从这一带撤退，国民党地方政权于是土崩瓦解，该地沦为敌后。1938 年 9 月，党派纪华到峄县开展工作。纪华在二区的南于、北于；四区的韩庄、沙沟；五区的赵庄、马兰屯；六区的涧头集等地广泛开展建党工作。1939 年 2 月，中共鲁南特委为了适应对敌斗争的需要，决定充实加强峄县县委领导班子，仍由纪华任县委书记，孙振华任组织、刘亦夫任宣传部长。县委在涧头集举办党员训练班，对党员进行了系统的教育，要求党员要成为政治工作的模范，宣传工作的模范，生产的模范，战斗的模范。①县委通过多种途径发展党员，还为了宣传党的知识，翻印《新党员训练大纲》等作为教材，油印出版了党的内部刊物《奋斗》，大概出了 4 期后，由于条件所限，被迫停刊。

1938 年 12 月以后，纪华的工作重点由运河北岸转向南岸，通过刘亦夫等人的关系在这一带开展。后来在涧头集，通过朱道南的私人关系，与国民党原峄县第六区区长孙斌全进行了接触。孙斌全为人仗义，思想较为活跃、进步，有较强的爱国热情，对抗战持同情态度。峄县沦陷后，孙斌全在当地大地主龙传道等人的推举下，勉强当上了伪区长。在与纪华接触

① 中共枣庄市峄城区党史征集研究委员会：《中共枣庄市峄城党史大事记》，1989 年，第 44 页。

后，孙斌全表示愿意参加共产党进行抗战。从此以后，孙斌全所掌握的武装就成为峄县县委领导下的抗日武装，涧头集也成为中共峄县县委领导抗日斗争的中心。孙斌全还以伪区长的身份，协助峄县县委开展党的组织建设工作。

在加强峄县党的工作的同时，还着力进行统战和民运工作，以最大限度地动员群众，成就我党的抗战事业。1939 年 9 月，中共峄县县委决定成立峄县抗日总动员委员会，由朱道南任总动委主任，邱焕文、王鼎新任副主任，总动委会机关驻抱犊崮山区北庄一带。① 该机构是鲁南地方党组织建立抗日民族统一战线的重要平台，对于广泛深入地动员峄县各界人士和民众参加抗日斗争起到了积极的推动作用。

孙怡然、孙伯英借在国民党峄县别动总队第五十支队第三梯队任职积极开展统战工作。这支武装有 300 余人，孙怡然直接掌握的有百余人，梯队成分极其复杂，下辖三个大队长都出身旧乡长，战士也出自地主的看守队，还有一些兵痞、流氓、土匪夹杂其中，队伍中有民族觉悟的青年学生和农民只是少数。孙怡然和孙伯英根据部队实际，一面积极做该部队几个主要人物的统战工作，对他们展开政治攻势，推动他们走上拥护抗日的轨道；一面对部队进行整训，把那些流氓土匪清除出队伍，另外着力吸收青年、农民参加部队，还在队伍中秘密发展党员，并注意在战斗中强化部队的组织纪律性和军事素质。经过一段时间的工作，部队的战斗力显著提高，逐渐发展成为我党领导下的抗日队伍。② 在抗战中发挥了重要作用，屡次取得打击敌人的胜利。

陈诚一是当地民运工作的主要负责人。他利用柳泉、贾汪一带的社会关系，组织抗日团体，在南至茅头村以东，北至柳泉以东江庄、高村，西至微山湖畔的周山头、饶山子、铁庄等地，广泛建立起了农救会和青年团。其间，还在西堡、前柿庄、周山头、大王家、后许家等地发展党员

---

① 中共枣庄市峄城区党史征集研究委员会：《中共枣庄市峄城党史大事记》，1989 年，第47 页。

② 同上书，第 42—43 页。

50 余人，建立了 4 个地下党支部。① 为了保存我抗日力量，避免与敌人过多的正面冲突，地方党在工作中注意推举一些比较开明、爱国的人士充当伪乡长，以便于两面开展工作，为地方党和武装的抗日工作发挥特殊的作用。

此外，创建武装、壮大队伍，对日伪顽等敌对势力进行坚决打击，这是保护自我，发展抗日根据地的重要方法，在当时复杂的社会背景下，也是峄县党组织开展工作的必要保障。为此，1938 年 10 月，在县委书记纪华的领导下，以峄县六区孙斌全所部为基础，成立了峄县抗敌自卫特务营，由孙斌全任营长，派中共党员张瑜鼎到该营做政治工作，这支武装成为峄县县委开展工作的重要依托。

活动在峄县南部一带的汉奸潘明希曾试图在宁楼安设据点，对孙怡然所部构成巨大威胁。孙怡然决定以武力的方式阻止，经过几天战斗，潘明希逃回韩庄车站。不久，日军到阴平一带进行报复性扫荡，企图也在宁楼安设据点。孙怡然在峄县五区孙茂墀部的配合下，在寺山子、胡家园伏击敌人，激战一上午，毙伤敌人 18 名，缴获步枪 1 支②，剩余日军灰溜溜地逃回韩庄。孙怡然又趁热打铁，消灭了活动在阴平一带的以孙茂法为首的土匪武装。而在运河南岸贾汪以东地区的东崮岘、阎村一带，红枪会是非常有势力的一支武装。由于土匪案件多发，当地群众有组织红枪会的传统。1938 年，日本特务王亚平混进红枪会，积极策动红枪会与涧头集人民抗日武装为敌。是年 6 月，王亚平带领红枪会武装 200 余人北渡运河，到第五区的坑埠村活动。遭到第五区所部孙茂墀部的攻击后，王部又窜到第六区活动。孙斌全遂率特务营在刘庄一带设伏阻击，双方发生激战。在战斗中，孙斌全负伤，所部张瑜鼎在阵地转移中被俘，被红枪会折磨致死。此后不久，王亚平又带领红枪会约 2000 人，向涧头集峄县县委发起进攻。峄县县委接获消息后，为保存实力，一度撤出涧头集，随后调集运

---

① 中共枣庄市委党史研究室：《中国共产党枣庄地方史》（第一卷），中共党史出版社 2005 年版，第 157 页。

② 中共枣庄市峄城区党史征集研究委员会：《中共枣庄市峄城党史大事记》，1989 年，第 43 页。

河北岸孙云亭部和孙茂墀部 1000 余人前来增援。经过一番激战后，击退红枪会，收复了涧头集。随后，峄县县委利用区长名义发布取缔命令，又印发传单宣传揭露红枪会的罪行，最终使之被取缔。王亚平带着 20 余人的队伍，龟缩到日伪据点，轻易不敢再露面。[1] 因此，通过这样一系列的针对敌对势力的坚决斗争，很好地震慑敌人，稳定了社会局势，有力地提高了党和军队在峄南地区的威信，也锻炼了队伍，提振了士气，为党在这一带继续开展抗战工作提供了基本保障。

枣庄沦陷初期，峄县南部一带有 6 支主要的抗日武装，即孙怡然、孙伯龙、邵剑秋、邵子真、胡大勋、胡大毅、董尧卿、孙斌全等所部，共计六七百人。这些武装各自独立活动，相对分散，但其共同的特点是，领导人都不甘做亡国奴，其中孙怡然、胡大毅还是中共党员。在枣庄及峄县地方党组织的积极争取下，这些武装都不断发展壮大，逐渐成为鲁南地区抗战的中坚力量。前述孙怡然部就是统战工作最为成功的例子之一，另一个就是胡大勋和胡大毅兄弟所部，在地方党的领导下也很快成长起来。

胡大勋原籍铜山县柳泉镇，早年曾参加过北洋军阀部队，任过校衔参议。全面抗战爆发后返回家乡，徐州沦陷后，胡大勋在共产党员陈诚一、胡大毅、张启曙的支持下，在唐庄村组建起一支约 200 人的抗日武装"苏鲁边区抗日游击队"，韩治隆任司令，胡大勋任副司令。队伍成立后，发展相当迅速，被国民党收编，列为江苏省常备第四旅第七团，有千余人的规模，由韩治隆、胡大勋分任正、副团长。由于旨趣不同，胡大勋看不惯国民党军队的作为，对他们横征暴敛、欺压百姓十分反感，部队于 1938 年年底分裂。在陈诚一的帮助下，胡大勋率第七团大部改编为八路军山东纵队陇海游击支队第三团，被任命为参谋长。[2] 1939 年 4 月，峄滕铜邳四县边联办事处成立，胡大毅任办事处主任。峄滕铜邳办事处警卫连与陈诚一在姜庄组织"青年大队"合编，成立了运河大队。胡大毅任大

---

[1] 中共枣庄市峄城区党史征集研究委员会：《中共枣庄市峄城党史大事记》，1989 年，第 46 页。

[2] 贾汪区政府网站，http://www.xzjw.gov.cn/Item/414.aspx。

队长，陈诚一任政委。①

当时贾汪、柳泉均属于滕县第九区，日军在当地的影响相当有限。地方各乡村政权为了生存也多采取两面的政策，如贾汪维持会会长李公俊，表面上对日军服从，私下里与共产党的关系相当融洽，这是在当地组建革命武装的便利条件。办事处成立过程中和成立后，就得到了各种力量的大力支持。如西林子村的共产党员王洪洲，在得到其叔叔王玉鸣的支持后，带领20余人的武装参加办事处。柳泉西周山头村的中共支部书记周云锦，贾汪东小李庄村的陈启和，都积极贡献枪支武器，组织人员参加办事处。也正是在这样的背景下，办事处警卫连和运河大队相继建立。

运河大队成立后不久，即发动了一次对柳泉伪区公所的突袭。柳泉伪区长马敬典是铜山县徐州北乡口上村的大地主，徐州失守后投靠日军。运河大队趁夜突袭，活捉马敬典父子，俘虏伪区队40余人，缴获枪支40多支。② 以这支队伍的成长为代表，当地各支抗日武装迅速发展壮大，在此基础上，1940年年初，八路军一一五师运河支队在周营成立。该支队隶属一一五师和鲁南军区双重领导。由孙伯龙任支队长，朱道南任政委，邵剑秋任副支队长，胡大勋任参谋长，文立正任政治部主任。③ 运河支队成立后，在中共鲁南特委的领导下，长期活跃在运河两岸，成为峄滕铜邳地区抗击日本帝国主义的生力军，有力地打击了日伪顽势力，对保卫人民群众的生命财产、维护根据地的安全发挥了重要作用。

自1938年9月以后，在峄县县委的领导下，峄南地方党的组织陆续恢复并获得了迅速的发展，通过一系列的群众工作和统战工作，建立了良好的群众基础。同时，组建了几支较有实力的抗日武装，组织开展了一系列对敌斗争，有力打击了日伪顽势力的嚣张气焰，提高了党和抗日武装在群众中的威望，保护和推动了当地抗日事业的发展。

---

① 中共枣庄市委党史办公室编：《中共枣庄地区党史大事记（1921—1949）》（征求意见稿），1987年，第72—73页。

② 中共枣庄市委党史研究室：《中国共产党枣庄地方史》（第一卷），中共党史出版社2005年版，第156页。

③ 中共枣庄市峄城区党史征集研究委员会：《中共枣庄市峄城党史大事记》，1989年，第52页。

第二节 ——五师挺进鲁南与鲁南抗日民主政权的建立

一 ——五师挺进鲁南

八路军第一一五师是由红军主力第一方面军第一、第一十五军团和陕南红军第七十四师改编而来，组建于 1937 年 8 月，与第一二零师、一二九师同为八路军主力部队。师长为林彪，副师长聂荣臻（后改为政治委员兼副师长），参谋长周昆，政治部主任罗荣桓、副主任萧华。组建后不久，一一五师主力就奔赴山西抗日前线，从此投入到了轰轰烈烈的抗日洪流中。1937 年 10 月，日军沿津浦线南侵，12 月 27 日，占领济南，其后不久，山东大部分地区沦陷。日军在山东烧杀奸淫，无恶不作。国民党主力退出山东后，其残兵败将在各地也趁机骚扰作乱，一时间汉奸、土匪、民团并起，整个山东的社会秩序陷入混乱。在此背景下，中共山东省委及地方党组织高举抗日民族统一战线的大旗，积极动员和组织各界群众，从 1937 年 10 月至次年 6 月间，先后在冀鲁边区，鲁西北、鲁中、鲁东及鲁南各地，成功地发动了一系列武装起义，组建起抗日武装，在齐鲁各地迅速点燃了抗日的烽火。

在中共的领导下，山东人民迅速掀起了敌后抗日游击战争，在全省各地对日伪政权和组织进行坚决打击，有力地配合了国民党正面战场的作战。至 1938 年夏季时，山东的敌后抗日武装力量已经发展到 4 万余人，并借助各地有利地形，初步开辟了鲁南、湖西等数块抗日根据地，奠定了创建山东抗日根据地的基础。与此同时，山东各地国民党的残兵败将、地方豪绅、土匪流氓、兵痞等各类庞杂势力也乘势拉起山头，抢占地盘，各霸一方，共计有 15 万人①之多。这些势力多数以维护自身利益为要旨，并没有团结抗日的意愿，更多的是欺压百姓，与共产党和人民为敌，不断

---

① 《八路军第一一五师暨山东军区战史》编辑室编：《八路军第一一五师暨山东军区战史》，黄河出版社 2005 年版，第 34 页。

地摩擦、冲突。各地刚刚成立起来的人民抗日武装相对分散，力量相对弱小，缺乏斗争经验，常常受到日伪顽军的威胁，很多时候甚至难以立足。因此，在山东急需建立一支抗日骨干力量，组建统一编制、统一指挥的游击兵团已经提上日程，是适应抗战形势发生的必然要求，也是山东人民的急切期待。

1938 年 10 月，广州、武汉相继失守，中国的抗战形势发生了重大变化。日军停止了对国民党正面战场的大规模军事进攻，将枪口调向共产党领导下的军队和敌后抗日武装力量。为适应形势的变化，中国共产党六届六中全会扩大会议于 9—11 月在延安召开。全会讨论了不断巩固和扩大抗日民族统一战线，批判了党在统一战线问题上出现的错误，重申把党的主要工作转移到放手发动敌后抗日游击战、开辟敌后抗日根据地上来。这次会议还提出派八路军赴山东，以协助当地人民抗日武装开展敌后游击战争，促进抗日根据地的开辟和扩大。

根据党中央和毛泽东的指示，12 月 2 日，朱德、彭德怀电令陈光、罗荣桓率一一五师师直及第三四三旅挺进苏鲁皖。随后，第三四三旅所属第六八五团到达山东省微山湖西地区，同当地抗日武装合编，改称苏鲁豫支队，彭明治任支队长，吴文玉任政治委员。① 苏鲁豫支队成立后，在当地党和地方武装的支持配合下，迅速打开了湖西的抗战局面，创建了横跨陇海铁路、范围达 20 余县的苏鲁豫边区抗日根据地。同时，一一五师师部及第六八六旅在陈光、罗荣桓的率领下，于 12 月 19 日开始东进。1939年年初，部队到达晋东南八路军总部驻地潞城县常村镇。朱德、彭德怀再次指示，第一一五师东进的任务，是开展敌后游击战争，巩固和扩大山东地区抗日根据地。之后，经过一番休整，部队继续前进，于 3 月初，到达山东郓城县王楼、张楼后，即刻开展工作。先是在张楼听取了中共郓城中心县委的情况汇报，又派杨勇率六八六团袭击樊坝，全歼伪军保安团刘玉胜部，取得了入鲁后第一次歼灭战的胜利。随后的"草桥阅兵"、陆房突围战、梁山伏击战等一系列对敌斗争的胜利，逐渐打开了津浦路以西、黄

---

① 黄瑶主编：《罗荣桓年谱》，人民出版社 2002 年版，第 95 页。

河以南的泰西、运西的抗战局面。

1939 年 4 月,国民党苏鲁战区总司令于学忠率第五十七军到达沂蒙山区,在沂水组织苏鲁战区指挥部。沈鸿烈趁于学忠入鲁之机,在山东进行防区划分,把山东纵队的防区划在泰山、徂徕山以南,津浦路以东,滕县以北,石莱以西的狭小山区。又规定山东纵队所属鲁南及胶济路北各支队"应向前定地区集结,限于 5 月 15 日以前到达"①。此举充分暴露了沈鸿烈企图以于学忠部为靠山,排挤八路军抗战力量的险恶用心。这一时期,鲁南各方力量布局中,于学忠所部第五十二军、第五十七军共约 2 万人兵力,与八路军及群众均有良好关系,很愿意配合作战;沈鸿烈所部有 7000 人,对八路军持敌视态度;临沂张里元部,对沈鸿烈有不满情绪,对八路军有友好的意愿;顽固分子秦启荣所部 6000 人,部队为土匪出身,是伪皇协军的基础。在此形势下,一一五师决定"进一步与其靠近",与于学忠部东西互相配合,向南发展,很好地巩固"与东北军及同盟者之团结,对付敌人之进攻"②,以巩固现有防地,并以此作为开拓根据地的基础。

5 月 11 日,日军在飞机、大炮掩护下,向陆房猛攻。八路军依托陆房周围的牙山、肥柱山、凤凰目顽强阻击,连续击退敌人九次进攻。入夜,陈光率部分散突围。是役,使日军伤亡大佐以下 1300 余人③,提高了参战部队的战斗力,振奋了全国人民的抗战信心。根据山东抗战的需要,5 月 20 日,一一五师师部开始向津浦路以东转移,28 日到达泗水以东的马家峪。

6 月 1 日,日军派第五师团、第一一四师团及守备队向鲁中山区扫荡,驻守这一带的各方力量都遭受重创,国民党山东省政府、秦启荣部及于学忠部东北军的损失很大,鲁南局面陷入混乱。6 月中旬,省委向八路军总部及北方局提出八路军主力部队一部迅速向鲁南山区一带挺进,"以保障我有力根据地之创造、政权之建立"建议。21 日,中央正式决定一

---

① 黄瑶主编:《罗荣桓年谱》,人民出版社 2002 年版,第 103 页。
② 同上书,第 102 页。
③ 同上书,第 104 页。

一一五师师部及第六八六团、萧华一部开赴鲁南。以此正式决定一一五师所部趁鲁南各方遭到削弱之际挺进鲁南，其任务是"努力迅速开展鲁南工作，巩固扩大抗日根据地"①，放手委任逃跑的专员、县长、区乡村长，同时尽量收集散兵散枪武装自己，加强统战工作，以团结同情者，彻底瓦解秦启荣等破坏抗战的顽固势力。

8月1日，为统一指挥山东及苏北八路军各部，经中共中央批准，八路军第1纵队成立，司令员徐向前，政治委员朱瑞。随后致电一一五师，为推进鲁南根据地工作，要求所部第六八六团越过津浦线，向东开进新泰、蒙阴、费县、抱犊崮一带，并与苏北直接打通联系。②服从上级指示，一一五师师部及六八六团开始向东转移，9月初，一一五师师部及第六八六团进入抱犊崮山区，师部驻大炉村。10月初，罗荣桓同原一一五师政治部保卫部长、鲁西军区政治部主任朱涤新一道由鲁过津浦铁路向鲁南进发，26日，到达大炉，同中共山东分局书记郭洪涛、山东纵队指挥张经武会合。期间，一一五师接中共苏鲁皖分局指示，"应强调控制鲁南战略要地"③。随后，罗荣桓再赴湖西处理"肃托"事件，于11月处理完毕返回。至此，一一五师师部及首长，六八六团及特务团都完成了向抱犊崮山区转移，进入巩固和发展抱犊崮抗日根据地的新阶段。

八路军一一五师进入的抱犊崮山区，在当时是一片非常贫困、土地稀少而贫瘠的地区。在一一五师进入以前，这里虽然有地方党领导的鲁南人民抗日义勇队等地方武装坚持斗争，初步开辟的敌后抗日根据地，但这里的敌对势力仍然相当强大，除抱犊崮以东的大炉、车辋一带为人民武装控制以外，其余山区多为其他势力所盘踞，各种武装合计约有万人之众，且山头各异，号称有七十二个司令。这些武装中的多数接受国民党政府的委任，少数与日伪走得较近甚至勾结在一起，只有少部分与中共保持较好的关系。这些势力中的多数是欺压百姓，鱼肉乡里的恶势力，他们对人民征收苛捐杂税，但又不为人民服务，以致土匪猖獗，整个社会乌烟瘴气，民

①　黄瑶主编：《罗荣桓年谱》，人民出版社2002年版，第106页。
②　同上书，第107页。
③　同上书，第109页。

不聊生。日寇侵略鲁南，完成了对主要城镇和交通线的占领以后，便伙同汉奸向山区围攻。日军利用山区国民党顽固派的妥协投降，联合起来向中共和抗日武装夹击。

即便如此，开辟抗日根据地仍是不可改变的既定目标。为了打开局面，震慑敌对势力。一一五师进入鲁南山区后，首先拔除了枣庄伸向抱犊崮山区的白山、上下石河子等日伪据点，打击了反动地主武装，分化了顽固势力，镇压了一批汉奸，摧毁了一些伪组织，制止了伪化活动。[①] 通过这一系列卓有成效的工作，巩固了以大炉为中心的基本区，初步打开了抱犊崮山区的局面。12 月 30 日，一一五师致电中共中央北方局和山东分局，提出了"创造大汶口、新泰、蒙阴以南，滋阳、邹县、滕县以东，临城、峄县以北，临沂以西的山岳地区为基本根据地"[②] 的战略构想，并指出其目前的主要任务是集中力量克复白彦，先打开曲阜、泗水以南山区工作局面，然后再向东北发展，与山东纵队打成一片。

1940 年 1 月 6 日，一一五师大炉召开了创建抱犊崮山区根据地动员大会。罗荣桓作了报告，他指出这里极便于开展山地游击战争，在战略上可以坚持和创建我军的根据地，并能配合苏北和鲁西的平原游击战争，成为它们的依托。罗荣桓指出了创建抱犊崮山区根据地的许多有利条件，他认为附近敌伪力量不过 10000 人，且主要分布在城市及主要交通线上；顽固派的势力极不统一，而东北军一般表现中立，还不会立即采取公开摩擦；更主要的是我军战斗的胜利，局面将逐渐打开，群众工作也已广泛地开展起来。[③] 他强调指出，"要在反对敌人的扫荡中创造根据地"，在敌人大扫荡时，应打垮其一路，破坏其整个进攻计划；在敌人采取烧杀政策时，应采取"空室清野，利用围子、山头，抗击、袭击敌人"[④]。这次会议，在山区人民因陷入困境而迷茫的背景下，极大地鼓舞了士气，指明了

---

① 中共枣庄市山亭区委党史办公室：《中共枣庄市山亭党史大事记（1932—1949）》，1990年，第 37 页。

② 黄瑶主编：《罗荣桓年谱》，人民出版社 2002 年版，第 111 页。

③ 枣庄市政协文史资料委员会编：《枣庄文史资料》（第十辑），1991 年，第 4 页。

④ 黄瑶主编：《罗荣桓年谱》，人民出版社 2002 年版，第 112 页。

巩固和扩大抗日根据地的光明前途。

二　成立中共鲁南区党委

由于抗战形势的发展，根据党中央的部署，1938 年 12 月，苏鲁豫皖边区省委改为中共中央山东分局，郭洪涛、张经武、黎玉为委员，郭洪涛任书记，程照轩任组织部长，孙陶林任宣传部长，郭子化任统战部长，刘居英任社会部长。① 27 日，八路军山东纵队在沂水县王庄宣布成立，统一指挥山东各抗日起义部队，由张经武任指挥，黎玉任政委，王建安任副指挥，江华任政治部主任，王彬任参谋长。纵队基层干部共 2.45 万人。② 山东纵队的成立，标志着山东人民起义武装由若干分散的游击队成为在战略上统一指挥的游击兵团。至此，这是山东抗战史上的两件大事，对推动和统一领导全省的抗战工作有积极的意义。

1939 年 7 月底，中共山东分局决定把山东区统一划分为三个区。其中枣庄地区在胶济路以南、津浦路以东、陇海线以北地区的大鲁南地区，隶第一区管辖。是月，鲁南区党委在沂水县召开了第一次党代会③，大会选举产生了区党委领导机构，林浩任书记兼宣传部长，史秀云为组织部长、魏思文为副部长，林乎加为宣传部长，李林为民运部长，朱玉干为社会部长，霍士廉为政府工作部长，孙学之任工会主任，赵新负责妇女工作。④ 一区党委下辖五个地委，分别是泰山地委、鲁沂地委、鲁南地委、临郯地委，鲁东南地委。此后，鲁南地区的抗战工作就由山东分局和第一区党委分级负责，后分别称一地委至五地委。9 月，中共鲁南特委撤销，改为三地委，地委书记由宋子成担任，下设组织部、宣传部、政府工作部、职工部、青年部、妇女部、农救会，部（会）长分别由冯起、燕遇

① 中共山东省委党史研究室编著：《新民主主义革命时期中共山东党史大事记》，山东大学出版社 1992 年版，第 201 页。

② 同上书，第 203 页。

③ 中共沂水县委党史征集委员会编：《中共沂水党史大事记（1923—1949）》，1992 年，第 128 页。

④ 中共临沂市委党史资料征集委员会编：《中共临沂党史大事记（1927 年 7 月—1949 年 9 月）》，1988 年，第 49 页。

明、于化琪、张福林、杨士敬、何毅、宋逸安担任，由张健任秘书长。[①]三地委下辖边联县委、峄县县委、滕县县委、费县县委、曲泗宁县委、邹县县委。同时，尼山特委撤销。[②] 三地委成立后，在山东局、一区党委和一一五师党委的领导下，积极发动群众，发展抗日武装，建立抗日民主政府，对巩固抗日根据地发挥了重要作用。

1940 年 4 月，山东军政委员会决定撤销第一区党委，将原边区划分为鲁中、鲁南区党委和鲁东南地委。[③] 原第一地委、第二地委、第五地委划归鲁中区党委；原第三地委、第四地委划归鲁南区党委。5 月，撤销原第三地委，中共鲁南区党委正式成立，赵镈任书记兼社会部长，魏思文任组织部长，林乎加任宣传部长，宋子成任社会部副部长兼公安局长，其他委员还有李乐平、杨士法、许言、张光中、邝任农，秘书长为南竹泉，青联部长为杜前，妇联会长为李岩，工会主任为孙学之。[④] 下辖滕东县委、峄县县委、边联县委、费南县委。这样中共鲁南区党委代表了原一区第三地委的各项职责，与八路军一一五师党委共同发挥组织与领导作用。其后不久，在两方党委的组织与领导下，相继召开了鲁南各界抗日救国群众团体代表会议，选举了鲁南抗日政权，建立鲁南军区和各抗日群众团体，成为枣庄地区组织和领导抗日战争的中流砥柱。

三　抗日民主政权的建设和发展

政权建设是鲁南抗日根据地建设的重要内容之一。对于鲁南地区的政权建设，中央于 1939 年 6 月 21 日，就曾明确要求八路军一一五师大胆选举任用县长、区长及专员，以争取政权。在早期的根据地建设中，多数地区尚没有建立起人民政权，既无法正常地履行政府职能，又严重影响了党

---

① 中共临沂市委党史资料征集委员会编：《中共临沂党史大事记（1927.7—1949.9）》，1988 年，第 51 页。

② 枣庄市地方志编纂委员会编：《枣庄市志》，中华书局 1993 年版，第 37 页。

③ 中共临沂市委党史资料征集委员会编：《中共临沂党史大事记（1927.7—1949.9）》，1988 年，第 60 页。

④ 中共枣庄市委党史办公室编：《中共枣庄地区党史大事记（1921—1949）》（征求意见稿），1987 年，第 90 页。

的抗日民族统一战线工作的拓展，不利于更好地团结社会各界人士。同时，由于没有自己的政权组织，党和人民武装无法通过正常的途径获取相应的经费和后勤保障。这些都极不利于抗日根据地的巩固与发展，这是一个迫在眉睫需要解决的问题。在一一五师的领导下，逐渐纠正了过去对政权建设重视不够的问题。第三地委逐渐认识到了建立抗日民主政权的重要性，多次召开专门会议，研究抗日民主政权建设问题。为了实质性地推进鲁南地区人民政权的建设，一一五师党委和第三地委决定抽调百余名干部，组成若干工作队，分赴各地开展宣传发动工作。同时，在第三地委的领导下，9月14日，鲁南民众总动员委员会在滕县成立，彭畏三任主任。20日，临郯费峄四县边联民众总动员委员会成立，宋鲁泉任主任，潘振武为副主任，其他委员有宋子成、刘子才等。下旬，峄县抗日总动员委员会成立，朱道南任主任，邱焕文、王鼎新任副主任。① 动员委员会成立后，作为推动专门的宣传发动机构，在辖区内积极宣传党的抗日主张，通过张贴标语、传单等方式，使农抗会、青救会、妇救会和儿童团等群众组织如雨后春笋般地建立起来。1939年12月至1940年2月，滕东县委在工作队和动委会的帮助下，分别建立了二区、三区、四区区委和区公所，书记和区长部分由一一五师工作团协助配齐②，对推动鲁南地区抗日民主政权建设起到了关键作用。

　　1939年11月20日，峄县抗日民主政府在八路军一一五师党委和鲁南三地委的领导下，峄县民众代表大会在峄北山区王家湾召开，参加人员有4000人③，正式代表有180人，经过两天的充分酝酿，民主协商，选举产生了峄县抗日民主政府，政府机关驻南泉。由潘振武任县长，朱道南任民政科长，张捷三任财政科长，刘仲旭任教育科长，刘少彭任实业科长，

---

① 枣庄市地方史志编纂委员会编：《枣庄市志》，中华书局1993年版，第36页；中国人民政治协商会议枣庄市山亭区文史资料委员会编：《山亭文史资料》（第一辑），1990年，第57—58页。

② 中共枣庄市山亭区委党史资料征集研究委员会编：《抱犊壮歌续集》，山东省新闻出版局1991年版，第125页。

③ 中国人民政治协商会议枣庄市山亭区文史资料委员会编：《山亭文史资料》（第一辑），1990年，第58页。

房洪义任武装科长，还选举出县抗日民主政府委员 35 名。① 峄县抗日民主政府的成立，标志着抱犊崮山区人民抗日民主力量的壮大，此后在军地两级党委的领导下，有序地开展抗战的组织、宣传和动员工作，并作为人民政权，履行人民服务的政府职能，在组织生产，改善人民生活，保障部队等方面发挥了关键的作用。首先，抗日民主政府是组织生产的主体，1940 年 9 月，峄县抗日民主政府发出"劳武结合，发展生产"的号召，组织机关人员分赴各区帮助人民群众组织"抢耕队、抢种队"，帮助群众进行秋耕生产，并在山区帮助群众遍种石榴，以便增加群众收入，改善生活。② 其次，是抗日宣传、统战和为人民武装提供后勤保障的基本平台。1939 年 11 月，峄县抗日民主政府成立后，为宣传党的抗日救国纲领和政策，动员峄县各界人士和人民群众支持和参加抗战，在阴平北面的石头楼村召开座谈会，座谈会邀请了峄县县城、枣庄士绅名流等 20 余人。经过宣传发动，峄县开明士绅崔鹤峰决定向政府捐献步枪、驳壳枪共 20 余支，枣庄面粉厂经理李云卿捐献 10000 多元民生银行钞票。③ 有力地支持了抱犊崮山区的抗战事业。最后，抗日民主政府还着力减轻人民税收负担，是根据地"减租减息"运动的执行主体。如 1941 年，滕县、峄县抗日民主政府开始实行按实际产量以累计比例征收公粮。规定以家庭为单位，每户每人年平均产量不足 100 斤不征公粮，超过 100 斤的，以 101 斤为起点累计征收，征收比例为 1%—35%④。1940 年 9 月，峄县抗日民主政府颁布《关于开展减租减息政策的决定》，规定土地收入不论是租佃还是分种，一律照原租减 25%，钱主利息减半。⑤ 此外，县边联抗日民主政府还于1940 年 7 月一度发行鲁南流通券 35 万元，有效地改善了当地金融秩序，对山区抗日根据地经济发展发挥了积极作用。

　　峄县抗日民主政权建立后，成功地履行了基层政权的职能，为山区政

---

① 中共枣庄市峄城区党史征集研究委员会编：《中共枣庄市峄城党史大事记》，1989 年，第 50 页。

② 同上书，第 54 页。

③ 同上书，第 50 页。

④ 枣庄市地方史志编纂委员会编：《枣庄市志》，中华书局 1993 年版，第 43 页。

⑤ 同上书，第 39 页。

治、经济和文化等方面的建设发挥了积极作用，被八路军一一五师党委和第三地委所肯定，并作为典型在鲁南各县进行推广。从 1939 年年底至 1940 年年初，鲁南相继建立起邹县、郯城、苍马、费县、邳县、临沂、费北、费南、泰宁、东海、滕东 11 个县级民主政权，下辖 38 个区、171 个乡和 2100 个村①，基本完成了完整的行政体系的建构，为鲁南抗日民主根据地的巩固和发展奠定了坚实的基础。

　　1940 年 6 月，鲁南区党委在鲁南天宝山区的油篓村召开会议，会议除传达中央及一一五师相关文件外，还在对鲁南形势进行充分分析，对存在的问题进行反思的基础上，形成了四项决定，第一，决定撤销原第一区第三地委、第四地委，建立鲁南区第一地委、第三地委；第二，筹备召开鲁南各界代表会议，选举产生鲁南参议会和鲁南专员公署；第三，决定大力发展主力部队，扩大地方抗日武装，组建鲁南军区；第四，明确了充分发动群众，建立和发展抗日群众团体的一贯方针路线。② 这次会议进一步明确了今后鲁南地方抗日工作的方向，尤其强调了加强根据地政权建设的重要性，对推动抗日民主政权建设意义重大。

　　在基层政权不断充实发展的基础上，为了加强对鲁南地区抗日民主政权的领导工作，在上级党委的推动下，6 月 11 日，鲁南各界人民代表大会在费峄边区九子峪（现为枣庄市山亭区徐庄镇）召开。出席大会的代表有 400 多人，八路军一一五师政委罗荣桓、鲁南党委书记赵镈出席会议。罗荣桓在大会上做《关于抗日民主政府的性质和任务》的报告，向与会代表介绍了抗战的形势，着重向大家介绍了抗日民主政权的性质和任务。③ 大会通过充分的酝酿和民主协商，按照三三制原则，选举了鲁南区参议会，彭畏三为参议长，成立了鲁南行政专员公署，于化琪为专员，选举梁度世、邝任农、马华、万春圃、王天翼分别任第一、第二、第三、第

---

　　① 中共枣庄市委党史研究室：《中国共产党枣庄地方史》（第一卷），中共党史出版社 2005 年版，第 166 页。

　　② 同上书，第 163 页。

　　③ 黄瑶主编：《罗荣桓年谱》，人民出版社 2002 年版，第 133 页。

四、第五科科长。① 鲁南专员下设第一、第二、第三行署，第一行署主任为周兰田，管辖区域为邹东、费北、太宁、曲四宁；第二行署主任是丁梦荪，辖临沂、郯城、邳县；第三行署主任为刘折涛，辖临沭、东海、赣榆等县。另外，四县边联、费县、峄县等县直属专署管辖。② 鲁南专员公署的成立，使得鲁南抗日根据地范围内各县区有了统一的行政领导机构，是鲁南根据地民主制度建设的重大事件，对推动根据地的经济、政治和文化建设，尤其在团结各界爱国人士，动员群众拥护支持抗战有十分积极的意义。

第三节　整编地方抗日武装，坚持敌后抗日游击战

抗日根据地巩固和发展与抗日武装的发展与壮大是分不开的。建立强大的地方抗日武装，是打击日伪敌对势力，争取和打击顽固势力，团结中间力量的基本依托，既是鲁南抗日根据地建设的核心工作之一，也是坚持敌后抗战的首要任务。八路军一一五师到达抱犊崮山区时，这里有规模的抗日武装仅有张里元保安第二旅第十九团（以下简称十九团）名义下的苏鲁人民抗日义勇队第一总队，其他有四县边联地区发动农民组成的24个农民抗日自卫团，临沂、郯城、邳县等地以"青救会"名义组织的抗日武装。③ 这些武装大多缺少训练，缺乏装备，且十分分散，虽然在镇压土顽势力、打击日伪军方面发挥了一定的作用，对开辟鲁南抗日根据地立下了功劳，但随着抗日形势的发展，在鲁南一带急需在八路军一一五师的领导下，建立一支有统一领导的抗日军团，以统一训练、部署，在人员素质和军队战斗力方面大力提升。

一一五师到达鲁南时，先前所开辟的抗日根据地只有大炉、车辋附近

---

① 中共临沂市委党史资料征集委员会编：《中共临沂党史大事记（1927.7—1949.9）》，1988 年，第 64 页。

② 中共枣庄市山亭区委党史资料征集研究委员会编：《抱犊壮歌》，山东省新闻出版局1990 年版，第 78 页。

③ 同上。

十几个山区村庄。同时，这一带不仅有大批日伪军，还有国民党的东北军、地方杂牌军和土匪武装，各方关系极其复杂，但多数对中共领导下的武装和根据地并不友好甚至采取敌视态度。为此，一一五师在进入抱犊崮山区后，首先拔除了文王峪、白山、上下石河等日伪据点，打压了勾结日伪的几股封建土顽势力，又配合鲁南一区党委领导下的抗日武装，镇压了威胁抗日军民的敌对分子，初步在以大炉为中心的根据地基本区站稳了脚跟，打开了抱犊崮山区工作的局面。随后在抓紧进行抗日民主政权建设的同时，积极进行抗日武装建设。在中共山东分局和山东纵队、鲁南地委党组织的支持与配合下，将活动于鲁南各地的抗日武装相继进行了整编，主要有苏鲁支队、曲泗邹滕费五县边联游击队、峄县支队、鲁南支队、临郯费峄四县边联支队，以及活跃于峄南运河地区的运河支队、驰骋在临枣线上的鲁南铁道大队。整编后的这些队伍，列入八路军序列，在第一一五师的统一指挥下，积极配合主力部队，各展所长，对敌伪顽势力进行打击和袭扰，以鲁南铁道大队为代表、以枣临和津浦铁路为中心，以抱犊崮和微山湖为战略纵深，对日伪进行袭扰和打击，经刘知侠小说传播后，被广泛传诵为"铁道游击队"，成为抗日战争时期的一支神勇奇兵。

一　苏鲁支队的抗日活动

八路军苏鲁支队是抗日战争时期创建于鲁南地区时间最早、规模最大的一支著名的人民抗日武装。[①] 这支队伍在中国共产党和八路军一一五师的领导下，驰骋在鲁南大地，针对日伪顽及其他敌对势力，展开了艰苦卓绝的斗争，为鲁南抗日根据地的巩固与发展做出了突出的贡献。苏鲁支队是由当时鲁南地区的苏鲁人民抗日义勇队第一总队改编而来，此前，这支队伍是鲁南地方党领导的一支基干武装。

苏鲁人民抗日义勇队第一总队创建于1938年5月，8月转移到抱犊崮山区大炉一带。随后由于形势的发展，其名称和建制有几次变动，部队进入山区后，为了补充兵员，省委决定将刚组建的"临郯青年抗日义勇

---

① 中共枣庄市委党史研究室编：《苏鲁支队》，山东大学出版社1997年版，第1页。

队"和"四县边联常备队"大部人员编入一、二大队。9月上旬，又由于补充困难，经报请省委批准，义勇队改为"第五战区临沂专员公署保安司令部直辖第四团"，仍保持独立建制和独立行动，受苏鲁边区省委领导。1939 年 4 月，因统战关系和对敌斗争形势的需要，经报请边区省委批准，直辖第四团再次更改番号，称为"第二旅十九团"，仍保持原先建制并独立进行抗日活动的权利。同时，根据省委安排，将四县边联办事处领导下的保安直辖第二营编该部。苏鲁义勇队进入抱犊崮山区后，成功地展开了一系列针对日伪顽势力的斗争，对开辟敌后抗日根据地做出了重要贡献。

1939 年 9 月，八路军第一一五师师部及八六八团、师直特务营、师教导大队陆续到达鲁南抱犊崮山区，与第二旅第十九团会师。中共山东分局和山东纵队领导分析了鲁南的斗争形势，认为张里元已经受到国民党特务的影响和要挟，逐步与共产党疏远关系，随时有走向反动的危险，于是决定去掉张里元部的番号，10 月 1 日正式改编为八路军一一五师苏鲁支队。[①] 苏鲁支队建立后，一一五师抽调彭嘉庆、胡云生、吴世安、王根培、刘登元等红军干部和两个红军连队充实部队，以从整体上提升部队的政治和军事素质。支队长为张光中，政委李乐平（后改名彭嘉庆），参谋长胡云生，副参谋长阎超，政治部主任李荆山。支队下辖三个营：一营营长为刘清如，教导员司中峰；二营营长石世良，教导员杨广立；三营营长刘景镇，教导员张洪仪。苏鲁支部建立初期，在建制上仍隶属八路军山东纵队，山东纵队根据鲁南对敌斗争形势和苏鲁支队的实际，决定配合以一一五师为主的双重指挥和领导。此后，部队将士在一一五师的指挥和领导下，以老红军为榜样，加强了作风培养和军事练兵，军政素质不断提高，战斗力日益提升，逐渐成长为一支骁勇之师。

1940 年 1 月，出于加强部队组织建设、确立党对军队绝对领导的需要，部队在抱犊崮山区核桃峪村召开了苏鲁支队第一次党代表大会。出席

大会的有支队机关及所辖各营、枣庄铁道的党员代表。支队政委彭嘉庆、支队长张光中出席大会，张光中代表支队作了《艰苦奋斗，发展武装打击敌伪，扩大根据地》的报告，政治部主任李荆山作了《关于加强党的建设》的报告，会议还选举了中共苏鲁支队党委会。这次代表大会以后，支队党委加强了党的建设，党员数量不断增加，党的各级组织在支队中陆续建立，全体指战员的政治觉悟进一步提高。同时，部队的管理和训练逐渐走上正规化，通过制定各种规章制度，使其组织纪律大大加强，部队战斗力不断提高。

1940 年 2 月，苏鲁支队正式划入一一五师建制，其余一仍旧制。是年 12 月，中共中央发出"地方武装正规化"指示，八路军一一五师所部整编为 6 个教导旅。鲁南支队、苏鲁支队和独立大队合编为教导二旅，苏鲁支部改编为二旅五团，团长胡云生，副团长贾耀祥，政委曾明挑，参谋长王六生，政治处主任杨永松。① 从此，苏鲁支队正式升级为野战部队，为夺取全国抗战和解放战争的胜利继续努力。

苏鲁支队建立后，按照八路军一一五师的统一部署，由张光中率领第二营、第三营，南下郯马地区，配合苏鲁豫支队二大队和陇海支队南进游击支队的活动，先后进行了一系列抗击日伪顽的战斗。1939 年 11 月初，配合一一五师东进支队进攻郯城土顽头目、国民党郯城县长阎丽天盘踞的重镇马头，接着又攻克郯城收复了重坊镇，在两次战斗中，苏鲁支队都积极配合，表现极为突出，给予日伪顽军以沉重的打击。此外，又在找埠一带配合栗培元临郯独立团歼灭土匪 200 余人，缴获机枪 1 挺，步枪 100 余支。② 这一系列胜利的取得，极大鼓舞了当地人民群众的抗日热情，对进一步开辟和巩固苏鲁边区敌后抗日根据地，打通苏北与鲁南的联系，做出了积极贡献。

1939 年下半年，滕峄边地区的日伪顽势力仍十分嚣张，对我抗日根据地的建设仍构成很大威胁。9 月，滕东县委经过酝酿商议，将"滕县独

① 中共枣庄市委党史资料征集研究委员会编：《枣庄地区党史资料》（第五辑，人民抗日义勇队专辑），1987 年，第 18 页。

② 中共枣庄市委党史研究室编：《苏鲁支队》，山东大学出版社 1997 年版，第 10 页。

立营"改为"滕县县大队"。大队长为朱慕唐，教导员杨海娃，副大队长李贵斌。这是一支小规模的人民抗日武装，但仍引起了敌对势力的仇恨，国民党滕县县长周侗于是同夏镇汉奸陈士俊进行勾结，由陈向日军报告了滕县县大队在滕西活动的情况，企图借日军之手对其进行剿杀。10 月，日军将县大队包围。县大队成员虽然在群众的帮助下突围，但武器几乎全部丢失，损失惨重。① 是月，一一五师滕东工作团成立，分赴邹、滕、泗、费、峄等各县县委开展工作。11 月，峄县抗日民主政府在抱犊崮山区正式成立，滕县县大队也重新成立。鉴于当地的严峻形势，一一五师决定派苏鲁支队第三营在支队长张光中的率领下，协助峄县政府开展工作，同时保护新生的抗日民主政权。为了打开工作局面，苏鲁支部对滕东的日伪顽势力实施了军事打击。在滕县县大队的配合下，苏鲁支队于东江、驳山等村收缴了申宪武部第七纵队三团朱十英所部及国民党别动队第五梯队第四十三游击队支队王玉森所部的步枪 540 支，俘获其头目朱十英、王玉森②，给予当地国民党顽固派以沉重打击，起到了敲山震虎的作用。同月，苏鲁支队二营在凫山一带与日军遭遇，经过一昼夜的激战，毙伤敌伪百余人。③ 12 月 26 日，梁兴初率苏鲁支队第四大队，在滕费公路上的险要隘口兑头沟伏击日军运输队，歼敌 90 余人，缴获迫击炮 4 门、电台 1 部、满载枪支弹药等物资的大车 60 余辆。④ 苏鲁支队数场战斗的胜利，为之后一一五师在滕东徐庄（现属枣庄市山亭区），东、西良子口，东、西柴胡一带地区工作的开展创造了条件。

1940 年 2 月，苏鲁支队奉命配合一一五师主力，参加了攻打白彦的战斗。白彦是鲁南大地主、汉奸孙鹤龄盘踞的地方，也是日军在鲁南山区的重要据点，常驻有孙部千余人及部分日军，严重威胁着抗日根据地的安全。为了拔掉这颗钉子，2 月 14 日，一一五师调集所部六八六团、特务

① 中共滕州市委党史办公室编：《中共滕县党史大事记（1930—1949）》，1990 年，第 40—41 页。

② 同上书，第 41 页。

③ 中共枣庄市委党史办公室编：《中共枣庄地区党史大事记（1921—1949）》（征求意见稿），1987 年，第 83 页。

④ 黄瑶主编：《罗荣桓年谱》，人民出版社 2002 年版，第 111 页。

团和苏鲁支队，集中力量对白彦之敌发起攻击。张光中所部苏鲁支队负责攻打白彦东北部的魏庄、苗庄日伪据点。张光中与彭嘉庆率领的苏鲁支队兵分两路，同时发起攻击。先由突击队突破敌人防线，大部队随即跟进，冲入村内据点，迅速完成了攻击任务。此役歼敌百余人，缴获汉阳造步枪100多支。[①] 接着，苏鲁支队又配合一一五师主力对白彦及其周围据点的敌人发起进攻，经过两昼夜的激战，突破了全部据点，毙伤孙部数百人之众，端掉了孙鹤龄的老巢。

敌人受到打击后，不甘心退出白彦，随后纠集兵力连续数次向白彦反扑。但由于白彦是开发天宝山抗日根据地的必经之地，必须坚守，于是一一五师与日伪军之间更加激烈的战斗就不可避免地发生了，苏鲁支队继续配合主力参战。3月7日，日伪纠集了滕县、城前、峄县、费县、梁邱及平邑等地的兵力4300余人，前后三次向白彦发起攻击。在苏鲁支队的配合下，一一五师奋起反击，经过14昼夜的连续作战，打死、打伤日伪军800余人，缴获长短枪350余支及大批弹药和其他军用物资，取得了白彦争夺战的胜利。这次胜利，粉碎了敌人夺回白彦的企图，切断了敌人占据的费滕公路，解放了费南大片地区，为鲁南抗日根据地的进一步扩大与发展奠定了基础。

4月14日，仍不甘心的日伪军又集中第三十二师团、第二十一师团、独立第六和第十混合旅团各一部共8000余人，从邹县、滕县、枣庄、峄县、临沂、费县等据点，分成十几路，对抱犊崮山区抗日根据地进行大规模的合围扫荡，企图一举消灭抗日军民。一一五师内线部队在抱犊崮山区的大炉、车辋、埠阳机动灵活地与敌伪军周旋，选择时机在大炉以西的西宗光峪、滕县东部的核桃峪、车辋以西的潘庄等地主动出击，打击日军。苏鲁支部与教导大队、第六八六团等一起与日军在外线作战，在滕费设伏，歼灭日军100余人，随后又在核桃峪一带击退日军的多次进犯，在山亭东南的横岭、磨庄一带遭到日军800余人的包围后，奋力冲破包围圈，安全转移。经过一个多月的英勇奋战，一一五师所部共与敌进行大小30

---

① 中共枣庄市委党史研究室编：《苏鲁支队》，山东大学出版社1997年版，第12页。

多次战斗，毙伤敌军2200余人，彻底粉碎了敌人的合围扫荡。由于在这次反扫荡中的突出表现，苏鲁支队长张光中和政委彭嘉庆受到一一五师首长的表扬。

1939年年底，邹东县委、县政府相继建立，邹滕东抗日根据地工作初步展开。但是这一带的敌伪顽势力十分强大，除了日伪军外，土顽申宪武部、李延寿部、张显荣部、刘昭汉部结成反动同盟，对抗日根据地封锁、袭击，对抗日民主政权和武装构成巨大的威胁。1940年9月，土顽申宪武、东刘昭汉和李延寿、张显荣等所部2000余人，将邹县县委和县大队围困在东18盘山区。① 为了解除邹东抗日根据地的困境，一一五师命彭嘉庆率苏鲁支队第二营500余人赴邹东打击土顽势力。苏鲁支队到达邹东后，直扑申宪武驻地田黄，申部仓促应战，大败而逃。是役毙伤俘获顽军200余人②，巩固了邹东根据地。随后在田黄进行了短暂的修整，接着又对小山后、小河、三教湾等多处顽军进行打击，拔除据点，相继解放了18个村镇，进一步扩大了邹东抗日根据地。

苏鲁支队在邹东地区的活动引起了邹县、曲阜日军的高度戒备，出于限制中共抗日武装发展的目的，他们纠集兵力数百人，于9月底向田黄苏鲁支队驻地发动攻击。彭嘉庆率领苏鲁支队进行了周密的部署，在田黄北部肖山、尼山一带歼灭日伪军100余人。10月，驻兖州日军再次纠集日伪军400余人扫荡邹东抗日根据地，企图一举消灭苏鲁支队。彭嘉庆在邹县县大队和五县游击支队的配合下，制定了伏击敌人的方案，在罗头大沙河重创敌军，使其狼狈逃窜。是役共歼敌200余人，缴获大批武器弹药、粮食等物资。③ 苏鲁支队在邹东连战皆捷，极大地鼓舞了抗日军民的士气，对日伪顽势力起到了严重威慑作用，使其再不敢轻易滋扰百姓，保护了根据地的安全。

1940年5月，一一五师派张光中携苏鲁支队三营开赴峄南地区，协

---

① 中共临沂地委、枣庄市委、济宁市委党史征委会编：《鲁南地区党史大事记》（送审稿），1986年，第111页。

② 同上书，第111页。

③ 中共枣庄市委党史研究室编：《苏鲁支队》，山东大学出版社1997年版，第15页。

助运河支队和峄县县大队粉碎日伪顽势力的反动阴谋，以巩固黄邱套抗日根据地。1939 年 11 月至 1940 年年初，在八路军一一五师的帮助和支持下，在中共峄县县委的领导下，峄县抗日民主政府、运河支队以及峄县支队相继成立，标志着以黄邱山套为中心的抗日游击根据地基本形成。① 但抗日武装仍受到这一带的日伪顽势力的包围和敌视，在 5 月初的反扫荡斗争中，峄县支队二大队参谋长孙伯英牺牲，干部战士伤亡 50 余人②，损失惨重，根据地抗战形势相当严峻。苏鲁支队在南下途中，相继端掉花山头和葛针园伪顽据点，歼敌 70 余人。到达峄南棠阴、周营一带后，即着手重建地方武装，峄县支队迅速重建。苏鲁支队在峄南地区，与运河支队、峄县大队、鲁南铁道大队等地方抗日武装密切配合，开展了打击敌伪顽势力的活动，取得了一系列的胜利。如 1940 年 8 月，苏鲁支队三营在和运河支队在运河南岸之峄、滕、铜边境，一举打退国民党苏鲁边区游击司令韩治隆，第五战区第三支队司令梁继璐和国民党峄县县长陈鉴海等部两千余人的联合进攻，俘顽营邢焕章以下 60 余人。③ 9 月 12 日（农历八月十一），苏鲁支队又和峄县支队、运河支队一起发动了讨伐孙茂墀的战斗，在古邵镇西洛庄村将其所部团团包围，然后一面以火力强攻④，一面采取瓦解涣散敌人军心的战术，迫使孙于 15 日屈服，打击了其嚣张气焰。这样在苏鲁支队的支持下，在峄南运河两岸党、人民和地方武装的共同努力下，运河地区的根据地建设取得了较大进步，党的组织得到较大发展，人民群众参加抗日的热情进一步高涨，各项工作蓬勃开展起来，阴平一带甚至还出现了"小大炉"⑤ 的兴盛景象。

　　1940 年 10 月，山东分局和八路军一一五师决定建立鲁南军区，由邝

① 中共枣庄市委党史研究室编：《枣庄革命画史》，中国文化出版社 2013 年版，第 109 页。

② 枣庄市地方史志编纂委员会编：《枣庄市志》，中华书局 1993 年版，第 38 页。

③ 中共临沂地委、枣庄市委、济宁市委党史征委会编：《鲁南地区党史大事记》（送审稿），1986 年，第 109 页。

④ 政协枣庄市峄城区文史资料委员会编：《峄城文史资料》（第五辑），1992 年，第 128 页。

⑤ 中共枣庄市峄城区党史征集研究委员会编：《中共枣庄市峄城党史大事记》，1989 年，第 55 页。

任农任军区司令员兼政委。1940 年年底，张光中接替邝任军区司令员，赵镈兼任军政区委。苏鲁支队编入八路军一一五师教导二旅五团，由胡云生任团长，王根培任副团长，彭嘉庆任政委。至此，苏鲁支队正式编入八路军主力部队序列。

二　鲁南铁道大队的建立与独具特色的铁道游击战

鲁南铁道大队是中国共产党和八路军领导下，在枣庄抗日情报站基础上建立的一支小型的地方人民抗日武装。这支队伍建立于 1939 年冬，主要活动于津浦铁路鲁南段和临枣铁路支线上。他们以铁路为中心，在车站和铁路沿线神出鬼没，截击敌军列车、夜袭洋行、破坏铁路、炸桥梁、端据点、捉汉奸，搞得日伪军惊恐万状。抗战后期，这支人民武装的主要任务是保障党的秘密交通线的安全，在护送干部、传递文件、运送军用物资等方面发挥了重要作用，在战斗中机智勇敢地创造了铁道游击战的神话，为鲁南抗日根据地的巩固与发展，争夺全国抗战的胜利贡献了应有之力。

1938 年 3 月，枣庄沦陷。为了控制枣庄，以掠夺本地丰富的煤炭资源，8 月，日军少尉分队长松岗贼雄带领宪兵 20 余人进驻枣庄，建立了枣庄日本宪兵分遣队；后来，另一个头目儿玉，又带领 5 个中队来枣庄，驻在西车站南大兵营内，前后日军驻枣庄约 300 人。日军又笼络了大批汉奸败类，组建了严密的日伪统治网，对全城实施监控，枣庄人民陷入敌人的白色恐怖之中。

同年 8 月，中共苏鲁豫边区特委及所属苏鲁人民抗日义勇队第一部队撤出枣庄，向抱犊崮山区转移后，为了加强对枣庄抗日活动的领导，及时获取枣庄日伪情报，派遣洪振海、王志胜返回其家乡陈庄，建立了枣庄矿区秘密情报站。在枣庄矿区，王志胜在洋行谋取了搬运工的工作，洪振海做煤炭生意，以此作为身份掩护，秘密发展情报人员，获取日伪情报，并及时送往山里抗日根据地。在二人的积极努力下，部分失业工人、铁路工人和其他群众逐渐被发展成为情报员或外围成员，情报站甚至还获得了部分伪矿警、路警和伪军爱国青年的支持。王志胜等人不仅获取大量情报送往山里，还利用获取的情报择机对日伪军进行打击。1939 年 8 月，二人组织力量夜袭日军特务机关正泰国际洋行，打死日特头目2人，伤1人，缴获长短枪各1支。[①] 10月，王志胜升职为洋行搬运工头，他通过情报获知日军有一批军火待运，随后与洪振海决定趁夜扒车搞武器。他们集合了徐广田、曹德全、赵永泉、李荣兰、赵连有等情报人员，经过周密计划和分工，搞到两挺机枪、13支马大盖步枪和两箱子弹，随后送往抗日根据地，受到苏鲁支队领导的表扬，获得两支手枪和500元钱的奖励。几次突袭的成功，大大提振了士气，情报站队伍进一步扩大，到1939年11月，枣庄抗日情报站成员已发展到8人。随着规模的扩大，结合近期日军多次遭袭的情况，枣庄情报站工作逐渐引起日伪人员的警觉。为了有一个合法的职业掩护，情报站在陈庄办起了"义合炭场"，经营煤炭生意。煤炭生意不仅为情报站提供了职业掩护，还解决了活动经费问题，为获取更多情报创造了条件。

1939年12月，遵照上级关于建立地方抗日武装的指示，洪、王二人以枣庄情报站为基础，建立了"枣庄铁道队"[②]，以洪振海为队长，赵连有、王志胜为副队长。铁道队建立后，经洪振海、王志胜多次请求，苏鲁支队派杜季伟任政委。铁道队队员主要是铁路工人、失业矿工和城市贫民出身，曾长期活跃在铁路沿线，练就了一身扒火车的绝技。他们抗日热情很高，但纪律较为松弛，不愿意受约束，其打架斗殴、大吃大唱及赌博等恶习一时还难以改正。1940年2月，杜季伟到铁道队任政委，并宣布部队番号为"鲁南铁道队"，经过一段时间的工作，发展了王志胜、赵永泉、曹德清、徐广田等部分人加入了中国共产党，并建立了党支部。1940年4月，又抽调部分队员在枣庄西南的小屯兴办了训练班，进一步提高了参训人员的斗争觉悟和组织纪律性。[③]

1939年年底，在临城至韩庄的津浦铁路两侧，以孙茂生为首的20余人，创建了一支铁道队。其主要成员有李延碧、刘泉城、孙茂生、田广

---

① 中共枣庄市委党史办公室编：《鲁南铁道大队纪实》，中共党史出版社1992年版，第34页。

② 同上书，第6页。

③ 同上书，第35页。

瑞、杨茂银、徐广田等人，这群人原是自发结伙扒火车搞物资，破坏津浦铁路线，后被中共滕沛边县委发现，经过宣传教育，他们表示愿意接受中国共产党的领导，共同抗日。随后在滕沛边县委的帮助下，组建队伍，共6个小分队，20余人，队伍被命名为"临城铁道队"。这支队伍成立后，仍以在津浦铁路线扒货车为主要工作。后来搞到枪支，在微山、郯山一带参与打击敌人的斗争。时隔不久，在临城以北东辛庄，在滕沛边县委的帮助下，成立了临北铁道队，共计20余人，田广瑞为队长。临北铁道队主要活动区域是临城以北津浦铁路沿线的东辛庄、水寨、永福庄、官桥一带，他们出没于铁路间，破坏敌人交通线，不时袭扰小股之日伪军。

鲁南铁道队成立以后，由于党加强了对其管理和培训，队员的军政素质有了较大提升，队伍的组织纪律性也不断加强。他们在上级党委的领导下，以开炭场为身份掩护，不仅赚取了更多的活动经费，还收集了更多的可靠情报，为根据地党和部队的行动决策提供了重要的依据。经过3个多月的发展，队伍也壮大到30余人的规模。但鲁南铁道队的存在，严重干扰了日伪军的行动，使他们的扫荡多次扑空，于是对炭场产生了怀疑。1940年5月，铁道队一名队员无意泄露了炭场秘密，3名队员被捕，炭场也被查封，铁道队被迫转移至枣庄西部的齐村等地活动，公开打出了"八路军鲁南铁道队"[1] 的番号，以临枣铁路支线为战场与敌人展开了英勇顽强的斗争。

撤出枣庄后，鲁南铁道路又一次发动了袭击洋行的战斗。5月下旬，在铁道队由齐村一带转移时，他们获知驻枣庄的日伪军将扫荡山区。为了打击并牵制敌人的行动，铁道队选择再次夜袭洋行。行动前，部队做了详尽周密的计划，并报上级党委批准。行动当晚，精选的32人被划分为5个战斗小组，每组4人，配3把大刀，一支短枪。他们从洋行南房背后掘洞进入洋行，一举杀死13名日本特务和1名翻译。[2] 缴获长、短枪3支和其他战利品一宗。日军得悉后，铁道队早已经转移到了安全地带。

---

① 中共枣庄市委党史办公室编：《鲁南铁道大队纪实》，中共党史出版社1992年版，第9页。

② 同上书，第36页。

6月，鲁南铁道队继续开展打击和牵制敌人的战斗，在津浦铁路线成功地袭击了敌人的混合军列。经大队长洪振海和杜季伟的商议，由大队成员分别化装成商人、工人或农民，携带美食、美酒在峄县登上列车，洪振海、曹德清控制了车头，掌握列车行驶，王志胜带领一个短枪班在四孔桥设伏，监视敌人。时机成熟以后，车厢内的队员同时行动，杀死了押车的8个日军。缴获步枪、手枪各4支。① 曹德清把列车停在四孔桥后，队员们把列车上的布匹、商品卸下，转移到山区，支援根据地军民的抗战。

1940年7月，根据形势发展的需要，为了加强对地方抗日武装的统一领导，经五县工委的请求协商，并向苏鲁支队请示，枣庄和临城的三支铁道队合编为"鲁南铁道大队"。大队长为洪振海，副大队长王志胜，政委为杜季伟，大队下辖4个中队：以枣庄铁道队为一中队，中队长徐广田，指导员赵保凯，主要负责区域为临枣支线；二中队为原临城南铁道队，中队长孙茂生，主要负责区域为津浦铁路临城至韩庄段；以原临城以北的铁道队为三中队，中队长田广瑞，副中队长杨茂田，主要活动区域为临城至兖州段；以原铁路工人入伍的队员为第四中队，主要职责是负责破坏敌人的交通运输线。② 此外，还把铁路两旁的农民组织起来，组建了掩护队。合编后，全大队人数有150余人，成为一支有一定规模的地方抗日武装。此后，这支队伍在中国共产党和八路军的领导下，活跃在津浦铁路枣庄段和临枣铁路沿线，以及微山湖以东的城镇与乡村，以铁路和日伪据点为袭击对象，以破坏敌人交通线和截取物资为主要手段，同日伪顽势力进行激烈的斗争，对沿线敌人起到了极大的震慑作用，成功地配合了八路军主力的作战。

1940年秋，日伪军加紧了对临城、微山湖一带的扫荡；国民党顽固

---

① 中共枣庄市委党史办公室编：《鲁南铁道大队纪实》，中共党史出版社1992年版，第37页。

② 中共枣庄市委党史办公室编：《鲁南铁道大队纪实》，中共党史出版社1992年版，第37页；中共微山县委党史资料征集研究委员会办公室编：《微山党史资料》（第四辑），1986年，第76页。

势力也变得更加反动，逐渐与日伪勾结在一起，企图联合剿杀抗日武装；枣庄、峄县一带的伪军还组织自卫联防，形成严密的军事控制网，限制铁道队的活动。这一切都给鲁南铁道大队的生存带来极大的威胁。这一时期，鲁南铁道大队的成员骄傲自满情绪也日益上升，慢慢地脱离了群众，经常在群众中犯各种错误。基于此，刚刚组建的鲁南军区为了保存革命的有生力量，也为了加强对部队的整训，命令鲁南铁道大队转移到山区进行整训。经过一个多月的整训，部队的军政素质和组织纪律观念有了较大提高。同时，在整训期间还在部队中发展了一批党员，对基层党组织和部队领导机构进行了调整和充实，调整提拔了一批骨干任中队长，为部队战斗力的提高和进一步发展壮大打下了良好的基础。

出山以后，鲁南铁道大队仍主要活动在津浦铁路线两侧，以微山湖为依托打击敌人。8月，在峄县大队副大队长褚雅青和鲁南铁道大队副大队长王志胜的共同指挥下，攻克了微山岛。打死打伤伪军百余人，俘敌40余人，缴获枪支百余支，其他物资一宗，其中包括日军服百余套。微山岛的解放使鲁南铁道大队在湖区的局面逐渐打开，开辟了湖区抗日根据地，为包括鲁南铁道大队、运河支队和微湖大队在内的地方抗日武装开展游击战拓展了战略纵深，使之和抱犊崮山区抗日根据地遥相呼应，使游击战进退有据。

鲁南铁道队攻打微山岛，一个重要的原因是当时微山湖以东地区的形势更加严峻。这期间，日伪增派兵力，增设了据点，在各交通要道增设岗哨，控制极为严密。在艰苦的斗争环境中，部分队员经不住考验，加上敌人的引诱拉拢，公然投敌当汉奸，这种新情况的出现，是对这支队伍新的严峻考验。针对这种形势，铁道队经过认真研究，并报请军区批准，对部队人员进行精减。对那些经不起艰苦环境考验、情绪低落者，一律剔出队伍，进行妥善安置，并委派地方党组织和情报机站进行教育和观察。精编后的队伍仅剩下队员20余人，但都是军政素质过硬的骨干。随后，他们又充分调动队员的抗日积极性，发动和依靠群众，在敌人占领区很快恢复了多处抗日情报站，重新构建了情报网。此外，还展开对敌政治斗争工作，重点开展了对伪体系的分化瓦解，一是对那些作恶多端且又顽固不化的伪乡、保长，叛徒进行坚决打击；对那些表面为敌服务，但愿意为我服务的人员予以鼓励，讲明政策，充分发挥他们的作用；对那些中间势力则开展记"红黑点"的推进工作，督促他们向好的方面转化。以此，在较大程度上控制了伪警察和伪乡保长等势力，减轻了部队的压力，并很快扭转了被动局面，进一步恢复并扩大了抗日游击区。

1941年夏，为了牵制打击日伪军，配合山区抗日根据地的反扫荡，鲁南铁道大队加紧了对敌打击，搞了几次较大的突袭行动。7月的一天晚上，铁道队派队员化装成伪军进入临城火车站，划分了3个战斗小组，刘金山、王志胜、徐广田分为第一小组，任务是负责打死高岗和石川卫兵，没收其枪支；第二组由曹德清、孟庆海带6名队员，任务为化装成伪军潜伏在车站，待战斗打响后，堵住伪铁路警备队室大门，迅速制服他们，并收缴其枪支；第三组为李云生、梁传德所率领的10余名队员，其任务是在洪振海和杜季伟的统一指挥下，在车站负责打增援。由于有周密的部署，这次突袭仅用了10多分钟就完成了战斗任务，第一、第二小组携带战利品在第三小组的接应下返回驻地。据回忆，这次夜袭临城行动极其迅速，敌人完全没有反应过来，突袭完成后，队员们"一口气跑出约5里路时，才听到整个临城到处是枪声和狗叫声"[1]。此役打死日本特务高岗、石川，击伤日军1名，缴获步枪30余支、手枪3支、机枪2挺，子弹数千发，大获成功。同时，在撤退时，队员们还制造了伪军阎成田团偷袭的假象，激化了他们之间的矛盾，致阎团武装被解除，起到一箭双雕之效。

是年冬，鲁南军区被服厂遭敌人袭击，无法再生产部队越冬棉服。军区指示鲁南铁道大队想办法解决主力部队的冬衣问题。接到指示后，铁道大队领导即刻研究落实。11月间，通过情报得知有一列即将通过的客车后尾挂三节货车装有布匹等，沙沟车站副站长张允骧提供情报并同意协助。铁道大队与微湖大队领导共同研究了截车计划，并做了明确的分工，又发动了周边数百名群众协助搬运工作。当晚子夜时分，当目标火车通过

---

① 中共枣庄市委党史办公室编：《鲁南铁道大队纪实》，中共党史出版社1992年版，第57页。

沙沟车站南的拐弯处时，洪振海、刘金山等人在张允骧的协助下剪断风管，拔下插销，载货车厢与整列火车脱节，停留在预定地点。队员和群众组成 250 余人的搬运小组迅速行动，将 1200 余匹布匹、200 余件皮箱、日军服装 800 余套，呢料、毛毯、医药器材等大宗物资迅速转移，随后送往山里，支援了鲁南、滨海军区部队，并救济了周边部分贫苦群众。①

随后，经上鲁南军区请示，鲁南铁道大队以缴获的枪支装备了一个长枪队，军区并指派政治部保卫干事赵宝凯任队长兼指导员，调五团三营排长赵永泉任副队长。队伍被编为 4 个连队，其中 1 个短枪队，3 个长枪队。按照上级指示，部队成立了党总支，由杜季伟任总支书记，赵保华任副书记，组织委员王志胜。其他委员还有郑林川、张建中、陈有吉、张建波、孙茂生、张英、徐广田、赵保凯等。② 还在各中队配备了政治指导员，加强了基层党组织建设，进一步提升了部队的政治觉悟，大大加强了部队的凝聚力，提高了战斗力。

1941 年 12 月下旬，日军驻临城特务头子松尾率队化装进入临城西南的六炉店村，企图活捉在这里开会的大队队长洪振海等人。幸在松尾进村时被女交通员郝贞发现并及时汇报，随即展开追捕行动，俘获其 2 人，松尾则侥幸逃脱。第二天，临城日伪军纠集 1000 余人包围六炉店，此时大队人员已经转移。日伪军又到黄埠庄（今属微山县昭阳街道）寻找并与之遭遇，洪振海在与敌人激战中不幸负伤，壮烈牺牲。

洪振海牺牲后，经政委杜季伟提议，民主选举刘金山为大队长、赵永泉为副大队长。1942 年 5 月，经报请军区批准，刘金山正式就任大队长，杜季伟、王志胜分别任大队政委和副大队长，队伍被重新编为 4 个中队，徐广田、曹德清、陈有吉、张建中分别被任命为第一、第二、第三、第四中队中队长，全队有 200 余人。③

---

① 中共枣庄市委党史办公室编：《鲁南铁道大队纪实》，中共党史出版社 1992 年版，第 38 页。

② 中共微山县委党史资料征集研究委员会办公室编：《微山党史资料》（第四辑），1986 年，第 76 页。

③ 中共枣庄市委党史办公室编：《鲁南铁道大队纪实》，中共党史出版社 1992 年版，第 38 页。

1942 年春，日军推行以"治安肃正"、"总力战"、"囚笼政策"和"保甲制度"为内容的第四次"治安强化运动"，山东日军纠集徐州、济南、青岛等地的日伪军对鲁中南抗日根据地进行疯狂扫荡，鲁南地区的抗日斗争随之也进入最为艰苦的阶段。鲁南铁道大队为了打破敌人的阴谋，迟滞敌军的行动，分成 4 路破袭敌人的铁路交通线。第一路由王志胜带领，在枣、临线上，使敌人两列火车相撞；第二路由陈有吉带领，在临城以南破坏铁轨，使日军列车在塘湖北翻车，20 多节车厢脱轨；第三路由杜季伟带领，在临城以北张桥一带破坏敌人电线；第四路由徐广田带领破坏临城以北敌人铁路 10 余里。这次破击战，给日军铁路运输造成严重困难，为我军安全转移赢得了时间。[①] 4 月 20 日，日伪军纠集临城、沙沟、塘沽、韩庄、夏镇等据点的日伪军 3000 余人扫荡微山湖区，向微山岛根据地发起攻击。当时驻扎在岛上的抗日武装，除鲁南铁道大队外，还有微湖大队、运支一大队、峄县大队、沛滕边县大队和水上区中队以及地方党政机关人员，共计 2000 余人。[②] 为了统一行动，各武装成立了联合指挥部，公推运河支队一大队长邵子真为总指挥，铁道大队副大队长王志胜、峄县大队副队长褚雅青、微湖大队大队长张新华、水上区区长黄克俭为副总指挥。指挥部设在吕蒙村，邵子真与教导员唐绍钦率运河支队一大队四中队 100 余人驻守；铁道大队 30 余人、滕沛大队 30 余人分守大、小官庄；微湖大队 100 余人守墓前村；褚雅青率峄县大队 30 余人和运支一大队八中队守微山岛门户杨村渡口；水上区中队和微山湖办事处负责指挥群众转移。[③] 在联合指挥部的统一指挥下，各部明确分工，在各自的战斗位置与敌人进行了激烈作战。双方激战 10 余小时，伤亡都比较大，最后指挥部决定立即突围。鲁南铁道大队在王志胜的带领下，穿上已经准备好的敌军服装，化装成敌人，然后由反战同盟的日本人小山口、田村伸树与日

①　中共微山县委党史资料征研委员会编：《中共微山县党史大事记（1928—1949）》，中共党史资料出版社 1990 年版，第 74—75 页。

②　此数字据王志胜回忆，参见中共枣庄市委党史办公室编《鲁南铁道大队纪实》，中共党史出版社 1992 年版，第 49 页。

③　中共微山县委党史资料征研委员会编：《中共微山县党史大事记（1928—1949）》，中共党史资料出版社 1990 年版，第 77 页。

军用旗语联系，才安全突围。① 但兄弟武装牺牲较大，褚雅青在战斗中身负重任，在战友们突围后，饮弹自尽，微山岛重新落入日伪军之手，周边抗日武装失去了一个后方基地，斗争环境变得更加恶劣。

微山岛突围以后，鲁南铁道大队再次转移到山区进行整训。后又出山，接受新的任务，即返回枣庄打通津浦路和微山湖交通线。其时，是我国抗日战争最为艰苦的岁月，在敌人的频繁扫荡、蚕食下，鲁南山区根据地被严重挤压。湖滨平原上，敌人的碉堡林立、沟路纵横。从华中经山东通往延安的秘密交通线完全被切断，当时急需打通并保障这条秘密交通线的安全。针对这种情况，鲁南铁道大队除了重点镇压以外，还开展了"武装大请客"，集中力量把微山湖以东地区的伪乡、保长全部请到山里进行集中受训。对少数罪大恶极且又顽固不化者进行坚决镇压，是年7月，铁道大队返回微山湖区以后，首先搞掉了湖边"剿共"司令殷华平，又除掉了西万的恶霸地主、伪乡长张步峰。经过一系列有选择的重点打击，微山湖东、铁路沿线的伪保长、乡长和地主都有所收敛，有的还悄悄地向进步方向转变，为打通秘密交通线创造了条件。随后，鲁南铁道大队在鲁南区各地方党组织的支持与帮助下，并在各抗日武装的共同配合下，于1940年夏，重新解放了微山岛，毙伤日伪军百余人，缴获大批枪支弹药。② 重新打开微山湖区的抗日局面，完成了打通津浦铁路线的任务。

1942年3月，中共中央派刘少奇同志由华中来山东检查工作。7月下旬，刘少奇在曾国华和王六生护送下，由滨海回延安到达鲁南。鲁南铁道大队接受了护送刘少奇同志跨越津浦铁路到湖西的任务，政委杜季伟、大队长刘金山、副大队长王志胜、赵永泉等大队领导做了明确分工。他们在教导旅二旅曾国华带领的警卫排的配合下，白天休息，夜间行军，沿途经过多处日伪封锁线和据点，跨越枣台铁路，到达鲁南铁道大队活动区的第一站小北庄，随后又在铁道大队短枪队的护送下，机智地经过日伪据点，

① 中共枣庄市委党史办公室编：《鲁南铁道大队纪实》，中共党史出版社1992年版，第49页。

② 同上书，第50页。

躲避日军巡逻队，到达微山湖畔的乔庄。当夜又紧急与微湖大队取得联系，安排护送刘少奇上船，由于湖西有敌情，刘少奇在湖上待了5天。期间，刘少奇召集微山湖区党政负责人召开了工作会议，对抗日工作做了如下指示：一是强调湖上交通线是中央至山东、华中的交通命脉，要千方百计使其畅通无阻；二是当前敌强我弱的情况下，我军行动不要过于刺激敌人，要做好敌工工作，必要时可以请客送礼拉关系；三是强调积极搞好政权建设，扩大武装；① 四是要求活动在这个地区的几支抗日武装统一领导和指挥，实现党的一元化领导②。刘少奇的指示为微山湖东地区的敌后抗日工作指明了方向，强调了正确开展敌后工作的基本方针和方式、方法，为这一带抗日武装度过困难期、继续坚持抗战鼓舞了斗志。

9月，根据抗战斗争形势发展的需要，鲁南军区指示活动在微山湖东的几支抗日武装在洪洼（今属枣庄市薛城区）进行了整编，成立了鲁南军区独立支队。由张新华任支队长，孟昭煜任政委。支队下辖4个大队：一大队由微湖大队改编，大队长由张新华兼任，政委孙新民，副大队长胡桂林；二大队由鲁南铁道大队改编，大队长刘金山，政委杜季伟，副大队长王志胜；三大队由滕沛大队改编，大队长钟勇飞，政委李明，副大队长傅保田；四大队由峄县大队改编（续编），大队长曹杰，政委刘亦夫。③大队的中心任务是打击、瓦解和争取日伪军政人员，巩固和扩大微山湖东地区抗日根据地，最终实现保障山东、华东和华中至延安交通线鲁南段的安全和畅通。鲁南铁道大队改编后习惯上仍称铁道队，其中心任务是保障交通线的安全，负责对上联络和湖东陆路的交通安全。④ 除刘少奇外，还护送罗荣桓、陈毅、萧华、朱瑞、陈光等重要领导数十次，包括其他同志

---

① 中共临沂地委、枣庄市委、济宁市委党史征委会编：《鲁南地区党史大事记》（送审稿），1986年，第138页。

② 中共枣庄市委党史办公室编：《鲁南铁道大队纪实》，中共党史出版社1992年版，第21页。

③ 中共微山县委党史资料征研委员会编：《中共微山县党史大事记（1928—1949）》，中共党史资料出版社1990年版，第82—83页。

④ 中共枣庄市委党史办公室编：《鲁南铁道大队纪实》，中共党史出版社1992年版，第21页。

共有千余次之多，还传递文件、运送军用物资，从未出过差错。因此，受到中央军委的电报嘉奖和中央首长的多次表扬，被罗荣桓盛赞为"像一把钢刀插入敌人的胸膛"①，是党中央建立秘密交通线战略中不可或缺的重要环节，有着特殊的贡献和地位。

同月，为了加强湖东地区的政权建设，鲁南区党委决定成立滕沙工委、运北工委，中共临沙工委，运北工委成立，鹿广连任临沙工委书记，委员杜季伟、朱奇民；刘向一任运北工委书记，委员张允峥、刘亦夫。其主要任务是开展运北及津浦路两侧的对敌斗争。10 月，滕沙工委又相继建立了两个区委及政权组织，峄县二区书记由鹿广连兼；临沙区委书记为段海城，区长褚雨田。② 在鲁南铁道大队活动的区域范围内，党政军民齐心协力，多次粉碎敌人的"治安强化运动"，度过了抗日战争最艰难的阶段。

1943 年 4 月，杜季伟调鲁南军区党委学习，接着任枣庄工委书记。大队政委由文立正兼任。1944 年秋，由于部队不断出击，先后拔掉了滕沛峄边地区除枣临车站外的据点，微山岛、夏镇等地也均被收复。鲁南军区决定撤销鲁南独立支队番号，其所属的支队多数成员被编入二军区主力营。铁道队长枪队也升级为主力，短枪队留 50 名队员仍保留原建制，原大队政委赵若华调离，由独立支队政委张鸿仪改任大队政委，军区派鲁南军区第一武工队队长郑惕任副政委，大队长仍由刘金山担任，副大队长王志胜。此后，这支队伍在鲁南军区的直接领导下，继续坚持临枣和津浦铁路沿线的斗争。1945 年 8 月，铁道队配合鲁南军区主力部队攻克驻守阎村的敌据点，消灭保安第二旅申宪武部 3000 余人，生俘旅长申宪武。

日军宣布投降后，从枣庄临城退下来的日军有 1000 余人，企图沿铁路向南逃跑。鲁南铁道大队得知后，首先在沙沟以南将姬庄至临城的铁轨掀掉，切断了敌人的退路，将日军的列车大队困在沙沟带。鲁南军区命铁道队大队长刘金山、政委郑惕与日军谈判，经过半个多月的艰苦谈判，日

---

① 同上书，第 452 页。
② 中共枣庄市委党史办公室编：《中共枣庄地区党史大事记（1921—1949）》（征求意见稿），1987 年，第 130 页。

军才同意举行缴械签字仪式。但签字后，日军仍企图蒙混过关，只把重武器交出，不交轻武器。铁道队于是以进攻相威胁，日军才乖乖交出全部武器。这次缴得日军武器计有山炮2门，轻重机枪130余挺，步枪1400支，子弹百余箱，并在沙沟附近的一片田野上举行了受降仪式。① 在中国抗战结束后，国民党政府划分了16个受降区、100处缴械点②，并指定了受降主官，山东战区的受降仪式由第11战区副司令长官李延年负责，完全排除了中国共产党及其军队受降的权利，但中国共产党领导的敌后抗日武装和群众为抗战做出了巨大牺牲，并在抗战中成长起来，完全有权利也有能力接受敌人投降。当时，在枣庄地区我党和军队的6次③受降中，鲁南铁道大队的沙沟受降是重要的一次，在中国战区受降史上，也是唯一的一次由小股地方武装，且在双方人数和实力的悬殊情况下进行的受降。

三　运河支队的初创与发展

在枣庄地区众多的地方抗日武装中，运河支队是活跃在峄县南部峄滕铜邳运河两岸一带的一支骁勇之师，在八路军——五师的领导下，和鲁南铁道大队、峄县大队、微湖大队等地方抗日武装共同谱写了鲁南地区抗日游击战的生动诗篇，为巩固和发展以抱犊崮山区为中心的鲁南抗日根据地，尤其是峄南抗日根据地做出了突出的贡献。

抗战进入相持阶段后，日军为掠夺枣庄的煤炭资源，修复了从枣庄经台儿庄到陇海铁路上赵墩车站的铁路，在沿线设置了泥沟、台儿庄、车辐山等重要据点，以日伪军重兵把守。这就把峄县以南的峄、滕、铜、邳边区与枣庄其他地区分割开来，形成了相对孤立的单元，这一地区的抗日斗争也只能相对独立地开展。在鲁南山区一带，国民党系统的势力相当强大，1939年秋季时仍有万人之众，其中多数为顽固势力，与共产党和抗

---

① 中共枣庄市委党史办公室编：《鲁南铁道大队纪实》，中共党史出版社1992年版，第40页。

② 中国第二历史档案馆编：《中国战区受降纪实》，江苏人民出版社2005年版，第134页。

③ 中共枣庄市委党史研究室编：《枣庄革命画史》，中国文化出版社2013年版，第148—149页。

战群众水火不容。东北军于学忠所部五十一军一部到达鲁南山区后，这一带的形势更加复杂。在峄滕铜邳地区，黄僖堂、梁继璐、刘毅生、郑继筠等势力仍相当强大，对共产党持敌视态度。另有孙业洪、韩治隆部对共产党持观望态度，但韩治隆部的反动倾向逐渐增加。

中共领导的抗日武装在峄县一带的力量较为弱小，能够影响这一带的部队主要是苏鲁抗日大队第一总队，其所属第三大队于 1939 年 8 月攻打峄县县城，打死日军 10 余名、毙俘伪军百余名，并争取伪军一个中队反正，缴获步枪 50 余支。① 初步打击了日伪势力的嚣张气焰。在周营、阴平一带活动的山外抗联孙伯龙、邵剑秋两支抗日武装，在曹家埠也取得了伏击日军的胜利，全歼日军小分队 22 人。② 这一带还有峄县抗敌自卫团，系峄县大地主田瑶峰的武装，该部有一百五十人。下辖常备大队，田瑶峰兼任大队长，共产党员刘向一任总政治部主任兼常备大队政委。这支队伍在刘向一的积极工作下，发展了党员，并组建了党支部，逐渐成为我党领导下的抗日武装。③ 此外，这一带地方抗日武装还有胡大毅任大队长、陈诚一任政委的运河大队，孙怡然父子的第三梯队以及五区孙茂墀、六区孙斌全的峄县抗敌自卫营等几支小规模队伍，但总体上仍不能应对复杂的抗战形势，规模偏小，又缺乏统一的领导。中共峄县县委和峄县抗日民主政府、峄、滕、铜、邳四县边联办事处在峄南地区的抗日工作获得了较大成功，亟须扩大抗日武装，以保卫来之不易的抗战成果，巩固发展峄滕铜邳抗日根据地。

1938 年 7 月，在中共苏鲁豫皖边区特委的领导下，为了加强峄县南部运河一带的抗日武装联合，增强战斗力，在朱道南的积极努力下，决定组建山外抗日四部联合委员会。山外抗联的成立，在中共地方党的领导下，加强了峄县地区抗日武装的联合，密切了相互之间的关系，消除了一些不必要的隔阂和误会，为建立统一的抗日武装打下了基础。1939 年 9

---

① 中共枣庄市峄城区党史征集研究委员会编：《中共枣庄市峄城党史大事记》，1989 年，第 47 页。

② 同上书，第 46 页。

③ 同上书，第 48 页。

月，八路军——五师进入抱犊崮山区抗日根据地，加强了对鲁南地区的军事领导，壮大了抗日武装的声势，对日、伪、顽的震动都很大。同时，经过中国共产党一段时期细致的思想政治工作，鲁南地区的小股抗日武装更加坚定了抗日的信念，他们对共产党更加信任。一致要求参加八路军，接受共产党的领导。邵剑秋等人向鲁南特委写了报告，要求被改编成为八路军的队伍。① 八路军政委罗荣桓在听取了各方面汇报后，认为这个地区的发展和巩固可与苏北的新四军根据地联合起来，有利于华中、华北以至延安的交通联络。在此背景下，鲁南特委派朱道南至峄县开展工作，着力把这一带要求联合的武装统一起来。朱道南在峄县与县委书记纪华和文立正听取了大家的汇报，大家都认为改编统一武装的时机已经成熟，并讨论了部队名称和主要干部人选问题。随后又召开了各支部队负责人会议，讨论改编的一些细节问题，然后又进一步做了他们的思想政治工作。半个月后，朱道南于12月初返回山里向罗荣桓汇报峄县情况。罗荣桓听取了汇报，在与部队领导讨论后，决定部队的番号为"八路军——五师运河支队"，并决定了部队的主要领导，由孙伯龙任支队长，朱道南为政治委员，邵剑秋为副支队长，胡大勋为参谋长，文立正为政治处主任。② 此前，八路军——五师后方司令胡大荣也听取峄县县委和胡大毅等同志关于峄县情况的汇报，并向部队首长提出了组建新队伍的建议。

12月底，朱道南到达峄县南部地区，向大家宣布了上级决定，并颁发了运河支部主要领导的委任状。经支队领导干部讨论，决定根据原来部队建制及活动地区将支队分为两个大队：以活跃在运河北部的邵剑秋部为第一大队，大队长邵子真，副大队长王墨卿，教导员由文立正兼任；以活跃在运河南部的胡大勋、孙斌全所部为第二大队，大队长胡大义，副大队长孙斌全，教导员宋学敏。③ 第一大队的任命当时决定后宣布，第二大队

---

① 中共枣庄市委党史资料征集研究委员会编：《枣庄地区党史资料》（第三辑），1985年，第116页。

② 同上书，第119页。

③ 中共枣庄市委党史资料征集研究委员会编：《枣庄地区党史资料》（第三辑），1985年，第120页。

于 6 月才正式宣布任命,两大队合计共 1100 余人①。1940 年 1 月 1 日,运河支队在周营、阴平各主要村镇街头,张贴了由梁巾侠起草的布告,正式对外宣布支队成立的消息。1940 年 4 月,活动于涧头集以东地区的张里元所属龙希贞大队近 300 人,被宣布为运河支队第三大队。②

运河支队成立后不久,第一大队即开赴运河南岸,与第二大队相互配合,对当地日、伪势力展开袭扰活动,以牵制日伪军对抱犊崮山区的扫荡,减轻主力部队的压力。1940 年 2 月中旬,运支第一大队所部第三中队 40 余人转移至涧头集西北方向约 3 里处的杜庄,被从贾汪出发的日伪军 200 余人包围。第三中队两个排在中队长丁瑞庭的率领下,虽然敌我悬殊,却誓死坚守,先后击退敌人多次进攻。后日伪军改向村子里施放毒气的方式进攻,也被战士们先后三次击退。战斗一直坚持到黄昏时分,第二大队闻讯赶来增援,里外配合,终于将敌人击退。杜庄战斗,是运河支队成立后与敌人的第一次交锋,以牺牲 7 人的代价,毙敌 70 余人,缴获武器一宗。③ 是役锻炼了队伍,为运河支队积累了实战经验,但更重要的是振奋了士气,扩大了八路军运河支队在运河地区的影响。

1940 年 4 月上旬,运河支队第一大队还成功地解除了封建地主王云溪部的武装。王云溪所部据守在黄邱山套北部的泉源村,构筑了很多炮楼,有 100 多人枪,为梁继璐的大队长。王云溪的存在,阻隔了我部杜安集和涧头集间的联系。运河支队第一大队利用一个雨天,巧妙地控制了敌人的炮楼或其他相关房间,不费一枪一弹完成了突袭任务。再一次震慑了敌对势力,巩固了抗日根据地。

4 月中旬,日军集中兵力约 1 万人,在伪军的配合下,分 10 路对抱犊崮山区进行扫荡,同时还对运河北岸地区进行扫荡。日伪军这次对山区

---

① 第一大队约 500 人、第一大队约 600 人,参见中共枣庄市委党史资料征集研究办公室、童邱龙主编《运河支队抗日史略》,山东枣庄市出版办公室,1988 年,第 26~27 页。

② 一个月后,龙希贞带着队伍叛逃,此后跟随国民党峄县县长陈鉴海,当上了国民党峄县抗敌自卫团团长,成了顽固的反共分子。

③ 中共枣庄市峄城区党史征集研究委员会编:《中共枣庄市峄城党史大事记》,1989 年,第 53 页。

的扫荡，部署极其周密，各路紧密配合，相互策应，又通过建立临时据点，步步为营，并预设许多埋伏队，防止我军突围。为了排除干扰，提前在根据地中心区外围进行一周的扫荡，以期最大限度地达到扫荡效果。

5月4日，日军纠集驻峄城、枣庄、临城及韩庄的日伪军3000余人，分兵5路向运河地区扫荡。运河支队、峄县支队与敌在运河北岸的褚楼、邵楼一带遭遇，经过激战，峄县支队二大队参谋长孙伯英在战斗中牺牲，干部战士伤亡150余人，击毙日伪军200余人。① 随后运河支队第一支队所部在运河北岸的常埠桥设伏，击毙日军副联队长广田中佐以下100余人，取得了反扫荡的一次重大胜利。5月中旬，为了破坏日军掠夺利国驿铁矿，运河支队第三、第五中队对该矿进行了突袭。该两部由第三中队长丁瑞庭指挥，在内应的配合下，分成两个小组，于半夜子时冲入矿部南大门，进入房间杀死日伪军多人，策反伪矿警20余人，缴获轻机枪1挺、步枪8支、信号枪1支。② 6月初，运河支队第一大队第一中队袭击了微山湖东岸的周庄据点。第一中队长华新乙利用在家乡人地两熟的条件，首先做通了大房头村村长的工作，使之同意配合作战。其时，据点日本士兵西村要回国结婚，一中队决定趁各爱护村给西村送"万民伞"的机会混进据点。随之，华新乙等7人进入据点，半小时就结束了战斗。杀死西村以下12人，缴获机枪1挺、步枪10余支③，顺利地排除了周庄据点。运河支队进行的这两次突袭行动，都以几乎零代价取得全部消灭日伪军的重大胜利，极大地提振了部队信心，沉重地打击了敌人的嚣张气焰。

这一时期，运河支队在苏鲁支队的配合下，在峄南地区的反顽斗争也获得了巨大成功。其时，国民党铜山县长蓝伯华率200余人的常备队，进入峄县、苏北一带韩治隆控制地带，并与梁继璐所部勾结起来，他们紧密配合，扶植了地方恶霸势力王治尧部，不时向黄邱套抗日根据地袭扰。7

---

① 中共枣庄市委党史资料征集研究办公室、童邱龙主编：《运河支队抗日史略》，山东枣庄市出版办公室，1988年，第31页。

② 同上书，第33—34页。

③ 中共枣庄市委党史办公室编：《中共枣庄地区党史大事记（1921—1949）》（征求意见稿），1987年，第92页。

月上旬，运河支队第九、第十中队配合苏鲁支队第三中队一部，发起了讨伐王治尧、梁继璐的战斗，驱赶了王治尧，俘获梁继璐属下阚周栋部，取得了反顽斗争的胜利。8月上旬，韩治隆、梁继璐、龙希贞所部联合起来，在韩的统一指挥下，分数路向运河支队进攻。运河支队与苏鲁支队密切配合，决定坚决回击顽军，经过数日激战，将顽击退。俘获韩治隆所部营长邢焕章以下40余人、龙希贞及其警卫班。后龙希贞父亲再三请求，愿意以两挺轻机枪、250支步枪、20把短枪及4匹战马做交换，释放了龙希贞，并接纳其为运河支队副官。经过研究，为了做好韩治隆的统战工作，决定将所获韩部俘虏和枪支全部归还，并设宴欢送他们，使韩治隆深受感动，随后三年均与运河支队保持着良好的统战关系。9月15日，运河支队第一大队与苏鲁支队、峄县支队配合，在张光中司令的指挥下，发起了讨伐土顽孙茂墀的战斗。孙茂墀部盘踞在古邵西北的颜庄、邱庄、洛庄一带，战斗打响后，运支一大队主力负责攻击颜庄，经过2个小时即俘获敌60余人，但二中队副中队长刘金标在战斗中英勇牺牲。运支三中队也在很短的时间内拿下了古邵。苏鲁支队三营及峄县支队攻邱庄未克，为了保存实力，经孙云亭和孙斌全居中调停，孙茂墀表示愿意服从领导。战斗随即停止。孙茂墀撤至马兰屯地区驻防，后向顽军孙业洪部靠近，秋季大扫荡时，公然投靠了日军。反顽斗争的胜利，并且采取了正确的统战方法，为运河支队在运河地区继续坚持抗战，为巩固和扩大抗日根据地创造了有利条件。

1940年10月，日军策划了对峄滕铜邳抗日根据地的南北合围扫荡。10月11日，驻徐州第二十一师团2000余人在师团长田中的指挥下，分两路南北夹击运河地区。一路由贾汪向东，经宗庄、上黄邱，到达库山南头，与运河支队驻金楼的三中队遭遇；另一路经侯孟东进到郑庄、后楼一带，与运河支队二大队相遇。运河支队各部在苏鲁支队三营也出兵库山，协助战斗。经过一天激战，毙伤日伪军数十人，运河支队、苏鲁支队各部撤出库山，转移到朱阳沟。12日，在朱阳沟运河支队被日伪军2000余人包围，运河将士奋力打退了敌人猛烈炮火掩护下的20余次进攻，于傍晚时分胜利突围。是役日伪军伤亡400余人，运河支队也付出了50余人的伤亡代价。① 二大队除七中队外从花石场渡过运河北进，在转移到郝湖村时突遭敌人炮火袭击，部队随即陷入慌乱之中，纷纷四散。其向东撤退的部分队员退至巨梁桥闸口处时，被巨梁桥汉奸刘善云抓去 31 人，除其中 2 人被保释外，其余被刺杀在巨梁桥闸头，共 28 人惨死在敌人的屠刀之下，1 人下落不明，这就是骇人听闻的"巨梁桥惨案"。②

朱阳沟战斗突围后，孙伯龙带领支队机关、特务队及四中队与邵剑秋第一、第二、第三中队会合，辗转周营、郗山，避开敌人的层层封锁，从湖上绕到利国驿和韩庄中间跨过了津浦铁路，经过短暂休息后，部队开进涧头集。一大队五中队没有渡河转移，留在了运河南岸官庄，然后插枪分散隐蔽。运河支队一大队于 10 月 23 日转移到运河北岸地区活动，11 月 8 日③夜与峄县支队一部来到了湾槐树村（今属枣庄市薛城区周营镇）扎营。次日凌晨，韩庄日伪军包围了村子，峄县支队所部听到枪声后即撤出了村子。敌人借着机枪和炮火的掩护，发起了前两次攻击，都被沉着应战的运河支队击退。随后，日军改用分割包围的战术，用机枪把运河支队所在的两个院落分割开来。然后用炮火进行轰击，继之发动猛烈攻击，运河支队战士两部独立应战，浴血奋战，又接连打退了敌人的三次冲锋。经过多番攻击不奏效，日军又以毒气投入我军阵地，被战士们用尿湿的毛巾捂住口鼻破解。随后，双方陷入对峙，运河支队战士采用冷枪射击的方法歼敌十余人。战斗持续了 10 多个小时，日军的多次进攻始终未见奏效，便抓了村民刘世卿家 4 口人，逼迫他们劝说运河支队投降，刘世卿父子、女儿宁死不屈，最终被杀害。夜幕降临后，日军久攻湾槐树不下，只得撤兵。这次战斗，运河支队以 200 余人应对日伪军 3000 余人的进攻，在敌我力量悬殊的情况下，击退敌人 10 次的猛烈进攻和炮火袭击，以近 40 人

---

① 中共枣庄市委党史资料征集研究办公室、童邱龙主编：《运河支队抗日史略》，山东枣庄市出版办公室，1988 年，第 52 页。

② 中共枣庄市峄城区党史征集研究委员会编：《中共枣庄市峄城党史大事记》，1989 年，第 55 页。

③ 据华新乙回忆，当天是重阳节，应为公历 10 月 9 日，参见政协枣庄市峄城区文史资料委员会编《峄城文史资料》（第五辑），1995 年，第 97 页。

的牺牲，歼灭了大批日伪军（尸体装满了 10 辆牛车①），取得了最后的胜利。这在运河支队乃至鲁南抗战史上是一次典型的以少胜多的战例，沉重地打击了敌人的嚣张气焰，鼓舞了抗日军民的斗志，谱写了鲁南地区抗日游击队战史上的光辉诗篇。

湾槐树战斗后，运河支队一大队由于伤亡减员较大，装备损耗也十分严重，于是遵照上级指示越过台枣铁路，转移到抱犊崮山区进行休整。此前，10 月 25 日，朱道南从鲁南军区返回运河以北地区，其时，一大队五中队、二大队七中队均在运河北岸地区分散隐蔽起来，孙斌全也带着八、九中队进入运北。经过这一时期的反扫荡，运河支队整体减员到约 300 人，急需调整。11 月初，鲁南军区命令，除留下小部分队伍在运河沿岸坚持斗争外，其余全部转移至抱犊崮山区休整。随后，留在朱家湾一带的胡大勋、胡大毅收拢整顿原运河支队队伍，重新组建了第八中队，随后由于中队长陈荣坡遇难而接管了五中队，胡带领着五中队、八中队分散在贾汪东西、贾柳铁路支线南北地带及黄邱山套地区隐蔽活动，坚持了三个月后，峄县县委和河运支队领导机关重返黄邱山套，重新恢复了运河地区的抗日游击战争。

四　峄县支队在运河两岸地区坚持抗战

八路军一一五师峄县支队是峄县抗日民主政府成立后，由峄县地方上的农民抗日武装和统战队伍组建而成。1939 年 11 月，在八路军一一五师党委和鲁南三地委的领导下，峄县抗日民主政府成立，直接推动了峄县抗日民主活动的发展。为保卫新生的抗日民主政权，开拓峄县抗日根据地，峄县地方党经过细致的统战工作，峄县地方的几支主要抗战武装，包括孙云亭部、田瑶峰部，加上峄县直属大队和常备大队及潘振武所率一个红军连，于 1939 年 12 月改编成为八路军一一五师峄县支队。由潘振武任支队长，中共峄县县委书记纪华兼任政委，孙云亭任副支队长，赖国清任政治

---

① 政协枣庄市峄城区文史资料委员会编：《峄城文史资料》（第五辑），1995 年，第 108 页。

处主任。支队下辖两个大队，直属大队长朱玉相、一大队长田培荃、二大队长孙怡然、参谋长孙伯英。同时，峄原县国民党别动总队五十支队第三梯队被编为峄县支队第二大队。原梯队司令孙云亭任支队副大队长，孙怡然任第二大队大队长，孙伯英任第二大队参谋长。① 1940 年 6 月，峄县支队又对领导班子进行了调整，为了提高部队的军政素质，八路军一一五师派王六生、刘炳才、陆成道率六八六团的两个连编入峄县支队，任命刘炳才为支队长，王六生为政委，陆成道兼任参谋长。② 副支队长为陆成道、孙云亭。下辖三个大队，一大队长朱玉相，教导员××；二大队长孙怡然，副大队长曾绍伟，教导员曾宪纯。预设孙茂墀部为第三大队，但由于后来统战工作失败而告罄。③ 此时峄县支队规模已有较大发展，全队达到了 1200 余人。

峄县支队成立后，活跃在峄县北部山区、枣庄周围至运河两岸的广大地区，英勇抗击日伪军的军事侵略，捍卫抗日民主政权和根据地的安全。1940 年 4 月，驻徐州、临城、兖州、临沂、费县、滕县、枣庄、峄县等处日军和汉奸上万人，分数路对鲁南山区抗日根据地进行大规模扫荡，企图一举消灭鲁南区党、政机关和各种抗日武装力量。经过近一个月的英勇奋战，抗日军民取得了反扫荡的胜利。5 月 4 日，从抱犊崮山区回撤到峄县、枣庄、临城、韩庄等据点的日伪军 3000 余人，分 5 路向运河地区扫荡，企图一举消灭运河以北的抗日武装。这时苏鲁支队已经调回山区配合反扫荡，运河支队大队也转移到运河以南黄邱山套一带活动。在运河以北地区迎敌的主要是峄县大队所部直属大队和第二大队，共五六百人。④ 第二大队在孙怡然的带领下，在掩护直属大队撤退的过程中，多次遭到敌人的包围。他们奋勇还击，多次冲出敌人的包围圈，且战且退。孙伯英在退

---

① 中共枣庄市峄城区党史征集研究委员会编：《中共枣庄市峄城党史大事记》，1989 年，第 52 页。

② 同上书，第 54 页。

③ 中共枣庄市委党史资料征集研究委员会编：《枣庄地区党史资料》（第四辑），1986 年，第 14 页。

④ 中国人民政治协商会议枣庄市峄城区文史资料委员会编：《峄城文史资料》（第七辑），1995 年，第 62 页。

却中受了重伤，随后撤退到西邵楼村内。在撤退过程中，遭到日军的炮击，孙景全被炸牺牲，刘福河受重伤，孙怡然也受伤。在掩护孙伯英撤出村子后，部队被逼到了村子南头的一个院落里。他们随即以院落为基础做好了战斗准备，打通各个小院的通道，并沿墙根屋角挖掘掩体，盖上门板，准备迎敌。孙怡然又将剩余的 40 余人分成 5 个战斗小组，4 个小组各负责一面的敌人，一个小组负责机动。随后敌人炮轰阵地，接着发起多轮进攻都被战士打退。至黄昏时分，日伪军仍未得逞，最后只好快快地撤退。是役，峄县支队二大队参谋长孙伯英在西邵楼与敌激战中负重伤，经抢救无效死亡，干部战士伤亡 50 余人。① 但也打死数十名日伪军，在敌我悬殊的情况下，取得了反包围战的胜利，打击了日伪军的嚣张气焰。

随后的几个月，峄县支队与八路军一一五师运河支队和苏鲁支队并肩战斗在运河两岸地区，相互配合与这一带日伪顽势力斗争，取得了多次胜利。9 月 15 日，运河支队、苏鲁支队、峄县支队在张光中的指挥下，对古邵、颜庄一带的土顽孙茂墀部发起进攻，孙部被迫接受八路军领导。② 在反顽战斗中做出了积极贡献。10 月 11 日，在反击日伪军对运河地区进行的大规模扫荡中，峄县支队第二大队和运河支队在运河地区库山与日伪军激战数日，毙伤日伪军数十人。③ 12 日峄县支队与日军激战竟日，当夜突围转移到抱犊崮山区休整。④ 后来根据军事斗争的需要，服从上级安排，1940 年 12 月，峄县支队和临郯费峄四县边联支队奉命编入八路军一一五师教导二旅五团。⑤ 作为一支中国共产党领导下的地方抗日武装，峄县支队胜利地完成了其历史使命，为以抱犊崮山区为中心的鲁南抗日根据地的巩固与发展做出了应有的贡献，在鲁南抗战史上写下了浓重的一笔。

———————

①　中共枣庄市峄城区党史征集研究委员会编：《中共枣庄市峄城党史大事记》，1989 年，第 53 页。

②　枣庄市地方史志编纂委员会编：《枣庄市志》，中华书局 1993 年版，第 39 页。

③　中共枣庄市峄城区党史征集研究委员会编：《中共枣庄市峄城党史大事记》，1989 年，第 55 页。

④　同上书，第 56 页。

⑤　中共枣庄市峄城区党史征集研究委员会编：《中共枣庄市峄城党史大事记》，1989 年，第 57 页。

五　其他抗日武装的抗日游击战

在鲁南地区为巩固和发展抗日根据地的事业做出贡献的抗日武装还有曲泗邹滕费五县游击队、鲁南支队、临郯费峄边联支队、滕县大队等多支游击队，这些队伍在鲁南地方党组织和八路军——五师的领导下，配合主力作战、打击日伪顽等反动势力。

全面抗战爆发后，孔昭同与滕县的国民党退伍师长杨士元共同组建了鲁南民众抗敌自卫军，积极参加抗日。1938 年夏，国民党第十军团石友三部进驻蒙山地区后，为了拉拢地方武装，委任孔昭同为第一纵队游击司令。不久，该部又被正式编入石友三部，为新编第六师，孔昭同任师长；董尧卿所部被编为第六师第二旅。1939 年 3 月，孔昭同部在滕县北部龙山下，击溃日军一部 100 余人。同年 7 月，八路军——五师东进支队到达滕县一带，受到董尧卿部的热情接待，董并向孔昭同引荐，孔非常热情，安排第二旅秘书长王子真带一个连队，并送慰问品表示欢迎和慰问。9月，一一五师主力部队到达抱犊崮山区根据地以后，孔昭同积极靠近，派董尧卿和秘书长刘元甫至抱犊崮山区拜见政委罗荣桓，他们代表孔昭同表达了接受八路军——五师领导的强烈意愿，并请求派党和部队的干部帮助整顿军队。[①] 一一五师经过慎重考虑，决定先派周乐亭去董尧卿部任参谋长，随后在董部建立了党支部，周乐亭任书记。孔昭同闻讯后，也派彭畏三去山区联络，继续向一一五师领导表达向其部队派政工干部的强烈意愿，应其请求，部队政委决定派黄玉昆和曹正之随彭畏三到孔部开展工作。孔昭同遵照罗荣桓政委的意思，安排黄玉昆任第六师政委，曹正之任第二旅政治部主任。

1939 年 12 月，在国民党政府反共高潮的影响下，滕县地区的国民党顽固派申宪武企图乘机消灭孔昭同部，并拉拢孔部第一旅旅长刘昭汉警告孔昭同，不要再与共产党八路军接近。孔昭同本人的态度非常坚决，尤其

---

① 中共滕州市委党史办公室编：《中共滕县党史大事记（1930—1949）》，山东省新闻出版局 1990 年版，第 40 页。

是在黄玉昆、曹正之等共产党员的影响下，对共产党的统战政策及抗日主张有了更深的认识，为了主动向共产党的军队靠拢，孔昭同主动取消了石友三部第六师的番号，明确表示接受共产党、八路军的领导。

1939 年 12 月，八路军一一五师派六八六团对国民党顽固派势力申宪武部发起攻击，孔昭同第六师第二旅旅长董尧卿率部参加了这次袭击，负责协同包围敌顽军团部，最后活捉了顽军团长，全歼东江顽军。申宪武部也被六八六团主力击溃，死伤 100 余人，仓皇逃往津浦铁路线以西地区。从而打开了一一五师入鲁后反顽斗争的局面，给予顽固派以沉重的打击。滕东局势稍定后，董尧卿部接一一五师指示，转移到峄县南部周营一带休整。后来，董尧卿在一次伏击日伪军的战斗中负伤，随后转移到抱犊崮山区休养，受到一一五师首长的接见，后来根据一一五师的安排，董尧卿部二旅与六八六团、津浦支队八路军鲁南支队，支队长张仁初，政委刘西元，副支队长董尧卿，政治部主任黄玉昆。从此以后，董尧卿所带领的队伍正式成为共产党八路军领导下的人民抗日武装，为鲁南抗日战争做出了应有的贡献。

同时，孔昭同也更加积极地向人民武装靠近，再次向八路军首长表示了加入队伍的意愿。经向集团军总部请求，正式批准了他的请求。1939年 12 月，集总电委孔昭同为八路军一一五师曲泗邹滕费五县游击队司令。[1] 1940 年 3 月，曲泗邹滕费五县游击队正式成立并编入一一五师[2]，孔亲自率部到一一五师驻地接受委任，师部首长为其举行了隆重的欢迎大会和委任仪式，并给其指战员颁发了八路军臂章，补充了武器弹药和军装。[3] 随后又将邹县东部左瑞五为团长的抗日自卫团合并到五县游击队。

正式列编八路军队伍后，孔昭同所部的爱国热情更加高涨，所部武装的抗战积极性进一步提高，在邹滕边区地带坚持打击日伪势力。1940 年

---

① 中共枣庄市委党史办公室编：《中共枣庄地区党史大事记（1921—1949）》（征求意见稿），1987 年，第 96 页。

② 黄瑶主编：《罗荣桓年谱》，人民出版社 2002 年版，第 122 页。

③ 中共邹县县委党史资料征集研究委员会编：《中国共产党邹县历史大事记（1932 年 7 月同至 1949 年 9 月）》，1990 年，第 35 页。

10 月，驻兖州的日军纠集南辛、安德、邹县城等地的日伪军 400 余人，向邹东抗日根据地田黄一带扫荡。孔昭同所部五县游击大队配合苏鲁支队伏击敌人，命其一部埋伏在东罗村头。当日伪军被引至东罗头村大沙河时，部队发起猛烈攻击，打得敌人晕头转向，狼狈奔逃。此战共毙伤日伪军 100 多人，缴获炮弹 340 余发、子弹 8300 余发。① 取得了反扫荡斗争的胜利，打击了日伪军的嚣张气焰，保卫了抗日根据地的安全。

临郯费峄四县边联支队，也是鲁南抗日根据地一支重要的抗日游击武装，它是以万春圃的四县边联办事处抗日武装为基础，在八路军——五师和地方党的领导下组建起来的。它的建立是我党在鲁南抗日根据地积极贯彻抗日民族统一战线政策，团结发展进步势力的结果，有力地推动了根据地的政权建设和抗日武装的发展。

万春圃是抱犊崮山区大炉一带的开明地主，有较高的爱国热情，对抗日持积极态度，对共产党有明显倾向。全面抗战爆发后，万春圃成为我党在抱犊崮山区统战的主要对象，为我党开辟根据地做出了积极的贡献。他在山区积极配合苏鲁豫皖边区特委的工作，曾恢复了临郯费峄四县边区联庄会和办事处，组建了边联办事处常备队，这支队伍在 1938 年 6 月已发展到 300 多人，为创建抱犊崮山区抗日根据地的一支重要武装力量。② 1939 年 8 月，苏鲁人民抗日义勇总队到达抱犊崮山区后，万春圃为部队提供了很多方便，后来鲁南特委和一一五师机关都曾在其家里办公。在对待抗战和共产党的问题上，虽然万春圃也曾出现过摇摆，但在地方党组织和一一五师部队党委的帮助下，始终没有背离进步的倾向，最后还是走上了革命的道路。1940 年 3 月，万春圃所领导的边联办事处武装被改编为八路军一一五师临郯费峄四县边联支队，即"四县边联支队"。③ 部队任命万春圃为支队长，政治委员于化琪，参谋长董明春，政治部主任靳怀刚。支队下属 4 个大队，第一大队大队长王芗南，政治教导员为郭仲选；

---

① 同上书，第 42—43 页。

② 中共临沂地委党史资料征集领导小组编：《忆沂蒙——临沂地区党史资料》（第一期），1983 年，第 30 页。

③ 黄瑶主编：《罗荣桓年谱》，人民出版社 2002 年版，第 122 页。

第二大队大队长陈光晨，政治教导员丁文达；第三大队大队长徐子仁，政治教导员孙士炎；第四大队大队长为郎义民并兼教导员，马瑞图、马金兰作副大队长。

1940年12月，服从根据地统一军事领导的需要，从年初就对地方抗日武装进行了整编，临郯费峄四县边联支队和峄县支队奉命编入八路军一一五师教导二旅五团。[①] 以此加强了武装的统一领导，壮大了鲁南地区的抗日武装力量，为抗日根据地的巩固做出了贡献。

滕县县大队是活跃在滕县东部、滕峄边地区，在中共滕县地方党组织和八路军一一五师领导下的一支重要的敌后抗日武装。这支武装成立于1939年9月，在滕东县委的领导下，把朱慕唐创建的滕县独立营改编成滕县县大队，大队长朱慕唐，教导员杨海娃，副大队长李贵斌。[②] 这支部队在滕东县委的领导下，服从鲁南抗日根据地建设的需要，坚持打击日伪顽势力，英勇而顽强。也正因为这样，滕县县大队的成立受到国民党顽固派的敌视，是年10月，被滕县县长周侗勾结夏镇汉奸陈士俊出卖，遭一大批日军包围，后在群众的帮助下化装逃出，所幸人员没有伤亡。11月，县委决定重建武装，将分散在驳山头、赵庄、南塘等村的武装联合起来，在驳山头村重新宣布成立滕东县县大队，朱慕唐任大队长，副大队长为李贵斌，政委由县委书记王丹墀兼任。队伍重建后立即投入到反顽斗争中去，配合苏鲁支队在东江驳山头一带收缴了申宪武的第七纵队三团朱十英部和国民党别动纵队第五梯队第四十三游击支队王玉森部步枪540支，生俘其头目朱十英、王玉森。[③] 此后，随着鲁南抗战形势的发展，滕县县大队的主要任务是在县委的领导下，在滕县地区与日伪和土顽势力周旋，在其夹缝中艰难地坚持打击敌人。

1940年11月，服从上级安排，在大队长李贵斌的带领下，转移至滕

① 中共枣庄市峄城区党史征集研究委员会编：《中共枣庄市峄城党史大事记》，1989年，第57页。

② 中共滕州市委党史办公室编：《中共滕县党史大事记（1930—1949）》，山东省新闻出版局1990年版，第40页。

③ 中共滕州市委党史办公室编：《中共滕县党史大事记（1930—1949）》，山东省新闻出版局1990年版，第41页。

三区王家庄，在冯卯、谷山、牛角峪、磨泉一带活动，致力于保护三地委和一地委的交通线。[1] 1942 年 11 月，结合滕县政权建设发展的需要，在滕峄边办事处成立后，原滕东县县大队也被改编为滕峄边县大队。大队长李贵斌，教导员李裕林。[2] 作为一支受滕县地方党组织领导的抗日武装，这支队伍坚持在滕县一带抗击日伪顽势力的斗争，在配合主力部队打击敌人的斗争中做出了特殊的贡献。

六 枣庄地区抗日游击战的基本特点

自从枣庄地区沦陷以后，枣庄各地就在中国共产党的领导下纷纷建立起抗日武装，开展了独具特色的敌后抗日游击战，在打击日伪顽势力，保护根据地事业发展方面发挥了极为重要的作用。总结起来，枣庄抗日游击战主要有以下三个基本点：

一是队伍的数量多，但规模相对较小。

抗战爆发初期，枣庄大地上就组建了至少 13 支大大小小的抗战队伍，随着抗战形势的发展，抗日游击部队不断调整组合，多数因各种原因退出了历史舞台，但至 1940 年年底，在一一五师的领导下对鲁南地区的地方武装进行整编，整个鲁南地区抗战队伍数量仍有不小的规模，其中较有规模或影响较大的主要有：边联支队、运河支队、沂河支队、尼山支队、鲁南铁道大队、峄县支队、临郯赣东边区游击支队、曲泗邹滕费五县游击大队和邹滕费泗宁五县游击支队[3]，这主要是指在八路军编制内的地方抗日武装，其他规模更小或属于地方的抗日武装并不在此列。除此之外，还有国民党系列和封建地主的游击队，这就使得队伍的组成也相对复杂，多数由农民、工人、学生组成，既有抗战游击队伍，也有无业游民，甚至地痞流氓参加，但终究大浪淘沙，这些队伍的规模小则十几人至几十人，大则百余人至几百人，规模超过千人者少之又少，再加上多数起初并没有军事

---

① 同上书，第 46 页。
② 同上书，第 49 页。
③ 中共临沂地委、枣庄市委、济宁市委党史征委会编：《鲁南地区党史大事记》（送审稿），1986 年，第 117 页。

斗争经验，管理上也很不规范，因之会影响军队战斗力的提升。鲁南铁道大队建立初期，就是一支管理相当不规范的队伍，由于出身较为复杂，不少队员散漫成性，不愿意受纪律约束，且有打架斗殴、大吃大喝以及赌博等流氓习气。大队长洪振海本人对部队的领导也主要是靠个人威信，采用家长制的领导方法。① 在当时恶劣的斗争环境中，严重威胁了这支武装的生存，才不得已制定了规章制度，当发展到一定规模后，又不断提高队伍成员的政治素质和党性修养。

二是有中国共产党和八路军的统一领导。

抗日战争时期，活跃在枣庄大地上的各支主要地方抗日武装，绝大多数都是在党的领导或推动卜建立起来的，后来又有了八路军一一五师党委的统一领导。抗战爆发后不久，枣庄地方党组织就相继建立起来，在党中央建立抗日民族统一战线和创建地方抗日武装方针的指导下，着力开展了创建地方抗日武装的工作，各地抗日武装如雨后春笋般地建立起来。有些虽然一开始不是我党直接领导的军队，却离不开党的组织推动，有些在后来也陆续建立了党的组织，而且之所以能够积极参加抗日游击战，更与我党的组织、协调与推动密不可分。这一点以"山外抗联"的建立最具代表性。抗战进入到相持阶段以后，尤其在八路军一一五师进入抱犊崮山区以后，鲁南的抗日游击武装基本都是在八路军一一五师的直接领导下建立起来的，苏鲁支队、鲁南铁道大队、运河支队等就是代表，即便是孔昭同领导下的"鲁南民众抗日自卫军"也加入了一一五师序列，其他坚持抗战的队伍也几乎无一例外的是在地方党的领导下建立起来的。为了加强对地方抗日武装的统一领导，1940 年年初，一一五师开始对地方抗日武装进行整编。这项工作到是年年底完成，无疑更加强了党对地方军队的领导，使得各支队伍军政素质不断提高，这也是鲁南地区敌后抗日游击战取胜的最终保证。

三是建立了巩固的抗日根据地。

---

① 中共枣庄市委党史办公室编：《鲁南铁道大队纪实》，中共党史出版社 1992 年版，第 6 页。

在中国抗日战争史上，建立最广泛的抗日民族统一战线和建立巩固的敌后抗日根据地，是我党领导的敌后游击战取得胜利的核心因素。我党在1937年8月，中共中央洛川会议上就确立了建立敌后抗日根据地的基本行动路线和方针。在此方针指导下，中国共产党领导抗日军民开辟了广阔的敌后战场，在全民族抗战中发挥了决定性的作用。这正是山东和鲁南抗日根据地建立和发展的大背景。

枣庄地区沦陷后不久，在中共地方党的领导下，抱犊崮山区、峄滕铜邳、滕峄边、滕沛边等几块抗日根据地就逐渐开辟出来，成为我党领导鲁南抗日游击战的基本依托。八路军一一五师进入抱犊崮山区后，逐渐以抱犊崮山区抗日根据地为中心，把鲁南各抗日根据地连接成片，为我军小股抗日武装提供了战略纵深，在遭受敌人扫荡时，一旦无法在平地立足，就可以转移到根据地休整。鲁南铁道大队、运河支队等主要抗日武装在坚持游击战中，正是在抱犊崮山区和微山湖区抗日根据地的中间地带纵横驰骋，进退有据，才得以长期生存并能够坚持打击敌人的斗争，配合八路军主力部队，谱写了鲁南抗日游击战的辉煌篇章。

正是有了中国共产党和人民军队的坚强领导，建立了广泛的抗日民族统一战线，并开辟了以抱犊崮山区为中心的巩固的鲁南抗日根据地。以鲁南铁道大队为代表的抗日武装，在当时中国风雨飘摇，一片混乱的情况下，带领群众毅然举起了抗日救亡的大旗，长期活跃在沂蒙山区、微山湖畔和津浦、临枣铁路沿线，锻造了如"怀中利剑、袖中匕首"般的神勇之师，成就了中国敌后抗日游击战中的一段传奇："在津浦路南段和临（城）枣（庄）线上，人们时常看到，急驰的火车突然出轨，车头忽然相撞，满载货物的列车忽然前后脱节。敌人补给前线的武器、弹药、布匹、医药，就这样经过游击队员们的手送往根据地。有时候，敌人赶到出事地点搜捕，然而车皮早已化为灰烬。追到微山湖边，也只看到一片茫茫湖水。这些列车英雄还常常出入敌占城镇，杀敌夺枪，猎取情报，破坏敌人的仓库，捕捉汉奸特务，进行宣传，开辟敌占区工作。"[1] 而以鲁南铁道

---

① 《解放军报》1956年8月28日。

大队为代表的地方抗日武装，能够就地取材，以山、水、铁道线为打击敌人的工具，机动灵活地打击敌人，创造了一个又一个破袭战的奇迹，为巩固和发展抗日根据地，争取抗日战争的最后胜利做出了积极的贡献。

第四节　枣庄地区抗日根据地的巩固与发展

抗日根据地在我党领导的敌后游击战略具有核心意义，它是我敌后抗日武装机动灵活地开展游击工作进退有据的基本依托，也是我抗日军队建立抗日民族统一战线、广泛发动群众、建立和发展民主政治的基地，为我党和军队提供了最基本的后勤保障，为我长期坚持敌后抗日游击战做出了突出贡献。以抱犊崮山区为中心的鲁南抗日根据地，是山东抗日根据地的重要组成部分，也是联结鲁中、苏北、淮北和晋冀鲁豫抗日根据地的中间纽带，为坚持敌后游击战、夺取抗日战争的胜利做出了极其重要的贡献。

枣庄地区的抗日根据地建设起步于 1938 年 8 月，中国苏鲁豫皖边区特委和苏鲁抗日义勇队第一部队转移到抱犊崮山区以后，到 1939 年 9 月——五师进入抱犊崮山区前后，枣庄地区已经初步开辟了以抱犊崮山区抗日根据地为中心的，包括滕峄边、滕沛边、峄滕铜邳在内的几块抗日根据地，统战工作、抗日武装建设和党的组织建设都初具规模，相互之间形成了较为紧密的联系，为其后抗日根据地的发展打下了坚实的基础。而枣庄地区抗日根据地的真正发展，是在八路军——五师进入鲁南地区以后，彼时逐渐形成了以——五师党委、边区省委和鲁南特委为核心的领导体系，确立了以——五师主力部队为主、以地方抗日游击武装为辅的抗日武装体系，抗日民主政权建设逐步发展，根据地建设获得了较大成功。

一　抱犊崮山区抗日根据地的巩固与扩大

——五师进入抱犊崮山区后，着力开展了巩固抗日根据地的各项工作。1939 年 12 月 30 日，罗荣桓致电中共中央北方局和山东分局，提出了"创造大汶口、新泰、蒙阴以南，滋阳、邹县、滕县以东，临城、峄

县以北、临沂以西的山岳地区为基本根据地"① 的战略部署，初步勾画了
建立抱犊崮山区根据地的蓝图。随后又陆续明确了建设抗日根据地的各项
具体工作，各项工作在——五师党委和地方党的领导下有序地开展起来，
根据地建设不断推进。

　　1940 年 1 月 28 日，毛泽东致电北方局、山东分局、一一五师，强调
"把发展武装力量作为一切工作的中心"②。为此后一段时期一一五师领导
鲁南抗日工作指明了方向，在此方针的指导下，组建和改编地方抗日武装
的工作纳入了一一五师的中心工作。此前，抱犊崮山区的主要抗日武装是
1938 年 5 月以"山外抗联"为基础改编的苏鲁人民抗日义勇队第一总队，
1938 年 8 月，该武装转移到抱犊崮山区大炉一带。1939 年 9 月，八路军
第一一五师进入抱犊崮山区后，10 月 1 日正式改编为八路军一一五师苏
鲁支队。③ 此外，还着力组织创建新的抗日武装队伍，以扩大抗日武装的
规模，增强打击敌人的能力。1939 年 12 月，组建了运河支队及峄县支
队，年底建立了"枣庄铁道队"，1940 年 7 月，正式组建"鲁南铁道大
队"。1940 年 3 月以四县边联常备队与苍山游击大队合编而成四县边联游
击支队成立，以进步抗日人士万春圃为支队长，既扩大了抗日武装，又发
展了良好的统战关系。是月，还成立了临沂游击总队。4 月，为了增加主
力部队的力量，一一五师决定将六八六团与七团合编为鲁南支队，张仁初
任支队长，刘西元任政委，张雄任政治部主任。④ 在鲁南地区抗日武装不
断发展的基础上，为了加强军事领导，10 月 25 日，鲁南军区正式建立。
由邝任农任司令员兼政委，彭嘉庆任政治部主任。⑤ 鲁南军区的成立使鲁
南地区建立了统一的最高军事领导机构，极有利于加强地方抗日武装的统
一军事领导。这时的一一五师也在鲁南群众和地方抗日武装的支持下，迅

---

　　① 黄瑶主编：《罗荣桓年谱》，人民出版社 2002 年版，第 111 页。
　　② 同上书，第 114 页。
　　③ 中共枣庄市委党史资料征集研究委员会编：《枣庄地区党史资料》（第五辑）（人民抗日
义勇队专辑），1987 年，第 18 页。
　　④ 中共临沂地委、枣庄市委、济宁市委党史征委会编：《鲁南地区党史大事记》（送审
稿），1986 年，第 103 页。
　　⑤ 同上书，第 112 页。

速地壮大，主力部队的规模达到 7 万人之众，① 更重要的是伴随着主力部队的发展，地方抗日武装的发展也获得了巨大的成功。到年底时，有规模的抗日队伍主要有边联支队、运河支队、沂河支队、尼山支队、鲁南铁道大队、临郯赣东边区游击支队，曲泗邹滕费五县游击大队和邹滕费泗宁五县游击支队。② 这些部队的建立和发展，实现了统一的组织和领导，战斗力不断增强，加强了鲁南地区的抗日武装力量，有力地配合了主力部队的作战，为建立和巩固鲁南根据地做出了重要的贡献。

1940 年 5 月，罗荣桓曾说反扫荡斗争的胜利关系到以抱犊崮为中心的抗日根据地的发展和巩固。③ 因此，一一五师领导下并由地方各抗日武装密切配合的抗日游击战，在抱犊崮山区抗日根据地建设中具有突出意义。当然，这种斗争还应当包括针对国民党顽固派和其他一切反动武装的斗争，这对抗日根据地建设同样十分重要。其针对日伪军的战斗有苏鲁豫支队第四大队发起的伏击战，该部于 1939 年 12 月在滕费公路上的险要隘口兑头沟伏击日军运输队，歼灭 90 余人，缴获迫击炮 4 门、电台 1 部，弹药等物资的大车 60 余辆。④ 仅就其缴获的 60 余车物资来说，对敌人的打击力度还是相当大的，同样对支援山区军队也是不小的贡献。其针对顽固势力的斗争有 1940 年 1 月 29 日，由四县边联自卫团出动 3000 人发起的讨伐李长胜的战役，不仅赶走了李长胜，还将顽固派王学礼的 3 个营一举歼灭。⑤ 次月，又由一一五师和苏鲁支队发起了针对白彦反动武装孙鹤龄部的进攻，活捉孙鹤龄本人。⑥ 也正是这次进攻，八路军一举打掉了白彦土顽据点，从而造成了当地日伪顽势力的真空，引起了他们的恐慌。于是，1940 年 3 月，日军集结了 2800 余人，于 7 日、12 日、19 日先后三次

---

① 罗荣桓：《罗荣桓军事文选》，解放军出版社 1997 年版，第 59 页。

② 中共临沂地委、枣庄市委、济宁市委党史征委会编：《鲁南地区党史大事记》（送审稿），1986 年，第 117 页。

③ 罗荣桓：《罗荣桓军事文选》，解放军出版社 1997 年版，第 79 页。

④ 黄瑶主编：《罗荣桓年谱》，人民出版社 2002 年版，第 111 页。

⑤ 中共临沂地委、枣庄市委、济宁市委党史征委会编：《鲁南地区党史大事记》（送审稿），1986 年，第 99 页。

⑥ 同上书，第 100 页。

发起争夺鲁南山区要地白彦的战斗，一一五师特务团、六八六团与苏鲁支队一大队等奋勇还击，到 22 日战斗结束，共歼灭敌人 800 余人，缴获长短枪 300 多支①，给予日伪军以沉重打击，为鲁南抗日根据地的巩固和发展奠定了基础。接着，4 月 19 日，日军又出动第三十三师团、第二十一师团、独立第六和第七混成旅团各一部共 8000 余人，从邹县、滕县、枣庄、峄县、临沂、费县等据点出发，兵分 19 路对抱犊崮山区进行合围扫荡，不断向我中心地区推进，形成以大炉为中心的包围圈。八路军一一五师在当地军民的协同下，历经一个多月，发起反击日伪军的大小战斗有 32 次之多，毙伤敌人 2200 余人②，彻底粉碎了敌人的扫荡，保卫了抱犊崮山区抗日根据地的安全。

在抱犊崮，抗日根据地的建设、党的组织建设和抗日民主政权建设也取得了丰硕的成果，较之前获得了长足的发展，与此相对应，抗日民族统一战线工作和群团工作也有了较大的发展。

抱犊崮山区抗日根据地党的建设在一一五师到来以后，1940 年是大发展的一年，在鲁南区党委的领导下，逐步建立完善了地委、县委到党支部组织体系，是年全鲁南地区共有党员 2545 人。③ 这期间抱犊崮山区甚至整个鲁南地方党的建设中发生了一件具有里程碑意义的大事，这就是 1940 年 5 月，中共鲁南区党委建立。虽然当时由于日伪顽势力控制了城镇中心地带，党委的领导所及仅限于鲁南广大农村地区。但它的建立，使此后鲁南地区有了党的最高领导机关，有了它的领导，抱犊崮山区乃至整个鲁南地区党的组织工作才得以有序开展，从而推动抗日根据地的建设。

八路军一一五师的到来，也在较大程度上推动了根据地的民主和政权建设的发展。罗荣桓曾在 1940 年 4 月 21 日总结指出，当时已经"创造了民主政权，初步推行了民主政治"，其表现就是在鲁南地区建设了 6 个县

---

① 同上书，第 102 页。
② 同上书，第 103—104 页。
③ 同上书，第 117 页。

政权,这些政权"颁布了法令,采取了相当的民选"①。其时,抗日民主工作的开展又是我党抗日民族统一战线的重要内容,代表大会也成为发挥党的领导作用,团结群众,发扬民主的重要方式。如1940年2月26日,费县召开各界抗日代表大会,参加大会的代表有230余人,大会讨论并通过了有关费县抗日救亡方案十三条,建立了抗日民主政权和民众动员委员会。② 6月11日,鲁南区党委在费南滕峄边七里河南山的臼子峪召开鲁南抗日人民代表大会,到会代表400余人。大会选举彭畏三为鲁南参议会议长,于化琪为鲁南专员公署专员,梁度世、邝任农、马华、万春圃、王天翼分任一至五科科长。③ 其中多人是非党人士,有相当的民主特色,更重要的是,鲁南地区从此有了最高的政权领导机关。此外,鲁南民众总动员委员会第三分会和鲁南宪政促进会第三分会也于1940年3月在大炉同时成立,选举鲁南总动员委员会第三分会常委、鲁南宪政促进会第三分会执行委员。同日,鲁南民众总动员委员会第四分会、鲁南宪政促进委员会第四分会成立。④ 对推动抱犊崮山区及整个鲁南地区的抗日民主政权建设和民主政治工作有十分积极的意义。

同一时期,抱犊崮山区的群团工作也有了较大发展。1940年5月14日,鲁南工、农、青、妇、文化代表大会隆重开幕,会上产生了鲁南各界抗日救国联合总会。⑤ 不仅如此,全省统一的行政权力机构也在抱犊崮根据地产生。7月26日,山东省各界代表联合大队在青驼寺隆重开幕。到会代表有300余人,经过一个多月的协商与酝酿,成立了山东战时工作推行委员会。下设政治、军事、财经、教育、民众动员五个组,大会选举黎

① 罗荣桓:《罗荣桓军事文选》,解放军出版社1997年版,第59页。另一说为鲁南有14个,参见中共临沂地委、枣庄市委、济宁市委党史征委会编《鲁南地区党史大事记》(送审稿),1986年,第101页。
② 中共临沂地委、枣庄市委、济宁市委党史征委会编:《鲁南地区党史大事记》(送审稿),1986年,第100页。
③ 同上书,第106页。
④ 同上书,第102页。
⑤ 中共临沂地委、枣庄市委、济宁市委党史征委会编:《鲁南地区党史大事记》(送审稿),1986年,第106页。

玉为首席组长。① 同时，1940 年 4 月 5 日在车辋召开的四县边联工人代表
大会表明抗日根据地的工人运动也有了一定的发展。② 可以说，在鲁南地
方党和民主政权的领导下，抗战相持阶段，以抱犊崮为中心的抗日根据地
出现的一大批群团组织，有力地推动了抗日群众的组织、动员和教育宣传
工作。1940 年 2 月 19 日，鲁南民众总动员委员会、山东各界救国联合会
筹委会、第五战区职工抗日联合会、鲁苏青年救国联合会、鲁南国民抗敌
协会、鲁南妇女救国总会筹备会等山东抗日救亡团体联合通电，声讨汪精
卫叛国投敌的罪行。③ 这可以充分地说明，抱犊崮山区抗日根据地的群团
工作获得了巨大成功，使得各种进步势力在党的领导下，团结在抗日民族
统一战线的旗帜下，为争取抗日战争的最后胜利不懈努力。

　　八路军一一五师进入抱犊崮山区以后，对于各股地方势力的统战仍是
重要的工作内容。其对这一时期的统战工作有明确的指导方针。1940 年 2
月 7 日，一一五师发布《对抱犊崮山区的统战工作问题的指示》，要求各
兵团要利用地主阶级内部武装割据之矛盾，进行分化工作；同时，不能因
开展上层统战关系而阻碍群众工作的深入开展。指示还明确指出了对东北
军的统战工作方针，即对其上层官员要密切联系，对中下级军官及士兵要
加强争取工作，对东北军政训处的反动活动要坚决打击。④ 同月中旬，党
中央、毛泽东又电示，对沈鸿烈与于学忠部应采取不同态度，对反共顽固
派采取坚决斗争，彻底消灭的政策；对一切尚有希望之人，采取争取的政
策。⑤ 循此统战工作方针，8 月上旬，苏鲁支队三营和运河支队在运河南
岸地区，打退国民党苏鲁边游击司令韩治隆、第五战区第三支队司令梁继
璐和龙希贞等部 2000 余人的联合进攻后，不仅释放了被俘的龙希贞，为
了做好韩治隆的统战工作，还将所获韩部俘虏和枪支全部归还，并设宴欢
送他们，使韩治隆深受感动，随后三年均与运河支队保持了良好的统战关

<hr>

① 同上书，第 108 页。
② 同上书，第 103 页。
③ 同上书，第 101 页。
④ 同上书，第 100 页。
⑤ 中共临沂地委、枣庄市委、济宁市委党史征委会编：《鲁南地区党史大事记》（送审
稿），1986 年，第 101 页。

系。对死顽分子则毫不留情地进行打击，4 月 26 日，惯匪刘桂棠配合平邑、白彦等据点敌伪 800 余人，分四路向常庄一带进犯，鲁南支队一部借机袭击赵家楼之敌，毙敌 120 余人。[①] 9 月，张光中指挥峄县支队、运河支队一起发动了讨伐孙茂墀的战斗。[②] 通过积极有效的统战工作，可在较大程度上团结爱国人士，避免过多树敌，而对顽固势力进行坚决的打击，则是保护自我的有效方法，这对巩固根据地尤其重要。

总之，八路军一一五师进入鲁南山区以后，对推动抱犊崮山区抗日根据地建设发挥了积极作用，根据地各项工作有了重要推进。到 1940 年年底，抱犊崮山区根据地和游击区面积已达 11048 平方公里，人口达 75 万余人[③]，根据地的财政经济和文化教育事业也都从无到有地逐步发展起来。而且，在 1940 年一年内，鲁南地区开拓了东至滨海，西至邹滕边，南至运河南北，北至蒙山前，以抱犊崮山区为中心的广大根据地，并打通了与鲁中、湖西、滨海地区的联系。这一切成绩的取得与八路军一一五师及鲁南地区地方党的直接领导密不可分，为在鲁南地区坚持敌后抗日游击战，夺取抗日战争的胜利创造了必要条件。

二 重新开辟峄滕铜邳抗日游击根据地

峄滕铜邳抗日游击根据地又称黄邱山套抗日游击根据地或峄南抗日游击根据地，黄邱山套是这片抗日游击区的中心地带，山套内有 18 个村，故又称"十八黄邱"。黄邱山套南北约 10 里，东西约 20 里。峄滕铜邳抗日游击根据地处在枣庄峄县的最南端，东起台儿庄，西到微山湖，南与江苏的铜山县和邳县相邻，北面影响可及周营、阴平一带。该根据地战略地位相当重要，东有枣（庄）赵（墩）铁路，西有津浦铁路线，南有陇海铁路，交通方便；北有枣庄煤矿，南有贾汪煤矿，西有利国驿铁矿，周边有丰富的可资争夺的矿产资源，又处苏鲁交界地带，各方势力对此地的争

---

① 同上书，第 104 页。
② 同上书，第 110 页。
③ 中共枣庄市委党史研究室：《中国共产党枣庄地方史》（第一卷），中共党史出版社 2005 年版，第 201 页。

夺相当激烈。

黄邱山套内抗日游击根据地的势力相对复杂。套内的势力主要有两派，第一派是以谢庄谢绍唐为首的封建势力，他是青洪帮弟子，徒弟遍四乡，在当地很有势力。抗战初期，谢绍唐成立了龙门大队，约有三四十支枪，后来被共产党争取过来，改编成为运河支队的一个下属大队；第二派是以刘谢庄的刘允光、张塘的张治远二人为首，联合了赵圩子的赵成冠，蒋庄的张兆岭等反动势力的地主武装，约有几十条人枪，后来投靠了国民党第五十一军。在黄邱山套外，主要的势力有驻扎涧头集的龙希贞所部，张塘乡的伪乡长杨茂浦所部，泉源乡的伪乡长王允席，徐塘的伪乡长王允修，还有徐楼的伪乡长高登科所部等汉奸伪势力；此外还有驻扎在孙楼、毛楼一带的顽军孙业洪部，苏鲁边的韩治隆所部和胡立德所部；另在贾汪煤矿，驻扎着日军小队。

1938 年，战党派纪华到峄县南部开展工作，后来陆续建立健全了党的组织，发展了一批党员，又通过一系列的群众工作和统战工作，建立了良好的群众基础。同时，组建了几支较有实力的抗日武装，建立了峄县抗日民主政府，组织开展了一系列对敌斗争，打击了日伪顽势力的气焰。1939 年 12 月，罗荣桓认真分析峄县敌伪顽情况，决定将峄滕铜邳地区的我党直接领导的武装和愿意参加的地方实力派合编为地方支队。是年年底，峄县支队、运河支队相继成立。同时，根据罗荣桓的指示精神，在峄县县委、县政府的领导下，峄县南部先后建立了第四、第五、第六区区政权，组织工、农、青、妇各种团体，统一战线工作也有序开展起来。到1940 年 9 月，峄县运河南北地区，形成南北近百里，东西数十里的游击根据地。① 是年底，黄邱山套抗日游击根据地已发展到北至峄县张范，南到铜山县固岘，西达津浦铁路，东抵马兰屯，面积达百余平方公里。② 在这一带，普遍建立了区乡政权和抗日武装，工、农、青、妇等各种群团组织也相继建立，群众运动轰轰烈烈地开展起来。

---

① 中共枣庄市委党史资料征集研究办公室、童邱龙主编：《运河支队抗日史略》，山东枣庄市出版办公室，1988 年，第 49 页。

② 中共枣庄市委党史研究室编：《枣庄革命画史》，中国文化出版社 2013 年版，第 109 页。

1940 年上半年开始，随着日伪加紧对抗日根据地的扫荡，峄南地方抗日武装运河大队、峄县支队进行了坚决的回击。2 月，运河支队首战杜庄获得胜利，毙伤日伪 70 余人，缴获武器弹药一宗。5 月 4 日，日伪军3000 余人，兵分 5 路向运河地区扫荡。运河支队、峄县支队与敌在运河北岸的褚楼、邵楼一带激战，击毙日伪军 200 余人。① 随后运河支队第一支队所部又在运河北岸的常埠桥设伏，击毙日军副联队长广田中佐以下100 余人，取得重大胜利。5 月中旬，为了破坏日军掠夺利国驿铁矿，运河支队第三、第五中队对该矿进行了突袭，杀死日伪军多人，策反伪矿警20 余人，缴获轻机枪 1 挺、步枪 8 支、信号枪 1 支。6 月初，运河支队第一大队第一中队袭击了微山湖东岸的周庄据点，杀死西村以下 12 人，缴获机枪 1 挺、步枪 10 余支。② 这几场胜利，极大地提振了部队的信心，沉重地打击了敌人的嚣张气焰。1940 年 9 月 11 日，日伪 2000 余人在敌师团长田中指挥下，南北夹击运河地区，运支、苏支在库山与敌激战竟日毙伤日伪数十人，随即苏支撤出战斗向湖区转移。12 日，运河在朱阳沟继续与日伪激战，天黑时突出包围圈，毙伤日伪军 300 余人，我军伤亡 50余人。随后发生了"巨梁桥惨案"。同日，峄县支队突围向山区转移。18日，运河支队一大队、二大队会师于涧头集，休整数天后，奉鲁南军区指示，除留少数武装坚持斗争外，大部分转移到山区休整。③

在日伪军加强对抗日根据地扫荡之时，国民党顽固势力和各派封建地方武装又蠢蠢欲动，对抗日根据地构成了巨大的威胁。1940 年 4 月上旬，运河支队第一大队利用智取的方式，成功地解除了梁继璐所部封建地主王云溪的武装。7 月，国民党掀起了反共高潮，其所属第五十七军军长缪澂流在鲁南沂蒙山区组成游击区总指挥部，缪任总指挥。在鲁南、苏北地区，缪秘密串通山东的沈鸿烈、秦启荣，苏北的韩德勤、李守维等反共分

---

① 中共枣庄市委党史资料征集研究办公室、童邱龙主编：《运河支队抗日史略》，山东枣庄市出版办公室，1988 年，第 31 页。

② 中共枣庄市委党史办公室编：《中共枣庄地区党史大事记（1921—1949）》（征求意见稿），1987 年，第 92 页。

③ 同上书，第 99 页。

子，积极在鲁南、苏北地区策划一场全面清洗共产党、消灭八路军的反动
阴谋。峄滕铜邳地区的各股反动势力也趁机行动，针对这种情况，我抗日
武装坚决予以回击。1940 年 7 月，峄县支队出山后，对土顽积极发动攻
势作战，苏鲁支队、峄县支队、运河支队等抗日武装配合作战，向进攻黄
邱山套的汉奸土顽发起反击，一举收复了闷山子、大闷口、阎村等地，将
土顽军据点全部收复。① 6 月、7 月间，由运河支队第九、第十中队配合
苏鲁支队第三中队一部，发起了讨伐王治尧、梁继璐的战斗，驱赶了王治
尧，俘获梁继璐属下阚周栋部，取得了反顽斗争的胜利。8 月上旬，韩治
隆、梁继璐、龙希贞所部联合起来，在韩的统一指挥下，分数路向运河支
队进攻。运河支队与苏鲁支队密切配合，决定坚决回击顽军，经过数日激
战，将顽击退。俘获韩治隆所部营长邢焕章以下 40 余人、龙希贞及其警
卫班。战后，为了统战工作的需要，经过慎重考虑释放了龙希贞，并接纳
其为运河支队副官，并将所获韩部俘虏和枪支全部归还，从而开创了峄南
地区统战工作的经典实例。9 月 15 日，运河支队、苏鲁支队、峄县支队
在张光中的指挥下，发起了进攻古邵、颜庄一带土顽汉奸孙茂墀部的战
斗，在我军强大的军事压力下，孙被迫接受我军领导，但不久又叛变投
敌。② 从总体上来看，峄滕铜邳地区抗日游击根据地反对日伪顽的军事斗
争均取得了一系列的胜利，抗日游击根据地工作获得了较大进展。

　　但是 9 月的扫荡合围也给峄南地区的抗战工作带来了巨大的挑战，在
敌强我弱的背景下，峄县县委、县政府奉命被迫暂时放弃运河地区向山区
根据地转移，峄县地区地方党组织及其区乡政权因此受到严重摧残。③ 同
月，峄南地区最主要的抗战队伍也在敌人的夹击中被迫转移到山区休整。
仅留下少数武装在此坚持斗争。

　　1940 年 10 月，日军又策划了对峄滕铜邳抗日根据地的南北合围扫

---

　　① 中共枣庄市委党史办公室编：《中共枣庄地区党史大事记（1921—1949）》（征求意见稿），1987 年，第 95 页。

　　② 同上书，第 97 页。

　　③ 中共枣庄市委党史办公室编：《中共枣庄地区党史大事记（1921—1949）》（征求意见稿），1987 年，第 100 页。

荡。10月11日，日伪军分两路南北夹击运河地区。运河支队第二、三大队和苏鲁支队三营协同迎击敌人，先后在库山、朱阳沟等处痛击敌人，并突出包围圈。运河支队二大队部分队员在转移过程中遭到巨梁桥汉奸伏击被捕，共29人惨死在敌人的屠刀之下，是为"巨梁桥惨案"。① 运河支队一大队，于11月8日夜与峄县支队一部来到了运河北岸的湾槐树村（今属枣庄市薛城区周营镇）扎营。次日凌晨，遭到韩庄日伪军的包围，运河支队战士奋勇还击，激战10余小时后突围。湾槐树战斗后，运河支队一大队由于伤亡减员较大，装备损耗也十分严重，于是遵照上级指示越过台枣铁路，转移到抱犊崮山区进行休整。至此，运河地区全部伪化。

在山区休整期间，峄县县委、县政府及运河支部调整了领导机构，运支一大队改编为教导旅二旅五团三营，邵剑秋接任运河支队支队长。孙振华接任峄县县委书记兼运支政委，文立正任副政委，朱道南接任峄县县长。② 峄县地区党政军领导机构的调整为重整旗鼓、重新开辟峄南抗日游击根据地打下了基础。

运河地区伪化后，使党从山东、华中到延安的秘密交通线被切断。党中央多次电示山东分局和一一五师，要求迅速恢复峄南运河地区党的工作，重新打通交通线。12月，罗荣桓同志在费县北部的聂家庄接见了运河支队支队长邵剑秋，在听取了汇报以后，指出运河支队活动的运河地区是华中和山东联系的枢纽，离徐州很近，战略位置非常重要。并对其强调了出山后工作的具体方法等方面的问题。③ 12月下旬，遵照鲁南区党委、鲁南军区的决定，峄县县委、县政府、运支领导在青石岭召开联席会议，

---

① 中共枣庄市峄城区党史征集研究委员会编：《中共枣庄市峄城党史大事记》，1989年，第55页。

② 中共枣庄市委党史办公室编：《中共枣庄地区党史大事记（1921—1949）》（征求意见稿），1987年，第101—102页。

③ 中共临沂地委、枣庄市委、济宁市委党史征委会编：《鲁南地区党史大事记》（送审稿），1986年，第116页。

会议传达贯彻了罗荣桓关于重新开辟峄县运河地区工作的指示①，决定重返运河地区，开辟敌后抗日游击根据地。

1940 年的大扫荡后，峄滕铜邳运河地带的抗日武装被迫撤出，日伪军在各地普遍恢复了伪政权，强化了殖民统治。1941 年年初，日军为了巩固上年战果，达到彻底把八路军剿灭的狂妄目的，制订了全新的扫荡计划。3 月 30 日，开始实行第一次的"治安强化运动"，加紧对敌后抗日武装力量和抗日根据地的攻击、封锁和破坏，使根据地环境变得更加艰难。与此同时，1941 年 1 月，国民党制造了震惊中外的"皖南事变"，公然宣布取消新四军番号和审判新四军军长叶挺，掀起了第二次反共高潮。为了揭露国民党顽固派反共祸国的罪行，鲁南根据地军民召开了新四军遇难烈士追悼大会，动员广大群众开展大规模的反分裂、反内战运动②。针对复杂的斗争环境，鲁南区党委积极做出部署，在边联县的白山召开了地县委书记会议，要求各地要集中精力粉碎敌、伪、顽的进攻。③

同时，根据形势发展变化的需要，为了加强对地方工作的领导，鲁南区党委、鲁南军区决定成立滕峄边县，将原峄县管辖的抱犊崮山区，即峄县北部地区划归滕峄边县。峄县党政军领导机构转移到运河南岸地区，以集中力量领导峄、滕、铜、邳地区抗击日、伪、顽的斗争和党的工作，重新开辟根据地。为了加强运河支队的力量，壮大运河地区的抗日武装，一一五师还从该部选派教导旅五团副团长王根培兼任运河支队副支队长，并带五团三营随运河支队和峄县党政机关返回运河地区，以协助打开这一带的工作局面。另外，1941 年 1 月初，在鲁南区党委、鲁南军区的领导下，鲁南抗敌自卫军峄山支队成立，由孙伯龙任支队长，孙立亭任副支队长，

①　中共枣庄市委党史办公室编：《中共枣庄地区党史大事记（1921—1949）》（征求意见稿），1987 年，第 104 页。

②　中共山东省委党史研究室编著：《新民主主义革命时期中共山东党史大事记》，山东大学出版社 1992 年版，第 267—268 页。

③　中共临沂地委、枣庄市委、济宁市委党史征委会编：《鲁南地区党史大事记》（送审稿），1986 年，第 119 页。

彭畏三任政委。① 支队成立后，随峄县其他武装和机关赴运河地区坚持游击战，从而壮大了峄、滕、铜、邳抗日根据地的武装力量。从此，峄县县委、县政府以运河支队为骨干，开始创建黄邱山套抗日根据地的工作。

运河支队重新出山后，为了造出声势，重新打开工作局面，首先选择了攻打周营日伪据点。周营日伪据点为伪峄县第七区区长兼大队长孙景义部驻守，兵力为200余人，分三个中队。1941年2月12日凌晨1时许，运河支队到达周营外围，3时许发起攻击。东西据点的伪军在半个小时内就被缴械投降，中心据点也被迅速拿下。只有伪区长孙景义所据守的中心碉楼负隅顽抗，攻坚战持续到中午，韩庄、阴平一带的日伪军也陆续增援，情况十分危急。副团长兼副支队长王根培抢先登上云梯，加强了攻势，孙景义被迫投降，战斗很快就结束。是役共俘获200余伪军人枪，以牺牲1人的较小代价，拔掉了周营据点。战斗过后，部队转移到周营北10里的王楼休息，于当晚选择继续南下，次日在运河南岸的新闸子村与日军遭遇，经过2个多小时的激战，日军窜逃向六里石据点。运河支队将士追至六里石据点并向碉堡发起攻击，经过一番战斗，据点日伪军大半被歼，少数泗水逃命，据点被拔。随后，运河支队进入黄邱山套和胡大勋、胡大毅所部会合，进行了短暂休整，并重新做了韩治隆的统战工作，双方的关系进一步融洽。

峄县党政军机关重返运河以南地区后，为了加强领导，逐步恢复建立了部分党的地方组织。3月，以涧头集为界，成立中共黄邱西区区委，由孙耀南任书记，同时建立了西区区政府，由丁而庭任区长，并建立了区中队；4月，为了开展阴平一带的抗日工作，中共峄南县委决定建立阴平地下区委，由张东明任书记，孙景德任组织委员，谢学美任宣传委员，区委建立后，恢复了6个农村党支部。② 运河地区党的地方基层组织的重建，无疑有利于加强党对各项工作的领导，对推动根据地的重新开辟起到了关

---

① 中共临沂地委、枣庄市委、济宁市委党史征委会编：《鲁南地区党史大事记》（送审稿），1986年，第118页。

② 中共枣庄市峄城区党史征集研究委员会编：《中共枣庄市峄城党史大事记》，1989年，第58页。

键作用。以此为基础，还注重发展和加强地方抗日武装。运河支队对部队进行重新整编，第一大队以五中队为基础，大队长邵子真，副大队长王默卿，其活动区域为利国驿以东的新河区，另以一部分进到津浦铁路沙沟车站附近活动，大力发展部队；第二大队由第八、第九、第十中队组成，胡大毅为大队长，曹杰为教导员并兼任支队的总支书记。此外，运河支队还派作战参谋褚雅青到微山湖东岸的张阿村周围发展部队；派二大队侦察参谋谢绍唐在黄邱山套、贾汪周围以龙门大队的名义发展武装，以谢绍唐、李浩分任大队长、政委。自此，峄县党政军在运河地区的工作有序开展起来。

3月21日，日寇推行第一次"治安强化运动"，加紧了对抗日根据地的进攻。4月，徐州、枣庄、峄县等地日伪军3000余人，分三路进攻黄邱套山区运河支队和峄县党政机关驻地许阳。运河支队与友军韩治隆部密切配合，采用各个击破的战术，先击退其最弱的一路，以涧头集的铁杆汉奸"龙瓜屋子"为重点打击对象，缴获轻机枪一挺、步枪20余支，俘虏伪军数十人①；而后又夜袭另一路，其他各路日伪军也被阻退，取得了反扫荡的胜利。

1941年夏，日军开始了为期两个月的第二次"治安强化运动"，以"实行剿共"、"巩固治安"为重点，给各抗日根据地造成了巨大的困难。这一时期，运河以南地区的抗日力量又有所扩大，原运河大队第七支队在原中队长褚思惠的带领下返回运南，与孙斌全部一起编为峄山支队的独立团，成为与运河支队并肩作战的重要武装。在获取了敌人进攻的情报后，运河支队决定以阻止敌人到运河南岸地区强征粮食为主要的打击手段，并主动撤离旺庄、许阳地区，隐藏到黄邱山套待机。6月中旬，枣庄、峄县、台儿庄、韩庄的日伪军2000余人，分别从韩庄、涧头集、台儿庄三个方向向南北许阳进击，在当地征集了大批的粮食陆续运往涧头集和运北古邵据点。运河支队在于沟、毛楼一带设伏，成功地袭击了敌人的运粮

---

① 中共枣庄市委党史资料征集研究办公室、童邱龙主编：《运河支队抗日史略》，山东枣庄市出版办公室，1988年，第79页。

队，打碎了日伪军到运河南岸的抢粮计划。8月，枣庄、峄县、台儿庄、涧头集、韩庄、古邵等据点的日伪军又组成2000余人的队伍，分路对旺庄一带进行报复性扫荡。运河支队命褚思惠所部在毛楼伏击敌人，成功地粉碎了敌人的报复计划。

12月，借着反扫荡的胜利，中共峄南县委决定加强武装建设，组建了峄县县大队，由朱道南兼任大队长，李明和、褚雅青任副大队长，花如景任教导员，程泮芹任副教导员。① 峄县县大队的成立，壮大了运河地区的抗日力量。接连粉碎敌人的两次扫荡以后，峄南地区的日伪军暂时收敛，至是年底基本没有再进行大的军事行动，这一地区又重恢复了暂时的平静。但是1941年是鲁南地区抗战史上艰难、困苦的一年，虽然取得了一些反扫荡的胜利，但总体上根据地日趋缩小，峄南运河地区的反对敌、伪、顽的斗争也并不轻松。

1942年的斗争形势依然严峻。1月2日，日伪军1000余人包围了峄山支队驻地毛楼村，时任鲁南军区副司令员兼峄山支队长的孙伯龙率部反击，先后击退了敌人10余次的猛烈进攻，但终因寡不敌众，战斗失利，在突围的过程中，孙伯龙以下30余名将士牺牲。4月，日伪军又出动5000余人围攻微山岛，岛上的地方武装包括运河支队、峄南县县大队等抗日武装不足千人，但仍奋勇突围，大部分成功突出了敌人的包围圈，转移到黄邱山区，但峄南县县大队副大队长褚雅青壮烈牺牲。

在愈加困难的环境下，峄南县党政军仍取得了多方面的成绩。一是继续加强党的组织和地方政权建设，强化党的领导。为了加强峄南县委领导班子，鲁南区党委派纪华、刘亦夫、王磊、胡方、许克尧、亓世明到峄南县委工作，纪华任县委书记，孙振华任副书记。张允峙、朱奇民、刘向一、刘亦夫、王磊、李益民任县委委员，朱道南任峄南县县长。运河支队由胡大勋任支队长，纪华兼任政治委员，孙斌全任副支队长，下辖两个支队。7月，为了加强对运河北部地区的领导，开辟以阴平的文峰山为中

---

① 中共枣庄市峄城区党史征集研究委员会编：《中共枣庄市峄城党史大事记》，1989年，第61页。一说教导员为李明，参见中共临沂地委、枣庄市委、济宁市委党史征委会编《鲁南地区党史大事记》（送审稿），1986年，第130页。

心，北至枣庄，南至运河，东到泥沟，西至津浦铁路线一带的游击根据地，中共峄南县委决定建立运北工委。由鹿广连任工委书记（不久由刘向一接任）[①]，工委下辖文峰、牛山、棠荫、曹庄、张范5个区委。同时还建立了运北办事处，辖文峰、牛山、棠荫、曹庄、张范5个区政府。运北工委和办事处的成立，大大强化了党的领导，推动了运北地区游击根据地的建设进程。10月，为了加强领导，又对运北工委和文峰游击队进行领导班子调整，由刘亦夫任工委书记，张允峄任组织部长，朱奇民任宣传部长。同时，由李明和继任文峰游击大队大队长，运北工委书记刘亦夫兼任大队政委，运北工委书记刘亦夫兼任大队政委，张允峄兼任副政委，全大队约有60人。二是加强统战工作，扩大抗日武装。中共阴平地下区委通过关系，向古邵伪军武装孙茂墀部的赵仁义传达区委关于带领队伍起义的指示。赵仁义先后两次策划起义，第一次被孙茂墀发现，齐凤池等5人被捕牺牲，随后制定了严密的起义部署，成功地带领100多人起义。队伍拉到黄邱山套，加上部分运北武装、运河支队、峄县支队共同组建了文峰游击大队。由赵仁义任大队长，阎允厚任副大队长。8月，又在中共峄南县委的领导下，成立了农民大队。由邵子真任大队长，丁瑞庭任副大队长，华新乙任政委。这些抗日武装的建立，加强了运河地区抗日武装力量，有力地巩固了抗日游击根据地，为打通秘密交通线做出了积极贡献。另外，在统战工作方面，由于战斗环境日益复杂。中共峄南县委和运北工委还着力加强了对日伪保长的工作。对那些死心塌地为日本人卖命的人进行坚决镇压，对部分骑墙观望者进行政治争取，还实施了"武装大请客"，把那些较为进步的乡村保长请到山区受训，取得了较好的效果。通过一系列细致的工作，在伪乡村保长中培养了一批"两面派"，秘密为我抗日工作服务。从而初步改善了我斗争环境，加强了对运北抗日根据地的领导。三是加强武装斗争，初步打开根据地局面。1942年3月底，运河支队第八、第九两个主力连，开进到杜安集一带，伺机深入平原地区。4

---

① 中共枣庄市峄城区党史征集研究委员会编：《中共枣庄市峄城党史大事记》，1989年，第63页。

月初，东路的涧头集日伪军 200 余人，向第九连发起进攻；同时贾汪日伪军出动 300 余人，向第八连阵地进攻。运河支队各部奋起还击，打退了敌人的多次进攻，并趁势北进到张山子。随后，又越过津浦铁路线，转移到黄龙山一带坚持斗争。① 这就初步打开了黄邱山套以北三角平原地带的工作局面，由先前的完全隐蔽工作逐渐转向公开活动。7 月中旬，运河支队第八、第九连向进驻黄邱山套以北新河地区的郑继筠部发起进攻，经过激烈的战斗，终将郑所部全部俘虏。之后不久，顽固势力丛维三所部 800 余人又越过津浦铁路线，占领了土盆村一带，并与韩治隆部联合，企图进攻运河支队。运河支队在与敌对峙 20 余天后，韩治隆便主动要求与运河支队达成妥协，未遂。

三 开辟以微山岛为中心的微山湖区抗日游击根据地

微山湖区抗日游击根据地实际是以 1938—1940 年开辟的滕沛边抗日根据地为基础发展起来的。微山岛在南四湖的南部微山湖中，岛内有吕蒙、杨村、大小官庄、墓前村等 18 个村庄，2000 余人。鲁南地区沦陷后，日军在这里建立了伪政权组织，隶属伪滕县八区。

1940 年 8 月，经山东分局决定，建立了以微山湖为中心的中共湖西区五县工作委员会。工委书记由潘复生兼任，组织部长李文，宣传部长李剑波，军事部长郑统一。工委辖沛县、沛铜、沛滕边、邹西、滕西 5 个县委。五县工委的成立，对加强该地区的党建工作，开辟微山湖区游击抗日根据地发挥了关键的作用。与此同时，在五县工委的领导下，成立了五县游击大队，许言任大队长，郑统一任政委，张新华任副大队长，朱煜如任政治部主任，同时成立了以潘复生为总指挥的军政统一对敌斗争指挥部。② 沛滕边县委及水上区委利用各种关系，很快组织了 40 多只大船，300 多只小船，300 多对鸭枪，隐蔽在芦苇荡中坚持斗争。到 11 月，国民

---

① 中共枣庄市委党史研究室：《中国共产党枣庄地方史》（第一卷），中共党史出版社 2005 年版，第 210 页。

② 中共微山县委党史资料征研委员会编：《微山县党史大事记》，中共党史资料出版社 1990 年版，第 63 页。

党沛、滕、丰、铜、鱼五县顽军 2000 余人合围微山湖区，微山湖地区形势进一步恶化，五县党政及武装 1500 余人被围困在微山湖中，吃住极其困难，处境十分危险。为了摆脱困境，对敌斗争指挥部召开紧急会议，决定组织突围，撤离沛滕边区。西撤前，组建了沛滕边县委，王洪磊任书记兼组织部长，沈惠民任副书记兼宣传部长，田光宇任民运部长。① 26 日，穿过顽军的封锁线，不久安全到达单县中心区根据地，完成了转移工作，保证了党政及抗日武装的安全。

沛滕边党政武装西撤后，日军为加强对津浦铁路沿线地区的控制，于1941 年春在微山湖东的郗山，后张阿、黄庄、辛庄、微山岛等地安上了据点，并疯狂抓捕当地抗日干部群众。先后两次在张阿等村抓去干部群众32 人，峄县临沙区委书记褚思沛也被抓去，临沙区委遭到严重破坏。6月，滕县日军宪兵队联合滕县、枣庄、临城日军警备队共 300 余人，伪军1000 余人，包围了湖东夏镇、部城、三孔桥等地，大肆抓捕我沛滕边党员、干部及群众，先后有 27 人被抓，押到滕县后有 10 人被杀害。临城据点的伪军阎成田部也趁机侵占了微山岛，在岛上安设据点，肆意残害百姓。因此，微山湖区的环境更加复杂和困难，党的工作暂时转入低潮，亟待开辟新的工作局面。

1941 年 1 月，一一五师教导二旅、教导四旅发起反攻冯子固、周侗等国民党顽固派的斗争，经过半个多月的战斗，攻克顽军 17 处据点，歼敌 700 余人②，打通了鲁南与湖西的联系，重新控制了微山湖地区。以此为契机，地方党组织也回到湖东地区协助主力部队开展工作。是月，张新华回到沛滕边，在县委的领导下，组建发展武装。不久建立了微山湖游击队，由 28 人组成，张新华任大队长。同一时期，还在教导二旅的领导下，在夏镇南三孔桥组建了滕沛大队，钟勇飞任大队长，李明任政委，傅保田

---

① 同上书，第 64 页。
② 中共临沂地委、枣庄市委、济宁市委党史征委会编：《鲁南地区党史大事记》（送审稿），1986 年，第 119 页。

任副大队长。① 抗日武装的陆续成立，初步加强了微山湖东地区的抗日武装力量。

1941 年春，为了打开湖区的工作局面，峄县大队副大队长褚雅青回到家乡微山湖东张阿一带发展抗日武装，他与中共峄县临沙区委书记褚思沛取得了联系，协助区委建立发展武装，很快建立了一支四五十人的队伍。同年 4 月，褚雅青带这支队伍进入微山岛，编入峄县县大队，同鲁南铁道大队、微山湖游击队、运河支队等抗日武装联合行动，坚持抗战。为了进一步打开工作局面，建立巩固的抗日游击根据地，并为保障湖上秘密交通线的安全，6 月 22 日夜，在湖东一带活动的鲁南铁道大队、微山湖游击队、运河支队四大队负责人在三孔桥南小袁庄召开会议，决定收复微山岛，并推举褚雅青为作战总指挥。6 月 23 日晚 8 时许，各路武装乘船向微山岛进发，随后兵分两路向敌人发起进攻。一路由张新华带领微山湖游击队进攻吕蒙村，一路由地下交通员仲传璧引路进攻杨村。张新华率队赶到吕蒙后，发现该村的伪军已经撤走，随即返回协助攻打杨村。当晚 11 时，刘金山、孙茂生等率领鲁南铁道大队队员，向伪乡长殷延榜大院发起进攻，顺利地占领了该大院。褚雅青带领 3 个加强班，主攻杨村东部的伪团部。褚雅青派部分队员在伪团部西面组织佯攻，将火力吸引过来，亲自率敢死队从东面迅速逼迫伪团部北墙，在墙上掏洞安上 4 支鸭枪，向大院里的敌人猛轰。敌人死伤甚众，于黎明时分向微山湖溃逃，误进了鱼钩阵，当了俘虏。此役共歼灭驻岛伪军 200 余人，活捉伪团副苏海如，缴获了一批枪支弹药。② 微山岛重新回到了革命武装的手里，为湖区抗日游击根据地的建设打下了坚实基础，并保障了湖上交通线的安全。

微山岛解放后，根据地建设相关工作迅速开展起来。1941 年秋，中共峄南县委、县政府为开辟微山湖南部地区、协调活动在微山湖南部地区各支抗日武装之间的关系，在微山岛设立了峄县驻微山湖办事处，张捷三

---

① 中共微山县委党史资料征研委员会编：《微山县党史大事记》，中共党史资料出版社 1990 年版，第 67 页。

② 同上书，第 70 页。

任办事处主任（不久即由刘向一接任）。① 加强了对湖区抗日根据地的领导，办事处成立后，积极履行政府和社会管理职能，为根据地建设提供了重要支撑。

1942 年 3 月，日军推行第四次"治安强化运动"其主要内容是实行"治安肃正"、"总力战"、"囚笼政策"、"保甲制度"等。驻津浦铁路沿线的日伪军加紧了对鲁南地区抗日游击根据地的扫荡。抗日游击根据地的形势日益紧迫，中共徐北中心县委被迫转移到微山湖中，以湖中的翁楼村为依托，建立和发展抗日武装，坚持对敌斗争。不久，在徐北中心县委的领导下，组建了一支 10 余人的抗日武装，由李耕川任班长。8 月，在微山湖游击队改编时，这支队伍被编为微湖大队第五小队。此后，便作为一支活跃于微山湖区的抗日武装，为打击敌人、保护抗日根据地安全做出了积极贡献。4 月，驻临城的日伪军 1000 余人分两路包围了鲁南铁道大队驻地黄埠庄，大队长洪振海率部英勇还击，迅速突围，但在激烈的战斗中不幸中弹，壮烈牺牲。这支抗日革命武装遭受重创。

4 月 20 日，驻临城、沙沟、塘湖、韩庄、夏镇等据点的日伪军集结，准备大举进攻微山岛，企图一举消灭岛上的革命力量。截获敌人行动的消息后，驻微山岛的各支抗日武装于当晚聚在吕蒙村召开紧急会议，商讨应对策略。大家各抒己见，有的认为微山岛为湖中孤岛，不利于坚守，必须尽快撤离。但多数人认为大多数武装在微山岛活动多日，有较深厚的群众基础，必须不能置岛上群众利益不顾。经过一番讨论后，众人就坚守微山岛达成一致。会议推选运河支队一大队大队长邵子真为总指挥，铁道大队副大队长王志胜、峄县大队副大队长褚雅青、微山湖游击队大队长张新华、水上区区长黄克俭为副总指挥，指挥部设在吕蒙村。会议还就战斗任务作了具体部署：由邵子真与教导员唐绍钦率运河支队一大队四中队 100 余人驻守吕蒙村；由铁道大队和滕沛大队共 60 余人分守大、小官庄；微山湖游击队 100 余人负责墓前村防守；由褚雅青率峄县大队 30 余人和运

---

① 中共微山县委党史资料征研委员会编：《微山县党史大事记》，中共党史资料出版社 1990 年版，第 72 页。

河支队一大队八中队守微山岛门户杨村渡口；由水上区中队和微山湖办事处负责指挥群众转移工作。① 会议结束后，各部按照既定方案行动，迅速到达指定战斗位置。

4月21日凌晨，日伪军2000余人分乘汽船、帆船在机枪、大炮的掩护下，从正东、东南、东北三个方向同时包抄微山岛。在杨村渡口，褚雅青率领队员们严阵以待，等敌人船员靠近时，命令集中火力猛烈射击，敌伤亡甚重，被迫退回船上。于是改变策略，集中兵力攻打指挥部所在地吕蒙村。邵子真率四中队奋起还击，但终因敌我悬殊，伤亡较大，于是决定部队全部撤退。四中队从吕蒙北面的谢楼渡口突围到沙沟车站以北的姬庄，当日晚转移到津浦铁路线以东的界沟村。鲁南铁道大队所部接到命令后，换上了日伪军的服装，从大小官庄成功突围。但由于敌人炮火封锁严密，褚雅青部没有能够接到指挥部的撤退命令，仍继续坚守阵地。上午9时许，日伪军加紧了攻势，因力量悬殊，褚部伤亡严重，仅剩几名队员，褚雅青本人也身负重伤，遂严命队员撤退。当队友撤离后，他烧掉文件，用短枪打死几个靠近的敌人后，饮弹自尽，时年仅40岁。

微山岛突围战中，共击毙日伪军100余人，我抗日武装诸部也付出了包括褚雅青在内的100余人伤亡的代价。其中运河支队所部撤出战斗后，受到敌人的追咬，一直跟随到运河南岸地区。日伪军大队甚至蹿到黄邱山套地区，向运河支队射击后撤退。一大队除二中队所部除被歼灭者外，其余所剩三、四、五中队都先后投敌成为敌人的帮凶。② 这也是严峻斗争形势下，我地方抗日武装忽视思想政治工作所付出的代价。

微山岛战斗后，湖区的斗争形势更加严峻复杂，日伪军的控制进一步加强，对抗日武装构成了巨大威胁，受损严重。4月，鲁南铁道大队队员烧毁阎成田所部柏山据点工事后，部队分两路转移，副中队长曹德清所率一个中队转移到种口村伪保长家里休息。当日晚被日伪军四五百人包围，

---

① 中共微山县委党史资料征研委员会编：《微山县党史大事记》，中共党史资料出版社1990年版，第77页。

② 中共枣庄市委党史资料征集研究办公室、童邱龙主编：《运河支队抗日史略》，山东枣庄市出版办公室，1988年，第111页。

所部奋勇突围，但因寡不敌众，曹德清、李云生、王玉连、李启厚、张继明等7人壮烈牺牲。[①] 5月，由于叛徒的出卖，沛滕县委在夏镇寨子村开会时被伪军包围，县委书记王洪磊在突围时壮烈牺牲，夏镇特支书记郑一鸣被俘。[②] 王洪磊牺牲后，沛滕县委进行调整，张庆林接任县委书记，陶力民任组织部长，张新华任军事部长。为了恢复湖东地区的工作，郑一鸣在被救出后，任一区区长。不久七区、四区、五区也相继恢复了工作，各区党组织在沛滕边县委的领导下，迅速地开展工作。此前，4月下旬，峄南县委建立了中共临沙工委，由刘向一任书记，杜季伟、朱奇民为委员。[③] 工委机关驻郗山、张阿、沙沟一带。在临沙工委的领导下，湖东地区大力开展镇压特务、叛徒的运动，并很快恢复了大片地区的工作。8月，为了加强微山湖区的抗日武装力量，微山湖游击队在湖西高楼进行整编，定员160人，改名为微湖大队，辖4个小队。张新华任大队长，孙新民任政委，胡桂林任副大队长。[④] 9月，鲁南军区决定，微山湖东的抗日武装整编为鲁南军区独立支队，下辖4个中队。张新华任支队长，孟昭煜任政委。鲁南支队整合了湖东地区几支主要的抗日武装，大大加强了这一带地区的抗日力量，对推动抗日根据地的发展有积极意义。同月，为了明确微山湖区的归属问题，沛滕边区县委划归鲁南区党委领导。同时建立了滕沙工委，由鹿广连任工委书记，杜季伟、朱奇民为委员。[⑤] 1942年，尽管微山湖区抗日游击根据地斗争形势十分严峻，但在一一五师和鲁南区党委的领导下，党的组织建设和反对日、伪、顽的斗争仍取得了一定的成绩，尤其是这块根据地的存在，为保障我党秘密交通线的安全做出了重要贡献。是年7月、11月，刘少奇、肖化先后从微山湖区通过，并对地方党的工作进行了重要指示，为抗日根据地的发展发挥了积极作用。

---

　　①　中共微山县委党史资料征研委员会编：《微山县党史大事记》，中共党史资料出版社1990年版，第78—79页。

　　②　同上书，第79—80页。

　　③　同上书，第78页。

　　④　同上书，第81页。

　　⑤　中共枣庄市委党史办公室编：《中共枣庄地区党史大事记（1921—1949）》（征求意见稿），1987年，第129页。

四 重新开辟滕峄边抗日根据地

1938 年夏，滕峄边县委建立，并在附近的十几个村庄成立了抗日救国会和自卫武装，积极筹备党领导下的抗日民主政府，标志着抗日根据地初具规模。但是由于顽固派势力的包围，随着抗日义勇队第一部队撤出滕县，地方党成员被迫转移到抱犊崮山区，滕峄边县委撤销，根据地工作转入低潮。

但是地方党的工作始终没有停止，是年 10 月，李子成受命回滕县筹建滕县县委。1939 年 2 月，中共滕县县委在赵庄建立，县委隶属于中共鲁南特委领导。县委书记由王丹墀担任，组织委员李子成，宣传委员朱绍庭，武装委员朱慕唐。滕县县委的成立，推动了当地党的组织建设，仅滕东地区的党支部就由原来 1 个支部，增加到 7 个党支部和 2 个党小组，党员也由 16 名增加到近 60 名。① 3 月，中共邹西县委派刘仲民到滕西地区开展党的工作，先后发展了 10 余名共产党员，并建立了一个党支部。6 月，滕县县委决定，以驳山头村赵建奎领导的自卫团为基础，成立"滕县独立营"，营长为朱传英。队伍计有 100 余人，加强了当地抗日武装力量。8 月，根据斗争形势的需要，山东分局指示，滕县以津浦铁路为界，分设滕东、滕西两个县委。王丹墀、生碧泉分任县委书记。② 随着滕东县委工作的开展，12 月，滕东县委各支部骨干会议召开，决定成立第二、第三区两个区党组织机构。会后，遵照上级指示，一一五师民运部派一批干部来滕东开展工作，协助建立抗日政权。1940 年 1 月、2 月，分别成立了三区办事处和二区区公所。三区区长于依东，区中队指导员孙文成，区委书记王韬；二区区长曹兴中，区中队队长王占彪，指导员杨清湖，区委书记李宝琛。与此同时，为了帮助区委开展工作，县委调部分党员分别到两区配合工作。

1940 年 6 月，滕二区党政机关遭到敌人破坏，区指导员杨清湖、区

---

① 中共滕州市委党史办公室编：《中共滕县党史大事记（1930—1949）》，1990 年，第 38 页。

② 同上书，第 39 页。

工曹兴中、区中队长王占彪被杀害。① 事件发生后，县委决定重新成立二区区公所，派韩超任区长。不久，韩超被李景洲部抓获，英勇就义。同月，滕东县大队某中队遭日军袭击，县大队在执行任务时，遭到从桑村、连水、羊庄、山亭等据点集合过来的日伪军的包围。县大队奋勇突围，但损失惨重，中队长张宪玉牺牲。② 随着日、伪及顽固派势力进攻的加强，1940 年下半年，滕东一带的抗战形势急剧恶化，县委的活跃区域日益缩小。这一时期，峄县党政机关也逐渐转移到运河以南地区开展活动，对其所辖北部地区的管辖日益松散。为了加强对这一带地区的领导，1942 年 2月，鲁南区党委决定将滕东县委改为滕峄边县委，县委书记仍由王丹墀担任。③ 3 月，斗争形势进一步恶化，县委不少干部离开本地，严重影响了县委机关工作的开展。4 月，为了加强滕东地区的抗战工作，应李子成的请求，鲁南区党委增派王彬、苏佩兰、陈林英等加强滕东的妇女工作；派敌工干部李裕林、王修言加强县大队工作。7 月，区党委再派崔晓东任滕峄边县委书记，李子成任组织部长，刘耀华任宣传部长，邱焕文任统战部长，薛林和陈涛分别负责青年和妇女工作。滕峄边县委下辖 4 个区，以后又建立了第五区、第六区。这期间，由于费南一带形势恶化，鲁南区党委决定将费南县转移到滕峄边区，撤销费南县委，划滕县的辛庄、岳朋等两个区归费南，成立中共费滕工委。工委书记张林夫，该工委旋于 9 月撤销。11 月，滕峄边办事处、滕峄边县大队相继成立，办事处主任孙怡然，大队长李贵斌，大大加强了这一带地区的军政领导。滕峄边办事处成立后，下辖四个区，第一区是抱犊崮一带，区长为李瑞；第二区在徐庄一带，区长为王鼎新、副区长为陈正寅；第三区以辛召为中心，区长为王传章；第四区在板上、辛庄一带，区长为张西爵。12 月，为了贯彻中央"以政治工作为主，以游击战为辅"的工作方针，滕峄边对敌工作委员会

---

① 中共滕州市委党史办公室编：《中共滕县党史大事记（1930—1949）》，1990 年，第 44 页。
② 同上书，第 45 页。
③ 同上书，第 47 页。

成立。崔晓东、邱焕文分别任正、副主任。①

1942 年年初，滕东县划归滕峄边县领导，其时滕东有 4 个党支部和 1 个党小组，共有 30 多名党员。为了加强对滕峄边县的领导，3 月下旬，组织上决定派穆林到滕峄边县任县委书记，崔晓东改任副书记。各救会长刘德坤，农救会长宋慎之，妇救会长陈涛，青救会长由宣传部长刘耀华兼任。② 县委直属鲁南区党委领导，下辖 4 个区委和区政府，机关驻徐庄。是年 3 月，日军推行第四次"治安强化运动"，加紧了对抗日根据地的扫荡，抗战形势趋紧。4 月，为了鼓舞士气，动员抗战，滕峄边县四区在下辛庄召开 1000 余人的自卫团誓师大会。是月，一一五师派民运工作组到达滕四区，在滕四区板上村（今属枣庄市山亭区境内），发动群众，开展减租减息，增加工资运动。

6 月，中共山东分局根据刘少奇提出的减租减息工作的指示，发出了《关于减租减息、改善雇工待遇，开展群众性运动的决议》。在此基础上，鲁南区党委决定建立以"双减"为中心的费滕边实验县，全面开展减租、减息工作。县委书记由一一五师政治部民运部长李青兼任，王韬、陶有亮为副书记。滕边所辖的滕四区划归费滕边实验县领导，刘剑任费滕边办事处主任。同月，滕峄边县也按照上级指示，开展了"双减"运动，为慎重起见，滕峄边县委先选择了在二区郭庄试点，各区也选点试行。7 月，因滕峄边县与费滕边实验县名称容易混淆，经滕峄边县委请示，鲁南区委批准，滕峄边县改名为双山县。县委书记仍由穆林担任。8 月，在费滕边县四区辛庄村召开"农会"成立大会。参加大会的有数千人。会议选举尹文钟为"农会"会长。③ 同月，日军从徐州、滕县、费县、枣庄、临沂等地集结 4000 余人，分八路向抱犊崮山区扫荡，鲁南抗日根据地形势益形严峻，根据地面积更加缩小。

在极端困难的情况下，在地方党政军的艰苦努力下，滕峄边抗日根据

---

① 中共滕州市委党史办公室编：《中共滕县党史大事记（1930—1949）》，1990 年，第 50 页。

② 同上书，第 44 页。

③ 同上书，第 61 页。

地工作仍取得不少成绩。一是针对日伪军的三次大规模的扫荡，在鲁南区党委和一一五师的领导下，开展了"游击战"、"麻雀战"等袭扰运动，在敌强我弱的背景下，成功地粉碎了敌人的扫荡计划。二是边县地方党的建设和政权建设，群团工作也取得了重要的发展。在既有武装的基础上，通过开展轰轰烈烈的群众工作，加强了民兵建设，增强了抗日力量；按照上级指示精神，认真贯彻根据地的各项法令，大力推广"双减"运动，赢得了广大农民的热烈欢迎和支持，有力地巩固了根据地政权；在文化建设方面也采取了一些措施，开办小学和成人识字班帮助百姓识字，提高文化修养；另外，还注重政府的经济组织功能，恢复和扩大集贸市场，活跃农村经济，改善人民的生活。

第五节　严重困难时期抗战局面的扭转

一　枣庄地区抗战陷入严重困难局面

1941—1942 年是中国共产党领导的敌后抗日战争最困难的时期，日伪军以主要精力对付我敌后战场，对抗日根据地发动了连续、残酷的大扫荡，形成严密的封锁、包围和吞食，造成抗日根据地不断缩小，广大军民的生存极其艰苦。这一时期，山东的抗战形势也异常艰辛，山东的根据地面积缩小了三分之一，人口减少了三分之二。大部分根据地被分割成小块或分散的游击区，与敌占区形成犬牙交错之势，在敌人的夹缝中艰难生存。

1940 年以后，日军对中国共产党领导的抗日根据地进行疯狂扫荡的结果，是八路军、新四军迅速发展，抗日根据地日益发展壮大。这严重威胁了日本帝国主义在中国战场的侵略利益。于是，日军在华北地区实施了"治安强化"运动，在其势力所及的范围内，对抗日军民实行军政、政治、经济、文化等多种手段的血腥镇压，对根据地形成包围和封锁，以巩固敌占区为目的。为了强化"治安强化"运动的效果，日军在 1941 年春至 1942 年冬期间，先后在华北地区实施了高频次的扫荡，先后达 5 次之多。

1941 年 1 月，国民党反动派发动了震惊中外的"皖南事变"，在全国再次掀起了高潮。各地的顽固派势力乘机向根据地军民发动偷袭和进攻，并大肆扶植地主和土匪武装，制造与共产党的摩擦，甚至不惜出卖国家利益，借助日伪军的力量，企图消灭抗日武装，进而消灭抗日根据地。在日、伪、顽倒流的大背景下，抗日根据地军民的生存环境日益艰难，抗战形势急剧恶化。

在枣庄，1940 年 4 月，日军纠集 8000 余人，分 10 路向鲁南抗日根据地扫荡。一一五师在当地军民的协同下，经过 20 余天、30 余次的战斗，粉碎了敌人的阴谋。但随后不久，在严峻的形势下，党内出现了叛徒，给党的工作带来了很大的被动。5 月，一一五师派到滕县做敌工工作的唐虎叛变投敌，使滕县县大队及地方基层组织受到破坏和威胁；6 月，滕二区区中队副队长吴长印武装叛变，致使区党政机关被破坏，区指导员、区长、区中队长均被杀害。[①] 同时，日伪军和国民党顽固派加紧了反共活动，更给地方党的工作造成困难。先是滕东县大队遭到日军伏击，损失惨重，中队长牺牲；7 月 5 日，国民党滕县县长周侗派兵包围了滕西县委及五区区中队驻地盖村，逮捕干部战士 30 余人，收缴枪支 54 支，子弹 5000 余发。此次事件，严重破坏了滕西地区的红色政权，县委被迫转入地下。这一时期，日伪军还在滕县以东的山亭、文王峪等地安设据点，费县、岚口山区、临费边也落入顽固派手中。10 月，日伪军 2000 余人又南北夹击运河地区，苏鲁支队、运河支队、峄县支队等地方抗日武装经过艰苦战斗，终于突出敌人包围圈，又遭到顽固派的伏击，损失严重。为了保存有生力量，各部陆续转移到抱犊崮山区休整。峄县运河南北除极少数地区外进一步伪化，四区、六区党的组织和区乡政权均遭到敌人的严重摧残。至 11 月，运河地区全部伪化。12 月，又出现了原峄县支队直属大队长朱玉相和一大队二连排长王继美投敌叛变的事件，投敌后驻在税郭一

---

① 中共滕州市委党史办公室编：《中共滕县党史大事记（1930—1949）》，1990 年，第 44 页。

带，势力发展到千余人，成为一支较有实力的反动武装。1940 年，枣庄地区抗日根据地面积缩小了四分之一。①

1941 年是鲁南也是枣庄地区抗战史上最为艰难困苦的一年，日、伪、顽势力更加猖獗，敌、我、顽三角斗争局势更加复杂。"皖南事变"发生后，国民党顽固派联合起来，加紧了对根据地的夹攻封锁，加紧向抱犊崮山区和天宝山、峄南和微山湖东各根据地进攻，先后制造了"四·二五"、"七·二五"、"十·二七"等惨案，使我党政军遭受了极大损失。同时，日伪军也发动了三次"治安强化运动"，大规模地合围扫荡抗日根据地，并在占领区迅速建立日伪据点，逐步"吞食"抗日根据地。至1943 年 1 月，鲁南地区日伪据点达 441 处②，较上年增加近 200 处，全区每 12 个村庄就有一个日伪军据点。③ 抱犊崮山区抗日根据地也被压缩得仅剩下 10 多个村庄，陷入"东白山、西白山，南北十余里，东西一线牵"的困境。1943 年 1 月，日伪军又以万余兵力对鲁南山区进行规模空前的大扫荡，对滕峄边、费滕边、费南、边联进行所谓"拉网"、"铁壁合围"，过后又在白彦、埠阳、九女山等处安设了据点。驻边联的东北军也坚持"消极抗日，积极反共"的方针，其一部甚至投敌叛国。此时的鲁南山区，被深入的敌伪势力分割为邹东、费南、滕峄边和费滕边、边联西部、边联东部五小块相互孤立的根据地。④ 此时的抗日根据地面积严重缩小，人口降到 12.5 万人，村庄不足 500 个。

在日、伪、顽敌对势力包围、封锁和"三光"政策下，加上连续的春、秋干旱，蝗灾频发，伤寒流行，导致鲁南抗日根据地的军民遭遇严重的困难，财政经济、军需和日常生活都陷入困顿之中。为了度过困难时期，上至鲁南区党委书记、鲁南军区首长，下到普通士兵，都只能以少量的高粱、玉米、地瓜干混合米粮、地瓜，甚至以草根、树叶为食。由于长

---

① 中共枣庄市委党史研究室：《中国共产党枣庄地方史》（第一卷），中共党史出版社 2005 年版，第 231 页。

② 枣庄市地方史志编纂委员会编：《枣庄市志》，中华书局 1993 年版，第 44 页。

③ 中共临沂地委、枣庄市委、济宁市委党史征委会编：《鲁南地区党史大事记》（送审稿），1986 年，第 143 页。

④ 同上书，第 144 页。

期缺乏食物，造成了抗日军民严重的营养不良，体质普遍下降，大大影响了军队的战斗力。由于经济困难，衣物匮乏也是一个重要问题，军队将士冬天无法及时穿上御寒棉服，夏天不能及时更换单衣，被服、军械、医药、子弹等也都严重不足。在频繁的战斗中，广大将士不仅极易受伤，加上气候寒热变化、营养不良等因素，伤病就是一个严重的威胁，导致非战斗减员非常严重。[1] 据统计，1942 年年底，鲁南地区主力部队仅 3377人[2]，加上部队地方抗日武装，比之敌方 4.4 万余人相差悬殊，抗战形势极端严峻。

二　开展对敌坚决斗争，反对日伪军的扫荡、蚕食与封锁

面对极其困难的抗战环境，山东分局和八路军一一五师号召必须紧急动员起来，克服摆在面前的新困难，粉碎敌人的扫荡。要粉碎敌人的残酷进攻，必须发动和广泛开展群众性的游击战争，把坚持敌后游击战争提升到战略地位。但在加强主力部队建设的同时，"在地方游击队的建立与群众性游击战争的发动上，成绩是极不够的"，"必须以更大的力量，来加强进行这一工作"[3]。因此，在反扫荡斗争中，组建和扩大地方抗日武装是中心工作之一，也是取得胜利的基本保证。1940 年，在鲁南军区和一一五师的领导下，鲁南地区的抗日武装建设取得了骄人的成绩，主力部队的规模达到 7 万人之众，地方抗日武装也发展了边联支队、运河支队、沂河支队、尼山支队、鲁南铁道大队、临郯赣东边区游击支队、曲泗邹滕费五县游击大队和邹滕费泗宁五县游击支队等有相当规模的队伍。1941—1942 年，在极端困难的情况下，一一五师和地方党政组织仍把发展壮大抗日武装作为中心工作之一。相继组建和改编了峄山支队、滕峄边县大队、文峰大队、鲁南军区独立支队等数支抗日武装，这些队伍或单独，或

---

① 黄瑶主编：《罗荣桓年谱》，人民出版社 2002 年版，第 164 页。

② 中共临沂地委、枣庄市委、济宁市委党史征委会编：《鲁南地区党史大事记》（送审稿），1986 年，第 143 页。

③ 山东省党史资料征集研究委员会编：《山东抗日根据地》，中共党史出版社 1989 年版，第 86 页。

联合，或配合主力部队打击日、伪、顽，为抗日根据地的开辟和建设做出了积极贡献。

在困难时期，山东分局和八路军一一五师就战略方面作出明确的指示，要求各地必须坚持敌后抗战，坚决捍卫抗日根据地的安全。从战术上，适应新形势的需要，在敌强我弱的情况下，不能做单纯的防御战，必须深入敌后，开展军事、政治、经济、文化等多方面的斗争。在鲁南地区，1941 年的基本任务是以武装斗争粉碎敌人的扫荡、蚕食与封锁，战胜日、伪、顽的夹击，但也要注意与政治斗争相结合，要以群众性的游击战为主要的斗争手段；1942 年，斗争形势出现了新的变化，根据中共中央、中央军委对中共北方局、中共山东分局及山东军政委员会下达的指示，1942 年的中心任务是"积蓄力量，恢复元气，加强团结，巩固内部"，对敌斗争的方式改为"以政治攻势为主，以游击战争为辅"，对国民党"以疏通团结为主，以防其反共为辅"[①]。

枣庄地区的地方党政和抗日武装遵照上级指示，采取了灵活的斗争方式应对困难局面。在日、伪、顽势力占有优势时，如黄邱山套、微山湖、峄滕边、四县边联等根据地伪化或顽化时，我地方党政军就及时撤出，仅留下少数同志坚持秘密工作，积蓄力量；一旦形势有利，地方党政军就及时跟进，以抗日武装为基础迅速打开工作局面，开展游击战争，粉碎敌人的扫荡；在抱犊崮山区核心根据地，则以群众和统战工作为主抓手，巩固发展抗日力量。枣庄地区在鲁南党政军和一一五师的领导下，在主力部队的配合下，以几支主要的抗日武装为基础，开展广泛的群众性游击战争。为粉碎敌人的阴谋，争取主动，在反击敌人的扫荡时，抗日武装广泛地动员民兵，利用各种便利条件与敌周旋，或各个击破，或麻雀袭扰，或声东击西，有效地打击敌人。或者广泛地发动群众，对敌人的"扫荡"实行坚壁清野，让敌人既抓不到人，也找不到东西。为了反击敌人对根据地的"蚕食"，八路军主力部队和地方抗日武装积极地向边沿活动，打击出扰

---

① 中共临沂地委、枣庄市委、济宁市委党史征委会编：《鲁南地区党史大事记》（送审稿），1986 年，第 130 页。

敌伪，拔除其立足未稳的据点，或奔袭敌人力量薄弱的据点。此外，在反扫荡、蚕食的斗争中，八路军主力部队发挥了主导作用，承担了打击大股敌人和攻坚战的任务，而地方抗日武装在战斗中配合主力部队作战。在较小规模的作战中，地方抗日武装也往往不是单独而是经常联合起来作战，充分发挥合力的作用。如1941年下半年，鲁南铁道大队的多次偷袭战，运河支队的反扫荡都是多支部队协同作战，1942年的微山岛突围，更是由8支武装共同完成的。

为了牵制和消耗敌人力量，八路军主力部队和地方游击部队还采取主动出击的方式，伏击或偷袭敌人。大规模的主动出击多由主力部队完成，1941年4月，以一一五师主力部队为主，以鲁南军区地方部队配合，向临郯之间的克汤庄、神山等据点进攻，"毙伤日伪百余，生擒伪大队长以下300多人"①。1942年11月，山东八路军全线出击，在沂蒙区歼日伪300余人，鲁南区歼数百人。② 这些胜利，往往能够给日伪军以严厉打击，对粉碎敌人的扫荡、包围和封锁有积极意义，有利于恢复和发展抗日根据地。在大量战斗实践的基础上，1942年11月，罗荣桓根据多次反扫荡的战斗经验和敌进我进的战术原则，提出翻边战术，即将我主力配置在边沿地区，敌人打到我这边来，我就打到敌人那边去。以鲁南铁道大队为代表的地方游击队，则往往可以借助铁路等特殊手段，打击敌人，使之陷入被动局面。如1941年10月，鲁南铁道大队先是截获敌人西药一宗，运到根据地后，对缓解鲁南地区医药困难起了重要作用；又化装成伪军，混进日军戒备森严的临城，将日军头目高岗、石川击毙，在撤出时，又伪造了汉奸阎成田私通八路的假象，使将伪团长阎成田、郭五田处死。③ 1941年11月，为了牵制日伪军对鲁中、鲁南的大扫荡，鲁南铁道大队以铁道为武器，频繁地开展"铁道战"，通过破坏铁路，搞翻军列，制造火车事故等方式，使日伪军陷入被动局面，有力地配合了山区的反扫荡斗争。不仅

---

① 中共临沂地委、枣庄市委、济宁市委党史征委会编：《鲁南地区党史大事记》（送审稿），1986年，第122页。

② 同上书，第142页。

③ 同上书，第129页。

如此，鲁南铁道大队等还通过截获货运物资，有力地支援了根据地军民，解决了现实需要。如 1941 年 12 月，铁道游击队和运河支队、微湖大队紧密配合，在临城到滕县铁路线上，截获布 18000 余匹，军装 800 余套，毛毯、药品一宗，不仅解决了鲁南党政军的穿衣问题，而且支援了兄弟部队。[①] 从铁路上截取敌人的货运物资，也是鲁南铁道大队主要的斗争手段，这在鲁南抗战最艰难的时期显得尤其重要，既打击了敌人，又补充了自己，起到了一箭双雕之效。

　　枣庄地区的抗战一方面是对敌人的坚决打击，起到杀一儆百的效果，但对一般的乡、村伪政权人员，则采取武力威慑和政治争取相结合的手段，使之由专为日军服务转变为私下为我服务的两面人员，或转变为全面的革命派。在实际工作中，其方法是多样的，鲁南铁道大队、运河支队等抗日武装，通过记红、黑点，或者"武装大请客"的方式，把一些伪乡保长请到山里接受教育，使其中的多数人发生了转化。另外，枣庄地方的对敌伪政治工作也是重要的工作方式，尤其是 1942 年以后，按照上级指示，地方党政军的工作重点转向"以政治工作为主，以游击战争为辅"，加强了对敌伪的分化瓦解工作，各地陆续成立了对敌工作委员会，强化敌伪工作。部分共产党员和进步人士打入敌伪政权、组织和伪军内部，甚至日军的特务机关，为我方提供情报，做分化瓦解工作，秘密地控制了伪政权和据点。还通过散发传单，开伪军家属座谈会等形式，加强政治攻势。据统计，在 1942 年之前，一一五师就向敌伪散发宣传品 277000 余份，到敌占区武装宣传 3 次，开伪军家属座谈会 25 次，使 10 多万群众受到教育。其效果非常明显，一年多的时间，在鲁南地区，伪军逃跑反正者达609 人，逃回家者 300 多人。瓦解伪联庄会 300 个，兵 2 万多人。不仅如此，在日军中，反战、厌战投诚者日益增多，有多人自杀、逃跑、反战暴动、投诚[②]，有力地瓦解了日伪统治集团。

---

　　① 中共临沂地委、枣庄市委、济宁市委党史征委会编：《鲁南地区党史大事记》（送审稿），1986 年，第 131 页。

　　② 同上书，第 133 页。

三 开展对国民党顽固派的坚决斗争

1941 年 1 月，国民党反动派制造了震惊中外的"皖南事变"，掀起了新一轮的反共高潮。鲁南地区的国民党顽固派也加紧反共步伐，频繁地向鲁南军区抗日根据地发动军事进攻，制造了一系列惨案。鲁南党委、鲁南军区和八路军——五师遵照上级指示，对来犯之敌进行坚决打击，有力地捍卫了根据地的安全。

1941 年 2 月，抗日根据地的民主建设取得了重要成就，临郯费峄边联县抗日民主政府应运而生。民主政权的建立，得到了广大人民群众的热烈拥护和支持，却引起了国民党反动派的敌视。他们与日伪势力勾结，寻找时机企图消灭新生的抗日民主政权。4 月 25 日，国民党第五十一军——四师三四二旅六八三团张本枝，纠集地方顽军王洪九、李以锦部共 2000 余人，乘鲁南军区和抗日武装进行春季反扫荡之机，向抱犊崮山区根据地四县边联地区大举进犯。县委书记邸励、县长狄井芗指挥警卫排和机关干部进行突围，转移到青山套。但全县 6 个区公所和驻边联县的后方机关 22 处全部遭到顽军袭击，县委宣传部长马驰等在突围中牺牲。边联县被敌占领，遭到烧杀和肆意破坏，有 77 名干部群众被活埋、枪杀，是为震惊鲁南的"四·二五"事变。① 此间，惯匪刘桂棠也与日伪勾结，侵入天宝山区，积极配合日军对天宝山的扫荡。5 月 8 日，六八三团和李以锦部又纠集 6000 余人，包围了费南第六区公所及区中队。突围过程中，宣传部长张志让、区委副书记李炎和区中队 50 余人牺牲，30 余人被俘。

针对土顽的凶残进犯，我——五师和鲁南军区 5 月 8 日当天，即组织力量，以曾国华为总指挥、赵镈为政委，以三个兵团的兵力，在鲁南地方武装的配合下，向侵犯我之顽军英勇还击，到 6 月中旬，恢复了边联根据地。② 1941 年 7 月 7 日，——五师教导二旅第四、第五团及山纵一旅第

---

① 中共枣庄市委党史办公室编：《中共枣庄地区党史大事记（1921—1949）》（征求意见稿），1987 年，第 110 页。

② 中共临沂地委、枣庄市委、济宁市委党史征委会编：《鲁南地区党史大事记》（送审稿），1986 年，第 123 页。

一、第三团，在地方武装的配合下，发起讨伐土匪刘桂棠的天宝山剿匪战役，历时半个月，歼灭刘桂棠一部，并击溃李以锦的增援，解放了费南全境。①

7月24日，国民党第三三四旅旅长荣子恒及刘桂棠部、李以锦部，在临沂、枣庄的日军共3000余人的配合下，向天宝山革命根据地分数路合围。与此同时，王洪九部两个营，向鲁南军区驻地车辋、东白山、石坑一带发起攻击，边联县再度失守。军区、专署及边联县机关人员多人在转移时遭到伏击，虽经奋力还击，仍有10多人伤亡，数十人被俘。10月27日，国民党第五十一军六八三团张本枝部在王洪九部的配合下，袭击我鲁南区党委机关驻地，临郯费峄四县边联的银厂村，鲁南区党委书记赵镈与区党委宣传部长蔡明等20余人被俘，11月19日被敌人活埋在九女山下。顽军的一再进犯，严重威胁到了鲁南抗日根据地的安全，鲁南区党委、军区和一一五师被迫积极准备反击。11月，鲁南军民在山东分局的领导下，积极准备讨伐国民党五十一军张本枝部。山东分局为了加强对鲁南地区的领导，还派李竹如到鲁南地区，在区党委、专署机关干部会议上作了战斗动员。但因太平洋战争爆发，我党以大局为重，停止了讨伐。② 基于这种考虑，中共中央、中央军委对中共北方局、中共山东分局及山东军政委员会于12月做出了"对国民党以疏通团结为主，以防其反共为辅"③ 的指示。

1942年年底，蒋介石为了扩大在山东的势力，达到在敌后建立反共基地的目的，命第二十八集团军总司令李仙洲部由皖北入鲁，接替苏鲁战区总司令于学忠。1943年1月，李仙洲部进入湖西地区。中共山东分局于1月27日发出指示，要求"仍然以强调疏通团结为主，鼓励与推动它与敌积极作战。对其友好行为，多有善良批评态度，除万不得已不要轻易

---

① 中共临沂地委、枣庄市委、济宁市委党史征委会编：《鲁南地区党史大事记》（送审稿），1986年，第125页。

② 同上书，第129页。

③ 同上书，第130页。

使用武装反击"①，但又要求各地党政机关及部队应提高警惕，严阵以待，以防其突袭。根据山东分局指示和对形势的分析，一一五师为应对李仙洲入鲁做了两手准备。一方面，对其入鲁共同坚持敌后团结抗战表示欢迎，并着力改善关系，准备反攻。各兵团应在日寇大扫荡使李部遭受困难，东北军自身难保之际，有力地进行疏通团结，减轻军事行动，军事上严守自卫原则，静观其变。另一方面，李部入鲁后，必然向鲁南、沂蒙、滨海及邹泗滕边等地侵犯。但在其没能对我大规模逼近之前，应保持警惕，不应轻易采取军事对立。

李仙洲入鲁的口号是"收复失地，夺回政权，驱逐逆流，调整内部关系，扩军整军"。② 他秉承蒋介石的"先歼匪而后敌伪"的方针，对中共军队和广大群众持敌视态度。所部入鲁后，每到一地均对抗日军民进行驱逐屠杀。2月中旬越过微山湖和土顽申宪武部会师。3月初，其先头部队由一四二师副师长牛乐亭率领进入鲁南山区，对辛召区的良子口村，疯狂地奸淫抢掠，无恶不作，还捕杀中共地方干部、基层村干部、民兵，并抢劫百姓粮食财物。接着又对滕峄边辛召一带鲁南军区后勤各单位驻地进犯，攻占滕峄边各区，并到费滕边多次抢粮。③ 在此情况下，辛召区中队、民兵和板上区区中队，目睹了顽军的罪行，在忍无可忍的情况下予以还击。滕峄边县委也迅速行动，将县大队召集起来，在辛召周围监视、阻击顽军。3月11日，鲁南区党委宣传部长王少庸来到滕峄边县委驻地，派民主人士陈正寅以县政府、县大队名义，到一四二师师部慰问，却遭到了对方的拒绝。④ 在如此情况下，鲁南军区和鲁南区党委已经别无选择，只得对顽军的骚扰破坏予以还击，以打击其嚣张气焰。滕峄边县委并决定派干部深入各区、村发动群众，实行坚壁清野；又命党员、干部、积极分子，全部撤出各村，没有暴露身份的党员仍留在群众中开展工作；命县大

① 黄瑶主编：《罗荣桓年谱》，人民出版社2002年版，第280页。

② 同上书，第280页。

③ 中共临沂地委、枣庄市委、济宁市委党史征委会编：《鲁南地区党史大事记》（送审稿），1986年，第145页。

④ 同上书，第146页。

队、区中队基干民兵拉上山，处处设防，步步阻击，做好一切战斗准备。

3月15日，滕峄县委组织召集了县大队和辛召、徐庄、洋泉、北庄4个区中队，县、区所属凡有枪能参加战斗的干部、警卫员、通讯员均投入了战斗。后来日伪军也加入了战斗，形成三足鼎立之势，持续了一天，各自撤出。3月下旬，滕峄边县委召开各区委书记、区长会议，做出了对付顽军的具体部署：一是依托军山区、高山区，与顽军长期坚持战斗；二是命辛召、徐庄、青山三个区组织精干的武工队插入各自区域，在顽占区打游击；三是组织干部插入顽占区，发动和组织群众、民兵与敌纠缠，采取围困、袭扰的方式，使其不得安宁。① 同时，为了夹击伪、顽军，县委还组织武工队插入敌占区，由县委副书记王化、办事处主任孙怡然、县委统战部队邱焕文等人率领一支精干武工队插入枣庄周围敌占区，又命善堌一带武工队及地下支队以及齐村的地下组织，密切配合武工队的活动，共同开展敌占区的工作，积极配合山区的斗争。

4月上旬，顽军进攻四县边联。鲁南军区四团以4个排的兵力在上村阻击顽军，经过一番激战，顽军败北，撤退回北庄。是役共打死顽军40余人，缴获轻机枪2挺，步枪30多支，小炮1门。② 给予顽军以沉重打击，增强部队抗击顽军的信心。

李仙洲部进入鲁南地区，给长期活跃在本地的土顽势力带来了新的希望，他们纷纷向李部靠拢。申宪武在李部到来之后，成为反共的急先锋，替其打头阵，出兵占领七里河一带；张宪荣残部也乘机重起，在汪运广的带领下，侵占了何家洼、马家庄、李家庙地区，窥视邹东地区；刘桂棠部则从蒙山窜回，配合李部夹击费南根据地；荣子恒、刘国贞部准备配合夹击根据地；梁钟亭、李以锦也赶到滕峄边慰劳一四二师；王洪九部也蠢蠢欲动，寻找与李部靠近的机会。总之，由于李仙洲部的到来，使鲁南地区的土顽势力重新纠集到一起，反共热情高涨，一时间气焰十分嚣张。

鲁南区党委、鲁南军区及滕峄边县委为了孤立李仙洲部，从3月起就

---

① 中共枣庄市山亭区委党史资料征集研究委员会编：《抱犊壮歌》，山东省新闻出版局，1990年版，第173页。

② 同上书，第174页。

对各股土顽势力进行了各个击破。3月中旬向王家庄申宪武部进攻，4月又先后两次对刘桂棠匪部发起攻击，毙俘土顽军160余人，解放了锅泉。4月中旬，李部一四二师进攻吴家沟，军区五团与滕峄边县大队联合进行阻击，并巧妙地引诱顽军与日伪军火并，使其遭受重创，仓皇逃回徐庄、辛召一带。

4月26日，李部一四二师刘春岭率师部和四二五团到达辛召七里河，使滕峄边的顽军达到5000余人。不久，刘春岭部与刘桂棠勾结起来，势力甚嚣尘上。顽军各部勾结以后，很快占领了白彦、山亭、大炉等地，杀害抗日干部群众，并企图北进抢夺天宝山，越过滋临路，抢夺蒙山。面对猖狂的顽军，山东军区做出指示，要求在自卫原则下，集中相当力量，歼灭其一股，做到"不打则已，打必打痛一点"①。山东军区从鲁中地区抽调一个营南下天宝山，归鲁南军区指挥，以加强军事打击力度。5月下旬，为了重新收复滕峄边，上级指示缠住一四二师，迟滞其北犯。军区令费滕独立营与滕峄边县大队合编成费滕峄独立营，同时成立费滕峄中心县委，穆林任书记，王韬任副书记。费滕峄又成立了枣庄、西集两个工委，同时成立滕东县委。通过调整，大大加强了对费滕峄的领导，增加了武装力量。

6月初，顽军第一四二师生活困难，于是纵兵到赵镈县抢粮，在荆山口受到鲁南军区第五团的顽强阻击，军区特务连和3个县大队配合作战，战斗持续了一天，顽军溃逃。其间，土顽梁钟亭部试图增援，但在簸箕掌一带被军区第三团截击，全歼其1个营，生擒所部300余人，缴获大批物资。② 沉重地打击了顽军，提振了军队士气。从6月21日起，冀鲁豫军区武装在湖西发起了大规模反击李仙洲部的战役，历时50余天，给予敌人以沉重打击。从5月底起，邹东地区也掀起了打击土顽的斗争。尼山独立营在三营二连的配合下，采取集中兵力打一点的战术，于6月16日攻克老嵩村，迫使周边绝大部分村土顽缴械投降。随即又乘胜进攻王家沟，

---

① 黄瑶主编：《罗荣桓年谱》，人民出版社2002年版，第305页。
② 中共枣庄市山亭区委党史资料征集研究委员会编：《抱犊壮歌》，山东省新闻出版局，1990年，第178页。

拔除了反动堡垒,打开了邹东向西发展的道路。

6 月上旬,李仙洲部接替了于学忠在沂蒙、鲁南山区和诸城、日照、莒县山区的防务。7 月,党中央和中共山东分局对局势变化做出了指示,要求对友好者疏通团结,对未进攻者争取中立,对进攻者进行坚决回击。这就使得鲁南地方抗日武装有了明确的反顽斗争方针,坚定了军民打击顽军的信心和决心。

这期间,顽军一四二师与刘桂棠部乘机向费南根据地大举进犯。刘桂棠部于 7 月中旬进占大井、小井、锅泉一带,继之开进到流峪、桃园一带,大肆抢掠;顽军一四二师也于同月下旬向费南进攻,所到之处洗劫一空。在鲁南党委、军区的领导下,大力动员群众坚壁清野,并组织三团一路进行阻击。8 月 13 日,一四二师与刘桂棠部配合,企图经过天宝山区向鲁中进犯,鲁南军区第三团,在松林设伏,以逸待劳,成功伏击一四二师师部,所部陷入混乱,前后互不能援,经过一个多小时激战,顽军师部机关和直属部队大部被歼,师长刘春岭受伤,在追击中又击伤其副师长牛乐廷。顽军遭受重击后,向四开山方向溃逃。随即,为确保费南根据地,并迟滞顽军于鲁南,阻止其北犯,鲁南军区组织三团、五团、尼山独立营、军区特务连各一部共 10 个连的兵力,乘机溃乱之际,向四开山区一四二师所部发起攻击。战斗于 17 日打响,进攻部队兵分三路,先发制人,同时向顽部进攻。我军控制了 694 高地、黄山及滴水崖附近的山头,对顽军形成夹击之势,顽部连续多次向桃花山反击未成,仓促向北逃窜。第三团以先头部队追击,在地平庄截歼四二五团一部,生俘副团长以下官兵 300 余人。余部窜到滋临路北,遭到鲁中二团的迎头痛击,遂回撤滋临路南,取道邹东西窜,沿途遭到邹东地方武装的截击。尼山独立营于立山庄设伏,毙伤顽军 153 人,俘获 237 人。① 残部仅 800 余人于 10 月初向津浦路西狼狈逃窜。刘桂棠部也经天宝山东侧逃回埠下、柱子一带,后向日寇公开投降。

---

① 中共枣庄市委党史研究室:《中国共产党枣庄地方史》(第一卷),中共党史出版社 2005年版,第 256 页。

李仙洲部被击溃后，日伪顽匪夹击抗日根据地的局面被击破，白彦以南及滕峄边地区重新恢复并得到发展。费南、朱由、油吾地区也重新得以开辟，鲁南根据地大部连成一片，敌人的三条封锁线被打破，大大缓解了鲁南地区的斗争局面。随后，在鲁南军区的统一部署下，乘胜拔掉了梁丘、白彦、埠阳、平邑等据点，重创并赶走了顽军申宪武部，迫使李以锦投降。11 月 15 日，又于柱子一举全歼惯匪刘桂棠部，从而基本结束了鲁南地区的反顽斗争。鲁南地区逐步恢复到 1941 年以前的局面，抗日根据地重新迈上党政军建设的道路。

四　开展减租减息、改善群众雇工待遇的群众运动

1942 年 1 月 28 日，为了在抗日根据地深入发动群众，发展生产，中共中央发出《关于根据地土地政策的决定》，指出了实行减租减息的原则和实施办法，对推动各抗日根据地的减租减息运动起到了积极的作用。

1942 年 3 月，刘少奇到中共山东分局和八路军一一五师驻地检查山东工作。在检查工作期间，经过深入的调查研究，刘少奇指出山东的减租减息运动还没有开展起来，基本群众还没有真正地被发动和组织起来，一再强调减租减息和增加雇工工资对群众工作的极端重要性。他又在 4 月28 日致电中央时指出，山东抗日根据地必须"普遍改善人民生活，减租减息，改善雇工待遇，广泛组织群众，总结群众工作与斗争策略"[1]。刘少奇的相关指示，成为山东抗日根据地开展减租减息工作的指导性精神，直接推动了相关工作的开展。

在刘少奇的直接领导和推动下，1942 年 5 月 4 日，中共山东分局做出《关于减租减息，改善雇工待遇，开展群众运动的决定》，指出：减租减息工作，是我党在抗战时期实现土地政策的一个战略任务。但由于山东全党忽视群众工作，不甚关心群众利益与改善群众生活，尤其对减租减息没有引起全党一致的注意，造成山东群众工作没有基础，基本群众没有足够发动，使根据地软弱无力，各项工作陷入停滞。决定指出"以认真实

---

[1]　黄瑶主编：《罗荣桓年谱》，人民出版社 2002 年版，第 222 页。

行减租减息发动群众为建设山东根据地的第一位斗争任务，并首先成为自麦收到是年年底这一时期的第一位工作，山东全党的领导及党政军民的一切工作，今后均须围绕并贯彻完成这一中心任务"①，这是目前全党最迫切的任务。随后，山东分局抽调200余名干部，组成"双减"工作团，分赴鲁南、沭水等地，发动群众开展"双减"增资运动。同时，要求各地区要指定两个县为实施中心县，各县分别指定一个区为实施中心区，各地区县群众工作干部完全集中，配合上级派来的干部，编成若干减租、减息工作队，分赴各地工作。

会后，鲁南区党委副书记张雨帆亲率工作队进驻费南，区委组织部长魏思文率领工作队到边联县漫子、段庄一带进行"双减"试点。由此拉开了鲁南地区"双减"工作的序幕。同时，为了动员全军配合地方开展工作，八路军一一五师也指示各部队积极行动起来，组织农会，扩大民兵组织，提高广大群众参加抗日武装和保卫夏收的热情。6月初，一一五师组成了王韬、马东昌为正副队长的约40人的工作队，在民运部长李青的带领下到达费南县白彦区，协助地方开展减租、减息，推广合理负担和反奸除霸的试点工作。② 不久，按照上级的指示安排，结合鲁南地区的实际，鲁南区党委和一一五师决定从滕峄边划出辛庄区、冯卯区两个区，从费县划出苗庄、皇崮、山阴三个区，为加强领导，并从区党委和一一五师民运部抽调部分同志，组建费滕边实验县，亦称白彦实验县，并建立了工委和办事处等机构。八路军一一五师民运部长李青任工委书记，师民运队长王韬为副书记，刘剑任办事处主任。下辖老山、皇崮、辛庄、兵朋、白彦等区。实验县的主要任务是开展减租、减息及增加工资的实验工作，推行合理负担。

为了搞好费滕边实验县的"双减"工作，鲁南区党委还组织鲁南军区、鲁南行政公署、鲁南各救会采取有力措施，加强对实验县工作的领导

---

① 山东省党史资料征集研究委员会编：《山东抗日根据地》，中共党史出版社1989年版，第88—89页。

② 中共费县县委党史资料征集委员会编：《中共费县党史大事记（1928年8月至1949年10月）》，1991年，第121页。

和支持。鲁南军区从军区特务团抽调 3 个连的力量组成费滕边独立营，加强费滕边的武装力量，以保卫"双减"工作顺利开展；鲁南行署为了推进"双减"工作，迅速组建了费滕边办事处，作为费滕边的政府机构，以刘剑为办事处主任。同时，为了加强对"双减"工作的领导，鲁南区党委还调青救会长蓝名等同志兼任费滕边县老山区区委书记等职。

7 月，费滕边实验县在一一五师民运工作队和上级"双减"工作组的带领下，县委领导班子、办事处和各区政府积极发动群众进行减租、减息，在几十个基点村里比较深入地进行减租、减息和增加雇工工资的工作，还积极推行按累进制原则进行的合理负担。接着，在基点试验的基础上，又在全县全面铺开所辖各区双减运动。一一五师民运工作队的赵孝庭工作组，来到辛庄区的板上村，发动群众开展减租、减息和增加工资运动，和地主进行面对面的斗争，从而推动了全区运动的开展。通过"双减"运动，整顿发展了农会和其他群众组织，削弱了封建势力，加强了基层政权和党的建设，有效地改善了群众的生活，提高了他们的抗日积极性，并以此为基础推动了抗日根据地其他事业的发展。抗日根据地的"双减"和增加工资运动取得了初步的成功。

在费滕边县轰轰烈烈地开展"双减"的同时，双山县在县委书记穆林的领导下，"双减"运动在群众基础较好的大约 70 个行政村展开。县委确定由刘德昆与各救会的同志具体负责"双减"工作，训练干部，组织工作队，抓好基点工作。县委决定以大郭庄为基点，由区委书记刘耀华与各救会会长冷明亲自驻点。与此同时，在各区都设了点，派有工作队驻点工作。在双山县的"双减"运动中，对开明士绅采取了保护政策，但对汉奸中表现特别坏的则采取了没收财产的政策，而对恶霸地主进行了坚决的斗争和镇压，如大郭庄有个地主有十几条人命案在身，经群众控诉斗争后，由政府依法枪决。①

双山县的"双减"工作以中央《关于抗日根据地土地政策的决定》

---

① 中共枣庄市山亭区委党史办公室：《中共枣庄市山亭党史大事记（1932—1949）》，1990年，第54—55 页。

为基本精神，并结合本地实际，实行"二五减租，分半减息"的政策，即地租以抗战爆发前的数量为标准降低25%，借贷利息以一分半标准计息。当地雇工除管吃外，一年只折合二三百斤粮食，生活异常艰难。雇工工资标准以能养活包括本人在内的两口半人为标准，即按当时计算为450—500斤粮食。"双减"和增加工资也得到了开明士绅和大部分中小地主的拥护，他们积极响应减租、减息和增资工作。通过"双减"工作，滕峄边40%的贫雇农①增加了粮食和钱财收入，大大提高了他们参加抗战的热情。

为了加强并推动"双减"工作，加强根据地的政权建设，8月，辛庄区委、区公所在辛庄召开农会成立大会，参加大会的有几千人，为了壮大声势，鲁南军区司令员张光中和区党委宣传部长王少庸到会发表讲话。会上选举尹文钟为区农会会长。② 同月，费南县委还在常庄区黑石查村召开各区干部会议，总结交流开展"双减"运动的情况，把在白彦区、山阴区开展工作的经验进行了推广，并要求进一步发动群众，把运动引向深入。③ 11月，鲁南区党委在边联县召开全区群众工作会议，总结1942年"双减"运动。④ 到此时为止，鲁南区的"双减"运动完成了第一个阶段的任务，基本达到了中共山东分局和鲁南区党委的要求。通过"双减"和增资运动，在较大程度上减轻了群众负担、改善了群众生活，提高了他们支持、拥护抗日的热情，更多的青年人积极报名参军，支持革命。同时，通过"双减"工作的开展，还教育了老党员，并扩大了党员队伍，加强了基层组织建设，改造了农会等群众组织；还打击了封建地主势力，加强了统战工作，扩大了抗日政权的基础。

---

① 中共枣庄市山亭区委党史资料征集研究委员会编：《抱犊壮歌》，山东省新闻出版局，1990年，第138页。

② 中共枣庄市山亭区委党史办公室：《中共枣庄市山亭党史大事记（1932—1949）》，1990年，第55页。

③ 中共临沂地委、枣庄市委、济宁市委党史征委会编：《鲁南地区党史大事记》（送审稿），1986年，第140页。

④ 同上书，第142页。

五 开展整风运动

1942 年 2 月，中共中央发出《关于在全党进行整顿三风学习运动的指示》，以此揭开了全党反对主观主义以整顿学风，反对宗派主义以整顿党风，反对党八股以整顿文风的整风运动。按照中央部署，5 月 8 日，中共山东分局发布《关于执行中央整顿"三风"指示的决定》，对整风运动进行了具体的安排。第一个阶段从 5 月 10 日至 10 月 10 日，研究与讨论中央关于整风的相关文件，充分领会与把握整风运动的精神；第二个阶段是从 10 月 10 日起，开展检查工作，鉴定党员。① 在研究讨论阶段，头 4 个月围绕增强党性、调查研究、整顿"三风"研究讨论，后 1 个月以整顿"三风"为中心，集中解决个人和组织存在的学风、党风、文风不正问题。在研讨过程中，分区委要每周向县委汇报一次，县委每两周向地委汇报，地委每三周向区党委汇报，以便及时反馈问题，总结和推广经验。第二个阶段的检查鉴定，目的是治病救人、改造工作，团结同志，以全面提升全党的战斗力和凝聚力。检查鉴定中，各级组织要有的放矢，实事求是。检查中要进行深刻的检讨和批评，然后由各领导机关集中开会讨论，针对存在的问题做出改造计划。鉴定工作是要对思想方法和工作作风问题进行反思反省，任何党员不得例外。7 月 1 日，中共山东分局又发出了《关于执行中央开展整顿"三风"学习运动的补充指示》，号召全省各级党组织和党员要深入动员，普遍开展整风学习运动；县委以上的党政群领导机关立即改组原有学习委员会，负起全盘领导整风学习的责任。

在枣庄地区，各级党委都非常重视。各县、区都建立了中心学习小组，在战斗的间隙，有时个人学习，有时是集体讨论。党员在学习中采取了理论联系实际的学习方法，边学、边议、边行。大家先对照文件谈个人心得体会，对发现的个人和工作问题进行讨论分析，统一认识后，就立即去做。通过学习和实践发现并解决了很多实际问题，有效提高了党员干部

---

① 山东省党史资料征集研究委员会编：《山东抗日根据地》，中共党史出版社 1989 年版，第 92—95 页。

的思想水平和觉悟，加强了党的凝聚力和战斗力。整风学习之后，区党委又抽调县团以上领导干部分批进山东分局和鲁南区党校学习，并按照上级部署进行检查、鉴定工作。对于存在的问题，由组织对当事人进行政治思想教育，提倡主动坦白，反对逼供，防止重犯扩大化的错误。通过整风运动的开展，枣庄地区党的作风和凝聚力有了显著的变化。通过学习，党员干部的思想水平有了很大的提高，加强了组织纪律性，增强了党性；还学会了解决党内矛盾的方式方法，加强了党内团结，更重要的是坚定了党员的革命斗争意志，提高了对敌斗争水平；通过议行活动，还解决了具体工作中存在的一系列问题，在全党树立了实事求是的作风，使调查研究蔚然成风；同时，通过整风自查自纠，纠正了党内主观主义和教条主义，改进了党的民主作风。自此，鲁南地区全党上下齐心协力，团结一致，精神饱满地迎接对敌大反攻的到来，为最终战胜日本帝国主义打下了坚实的基础。

第四章　开展攻势作战，夺取抗战的最后胜利

第一节　开展攻势作战

一　攻势作战前抗战形势的发展

从 1943 年开始，世界反法西斯斗争的形势已经发生了有利于反法西斯阵线的转变，德国和意大利被迫转入战略防御。斯大林格勒战役后，苏德战场的形势发生了根本的转变，从 7 月起，苏联开始了全面的战略反攻，并逐渐把战线推进到德国及其占领区。在太平洋战场，英美联军从 5 月起先后在北太平洋、南太平洋和西南太平洋方面对日军展开反攻，很快掌握了战争的主动权，使日军在太平洋战场的几个重要方向开始处于被动挨打的局面。7 月 25 日，墨索里尼被解除一切职务，结束了其独裁统治，10 月 13 日，意大利马多里奥政府退出法西斯轴心，对德国宣战，正式加入同盟国作战，标志着法西斯轴心的实际瓦解。这就使得日本在国际上更加孤立无援。

太平洋战争爆发后，日本国内的经济体制已经完全走向战时体制化。随着对外侵略战争的发展，到 1943 年时，战时经济体制就完全崩溃了。在战时经济体制下，军需工业超重点发展，导致轻工业产品严重缺乏，产业结构畸形发展。由于战争经济体制的发展，日本的农业劳动力严重不足，化肥和农机具严重匮乏，而且因为战争造成进口粮食急剧减少。因此，日本国内出现了严重的粮食危机，日本人民的生活越来越困难。同

时，为了加强对国内人民的思想控制，日本极力宣扬军国主义思想，镇压思想文化界的进步人士，解散工会组织，取缔工农运动。随着日本法西斯对日本人民统治的日趋强化，日本国内俨然成了军事监狱，但这并不能阻止日本工人反对法西斯战争政策、经济政策的罢工斗争。日本农民也掀起了反对征购和增加地租的斗争。更重要的是，随着战争的持续，日本人民厌战反战情绪和斗争越来越突出，侵略战场上的士兵装病、自杀、哗变、逃亡，甚至携械投降的事件频频发生。日本战时经济体制的崩溃和人民的厌战、反战斗争，以及军队士气的持续低落，使得日本法西斯陷入严重的国内危机之中。

在世界反法西斯战争形势日益发展的背景下，在中国共产党领导的敌后抗日战场的形势也出现了明显的转折。在中国共产党的坚强领导下，1941—1942 年，克服极端困难的局面，粉碎了侵华日军对华北战场的五次"治安强化运动"，以扫荡、清剿、蚕食和经济、政治、文化的"总力战"，以及惨绝人寰的"三光"政策，使日本侵略军在华北陷入"一蹶不振"① 的困局。进入 1943 年秋季，日军在华北乃至整个中国战场已经逐步丧失了战争的主动权，华北八路军已经在若干局部地区取得了优势，逐步把战争从抗日根据地引向敌占区。

在山东战场，自 1943 年起，各抗日根据地逐步进入恢复和发展阶段。这时，伪军在山东的力量约有 20 万人，日军只有 3.4 万人。7 月，日军第六混成旅团又从山东调走，山东战场的日军兵力日益不足，在蚕食、扫荡时不得不更多地使用伪军。同时，由于抗日根据地加强了建设，战略方针和军事建设达到了完全的统一，实现了党的一元化领导，加强了对敌斗争的力量。从 1943 年春季开始，山东军区主力部队成功地进行了反蚕食、反扫荡作战，逐渐获得了战争的主动权。在战争不断取得胜利的基础上，山东抗日根据地的形势也有了很大的好转。1944 年以后，日军不得不调整山东的战略，采取"重点配备"，在山东全境设置 47 处防备"重点"，

①　［日］防卫厅防卫研修所战史室：《华北治安战》（2），朝云新闻社 1971 年版，第 114 页。

防守交通干线、战略支点及工矿资源区。针对日军兵力减少，战斗力下降之机，山东抗日根据地军民根据中央指示精神，积极主动地发起攻势作战，打击和牵制日伪军，为进行战略反攻做准备。

在鲁南地区，抗日根据地的形势也发生了重要转变，之前被严重分割的局面基本改变，收复了滕峄边、崮口山区，打开了邹东、滕东、郯北、郯西边联区，与日、伪、顽力量对比发生了根本性变化。党的领导进一步加强，鲁南区党委辖 3 个地委，10 个县委，385 个支部，677 个党小组，4330 名党员，参加各种组织的群众达 6 万人。^①抗日力量进一步壮大，主力部队达 4717 人，地方武装 3248 人。① 1944 年 8 月，鲁南军区恢复重建了第一、第三军分区，新建了第二军分区，三团和五团都恢复建制，规模达 3 个营，各县独立营也得以充实。根据中央和山东分局指示，鲁南区党委提出争取完全控制鲁南阵地，确立党和群众的优势，建设鲁南抗日根据地，为反攻和战后做好切实的准备；鲁南军区也不失时机地发起攻势作战，歼灭大量日伪军，进一步巩固扩大了解放区。以此为契机，鲁南地区还在抗日根据地深入开展大生产运动，加强根据地的政权、财政经济和文教建设，进一步扩大抗日武装，为夺取抗战的最后胜利创造了条件。

二 1944 年的攻势作战

1944 年，枣庄抗日根据地根据形势的发展，按照上级指示，逐渐向日伪军发起了攻势作战。在国民党第九十二军撤出以后，鲁南军区收复了滕峄边区。运北地区、微山湖的形势也日趋好转，运南也在峄县县委、县政府和运河支队划归淮北地区和新四军管辖后，抗战形势更为有利。峄、滕铜、邳地区一带的日、伪军日益收缩，贾汪、柳泉、利国驿等据点的日、伪军完全改为守势，只能在一定程度上维持铁路交通沿线的安全。这一带的顽军孙业洪部在遭到运河支队打击后，再也不敢向涧头集、薛庄、扒头山南北一线边沿区进犯。

---

① 中共临沂地委、枣庄市委、济宁市委党史征委会编：《鲁南地区党史大事记》（送审稿），1986 年，第 155 页。

　　扩大解放区，缩小敌占区，是 1944 年以后枣庄地区党政军各级组织的中心任务。枣庄地区的主力部队和地方武装，配合作战，先后多次发起了攻势作战，对敌、伪、顽势力进行打击，取得了一个又一个的胜利，抗日根据地进一步巩固并发展。在春季作战中，1944 年 1 月，滕县地方抗日武装打退 500 余日、伪军向滕三区辛庄的进攻，毙伤日伪十余人。2 月，鲁南区党委、鲁南军区，组织五团、费县独立营、三团一部、独立支队一部，在军区武工队的配合下，解放了滕峄边区羊庄等地区。随后收复了津浦铁路线以东，临枣路以北的三角地带区。① 同时，八路军尼山独立营还在邹东曼山击取得了重大胜利。至此，枣庄及整个鲁南地区的反攻取得了初步胜利，1943 年 12 月到 1944 年 2 月，鲁南军区共进行战斗 88 次，攻克 100 多个碉堡，毙伤俘、日、伪 2563 人，缴获机枪 18 挺，长短枪 1648 支，收复扩大根据地 3061 平方里，解放人口 13 万。②

　　3 月，针对日、伪"捕捉奔袭"、"分路合击"的新战术，鲁南军区。继续以更猛烈的军事行动对日、伪进行打击，同时针对顽军势力展开歼灭性打击。鲁南军区五团歼灭了兰陵李子瀛部，解放了兰陵峄东地区。17 日，滕峄边地方武装又击溃申宪武部的多次进攻，毙敌多人。23 日，鲁南铁道大队在微山一带与伪军发生遭遇战，俘虏伪军 17 人，缴获步枪 15 支。在峄滕铜邳地区，峄县县大队和峄、滕、铜、邳总队在淮北新四军和鲁南八路军的大力支持下，在磨庄伏击伪军孙茂山部，歼虏敌伪 100 余人③，沉重打击了敌人。他们还在鲁南独立支队的配合下，向鲁南津浦铁路两侧的日、伪、顽军展开攻击，歼灭了大量敌人，保卫了华北、华中交通线的安全。

　　4 月，中共峄南县委改称峄铜滕邳县委，峄县县政府改称峄铜滕邳县政府，运河支队改称峄铜滕邳总队，县委划归江苏省邳睢铜地委领导，以加

---

　　① 中共滕州市委党史办公室编：《中共滕县党史大事记（1930—1949）》，1990 年，第 58 页。

　　② 中共临沂地委、枣庄市委、济宁市委党史征委会编：《鲁南地区党史大事记》（送审稿），1986 年，第 156 页。

　　③ 中共枣庄市委党史办公室编：《中共枣庄地区党史大事记（1921—1949）》（征求意见稿），1987 年，第 72—73 页。

强这一地区的革命斗争。这期间，峄铜滕邳地区的抗日武装加紧了攻势，峄南县县大队、峄铜滕邳和鲁南独立支队等取得了伏击敌人的一系列胜利。

1944 年 4 月，山东军区召开政治工作会议，政治部主任肖华作《关于对敌斗争问题》的报告，全面深刻地总结了 1943 年对敌斗争的成绩与经验，以充分发展、力争主动为基本指导思想与方针，提出了今后对敌斗争的任务。7 月 7 日，罗荣桓在《大众日报》发表代论《纪念"七七"》，对 1941 年以来山东的抗战工作进行了回顾，在肯定成绩的基础上，总结了当前工作中存在的问题，并指出当前工作的重点是把最大的群众组织起来，扩大新地区的工作，把新地区变成同敌人斗争的新方向，这是克服一切困难的最基本的要求。① 这对统一广大军民思想，把握正确的对敌斗争方向，坚定夺取新的更大胜利的信心，发挥了重大作用。

从 5 月开始，鲁南地区开始了新一轮的攻势，继续扩大了解放区，大批的日、伪据点被拔掉，猖獗的敌伪也遭到沉重打击。6 月，鲁南军区进行编制调整，建立一、三军分区，以三团建立一军分区，下辖尼山、费南、温河、赵镈 4 个独立营和双山县大队。② 大大加强了对枣庄北部地区抗日武装的整合，增加了抗战的力量。7 月、8 月，在滕峄边、双山县一带，又先后袭击了齐村据点，摧毁马山头、唐山等据点，取得了阻击王继美部和进犯北庄日、伪军的胜利。至是年 10 月，随着抗日斗争的节节胜利，解放区内抗日民众组织日益壮大，仅边沿区、滕二区青救会员就已经发展到 1700 多人，青抗先民兵 450 余人，长枪 440 余支，儿童团员发展到 1900 多人③，有力地促进了抗日力量的发展，扩大了解放区抗战的群众基础。

7 月至 9 月，为策应太行、太岳总队向河南进军，配合新四军向淮北发展，并尽快恢复微山湖区交通线，中共中央军委决定，由山东军区司令

① 黄瑶主编：《罗荣桓年谱》，人民出版社 2002 年版，第 370 页。
② 中共枣庄市委党史办公室编：《中共枣庄地区党史大事记（1921—1949）》（征求意见稿），1987 年，第 159—160 页。
③ 中共枣庄市山亭区委党史办公室：《中共枣庄市山亭党史大事记（1932—1949）》，1990 年，第 73 页。

员兼政委罗荣桓统一指挥驻鲁南和湖西地区的总队进行微山湖反顽战役。根据山东军区的统一部署，鲁南军区集中了军区三团、特务连、独立支队、鲁南一地委尼山独立营，同时还有新四军九旅二十七团、邳睢铜军分区独立团、运河支队（峄铜滕邳总队）等抗日武装的配合，分别在鲁南、微山湖一带和苏北不老河地区反击顽军周侗、马广汉、冯子固、申宪武、韩治隆、耿继勋等部。鲁南战场由王麓水指挥，从 7 月上旬至 9 月上旬，鲁南总队歼敌 1870 人，加上运南、苏北歼敌 2400 余人，这次微山湖区的反顽斗争共歼敌 4270 人。[①] 通过反顽斗争的胜利，振奋了根据地的士气，使鲁南、苏北解放区连成一片，湖上交通线有了更加安全的保障，同时也切断了山东顽军与其大后方的通道，使其更加孤立。

在运河南北地区，抗日斗争的形势也日趋好转，一系列的日、伪据点被拔除。运北地区最大的障碍是周营、古邵伪军。峄县县委分析认为，宁楼据点是联系峄城、临城、周营、韩庄、古邵等日伪据点的枢纽，这个据点是决定运北地区能否打开局面的关键，故决定以此作为改善这一带抗日斗争形势的突破点。1944 年 4 月下旬，文峰游击大队发起了强攻宁楼据点的战斗，仅一个多小时就迅速结束。除伪乡长孙茂运逃脱外，其余 100 余人全部被俘。随后峄县大队又在运南部队的配合下，打了一些小战斗，打通了运北根据地与外界沟通的通道。7 月，鲁南独立支队四大队又拔除了棠阴伪据点，歼敌大部，俘虏十余人。9 月，峄铜滕邳总队在新四军的配合下，相继拔除了运南涧头集、褚楼等日伪据点，成功地收复并控制了运河南岸地区。随后为了帮助峄县县委在运北地区开展斗争，减轻驻韩庄日伪军的威胁，鲁南独立大队所属一团和峄铜滕邳总队决定在运北采用伏击战，在磨庄、沙路口伏击日、伪军，打死伪军 100 多人，俘虏近百人，其余狼狈逃窜。9 月中旬，峄县大队一队在队长阎允厚、指导员张建民的带领下，袭击了驻塘沽车站的日、伪军。由于提前获取了内部情报，对车站情况了如指掌，仅 5 分钟的时间就结束了战斗，日军分队长谷口、日军

---

① 中共微山县委党史资料征研委员会编：《微山县党史大事记》，中共党史资料出版社 1990 年版，第 95 页。

车站站长及 10 多个日伪军被击毙，缴获轻机枪 1 挺，步枪 10 余支，获得了突袭的胜利。[①] 这一时期，运北地区经过一系列战斗后，抗日形势发生了根本转变，日伪势力明显削弱。

在运南地区，峄铜滕邳总队在新四军第九旅第二十七团一部的配合下，取得了攻势作战的连续胜利。6 月初，打下了涧头集东南的徐楼、莲花山、多乐山伪军据点后，又乘胜拔掉了侯孟至徐塘一线的伪据点，迫使王云修率部起义，被编为峄铜滕邳总队新河大队。[②] 至此，黄邱山套之东西山口，已经和山套北侧的平原地带连成一片，为进一步开展攻势作战打下了良好基础。随后又于 7 月 20 日，新四军第九旅第二十七团、邳睢铜军分区独立一团与峄铜滕邳总队协同配合，发起了对国民党土顽韩治隆部的讨伐作战。第二十七团在团长赵海峰的带领下，直插顽军司令部驻地吴台子，活捉韩治隆，迅速结束了吴台子战斗。其他各部的战斗也相继打响，峄铜滕邳总队也迅速结束了歼灭小马头、高庄、新集之役，韩部主力基本被消灭。两天后，韩部参谋长胡立德所率残部也被分路包围，特务营被歼，缴获轻重武器若干，向西窜逃，投奔徐州日军。这样，顽军韩治隆所控制的地区成为解放区，柳河区、阚山区、王台区抗日政权及区乡地方武装相继建立。

讨韩战役结束后，独立一团留在峄铜滕邳地区，继续配合总队活动，按照上级趁势彻底改变徐州东北地区局面的要求，展开了解放涧头集的攻势作战。涧头集为伪峄县第八区区长兼警备第五大队大队长龙希贞所盘踞，是峄县日伪军控制运河南岸的核心据点。部队在经过一番简单休整后，于 8 月 3 日晚打响了围攻涧头集的战斗。次日上午，涧头集围子的 200 余伪军缴枪投降。随后展开了对大兵房据点的攻击，先以土工作业的方法持续到 5 日上午仍没奏效。随后由于阻击增援敌人失利，被迫撤出涧头集战斗。龙希贞父子枪杀 21 名民夫后，做贼心虚，撤离了涧头集，涧

---

① 中共枣庄市峄城区党史征集研究委员会编：《中共枣庄市峄城党史大事记》，1989 年，第 72 页。

② 中共枣庄市委党史资料征集研究办公室、童邱龙主编：《运河支队抗日史略》，山东枣庄市出版办公室，1988 年，第 152 页。

头集宣告解放。不久，涧头集区政权建立起来，扭转了峄铜滕邳地区的抗战形势。

涧头集的解放改变了运河南岸的形势，但运河北岸仍是敌伪势力占优势的地区。为帮助运北地区开展工作，并减少韩庄日伪军对运河南岸的压力，峄铜滕邳部队与苏北邳睢铜军分区独立一团相互配合，开进运河北岸地区，以隐蔽伏击的形式打击敌人。9 月 3 日晚，独立一团第一、第三营和部队侦察小队渡过运河，进入距韩庄 10 华里的磨庄。第二天上午，韩庄伪军张来余所部 300 余人扫荡磨庄，走在最前面的是叛徒孙茂山部。当伪军队伍进入伏击圈后，顿时枪声大作，敌人乱作一团，四散逃窜。随后部队迅猛出击，向伪军猛攻，伪军纷纷投降，很快结束了战斗。是役打死伪军 100 多人，俘获近百人，缴获机枪 4 挺，步枪 100 多支[1]，给韩庄伪军以沉重打击，大大减轻了运南地区的军事压力，也有利于运北周营、曹庄地区工作的开展。11 月初，峄铜滕邳总队在黄邱山套根据地内的十里沟阻击了日伪军抢粮队，总队分三路伏击，但因对方装备精良，双方互有伤亡，最后撤出战斗。11 月中旬，总队进行了改编，改设营的编制，一、八、九连编为一营，农民大队、新河大队、黄邱中队编为二营，二连改为七连，另组建警通连直属支队部。[2] 11 月到 12 月，总队又先后打了 4 次反抢粮的战斗，还成功拔除了一些据点，在运南地区已经完全掌握了主动权，形成了局部反攻的态势。

在枣庄北部山区抗日根据地，1944 年下半年的攻势进一步加强，形势大好。在山亭一带成立了双山县七区，11 月初，双山县大队与四个区中队配合作战开始了拔掉日伪据点的行动，至月底先后攻克了马山头、东凫山、白庄、天喜庄、梁庄、冯卯、山亭、九老庄、艾湖等 10 多处据点。至此，大片地区约 7 万人又被解放。[3] 随后双山县和滕县抗日武装又在与

---

① 中共枣庄市委党史资料征集研究办公室、童邱龙主编：《运河支队抗日史略》，山东枣庄市出版办公室，1988 年，第 159 页。

② 同上书，第 165 页。

③ 中共枣庄市山亭区委党史办公室：《中共枣庄市山亭党史大事记（1932—1949）》，1990 年，第 76 页。

日伪军发生的几场冲突中取得了胜利，进一步压制了敌人的气势。到 12 月，鲁南秋季攻势结束，对津浦铁路、陇海铁路线，以及临、滕、泗、邳等县城构成直接威胁，使抗日根据地的形势发生根本好转。

通过 1944 年的艰苦努力，在山东分局、鲁南区党委和鲁南军区的领导下，展开了春季、秋季两次凌厉攻势，使解放区扩大了 2 万平方里，增加人口 140 万人，摧毁乡村组织 369 个，捕获伪区长以下 298 人。全区民兵作战 2276 次，毙伤敌伪 1307 人，缴获轻重机枪 11 挺。① 以此为基础，鲁南抗日根据地克服了重重困难，各项工作获得了较大发展，为来年发起总攻，取得抗战的最后胜利奠定了坚实的基础。

三 1945 年的攻势作战

1945 年年初，肖华和罗荣桓分别部署了山东军区对新一年的工作，即组织发展生产，发动群众，开展大练兵，全面贯彻党中央对解放区的各项指示，中心任务是继续扩大根据地，包围和孤立敌占大城市和交通要道。随后山东军区又下达《山东我军 1945 年作战主要方向的指示》，给各军区规定了具体作战方向和实施步骤，为新一年的工作指明了方向。

在鲁南地区，按照山东分局的指示精神，进入 1945 年攻势作战继续加强。1 月，由鲁南军区发起，二军分区所属总队在邹县、临城、滕县、凫山县地方武装的配合下，连续攻克湖东大王庙、欢城、班村等伪军据点，歼敌 800 余人，收复了夏镇以北、济邹公路以南、津浦铁路以西大片地区②，打开了开年攻势的良好局面。2 月，峄铜滕邳总队两度对峄县南部汴塘外围扒头山伪据点发起攻击，成功地拔除了伪据点。随后二营四连化装成高跷队进入马家楼伪据点，将伪军 30 余人全部俘虏，缴获轻机枪 1 挺，步枪 20 余支。③ 3 月 9 日，总队又在邳睢铜军分区独立一团和鲁南

---

① 中共临沂地委、枣庄市委、济宁市委党史征委会编：《鲁南地区党史大事记》（送审稿），1986 年，第 165 页。

② 同上书，第 167 页。

③ 中共枣庄市委党史资料征集研究办公室、童邱龙主编：《运河支队抗日史略》，山东枣庄市出版办公室，1988 年，第 178 页。

二分区一部的配合下，发起了攻打汴塘镇的战斗。由于伪军杜玉藻部战斗力弱，战斗很快结束，伪军大部被歼。杜玉藻率残部40余人逃跑时，被总队二营活捉。汴塘镇宣告解放，进一步扩大了运南解放区，为解放耿集打下了基础，也使得鲁南、苏北的交通更加畅通。2月1日，在枣庄北部地区，鲁南军区三团配合鲁中十二团攻克泗水县城，击毙伪十军军长以下200余人，俘敌2000余人，缴获重机枪2挺，轻机枪12挺，及大批武器、弹药。①3月，鲁南军区五团、三团各一部及军区特务营、赵镈独立营、温河独立营等武装紧密配合，发起了讨伐王洪九部的战役。从7日至29日，先后进行了两次攻击，共毙俘敌伪700余人，先后攻克了岭石、涧沟崖、寿衣庄、响马岭等8个据点，解放了临西100多个村庄，使鲁南根据地进一步扩大。3月，滕县县委发动全县抗日军民保卫边沿区，痛击日军以滕县作为重点"实验县"的阴谋，共作战30余次，两次击溃日伪军2000余人的扫荡。

4月，山东军区下达夏季攻势作战命令，鲁南军队和滨海南部军队的主要任务是向临费地区及津浦、陇海路三角地带进军。在枣庄运河地区，峄铜滕邳总队在攻下汴塘后，决定以二营配合阚山大队，开始在不老河南岸东向耿集地区进行活动，担负起开辟邳、铜边境的任务。此时，县委考虑独立一团在此活动，如能开进运北地区马兰屯进行活动，就可实现运河南北解放区连接起来，从而有利于解放区的发展。盘踞马兰屯的主要伪军是孙业洪部，为阻击抗日武装北进，孙部在坝子村安设了据点，成为北进的主要障碍。月初，战斗打响，由独立一团担任主攻任务，总队担任打援任务，共先后击毙顽军孙业洪部主力500余人、援军200余人。此战后，鲁南地区形势发生了根本逆转，峄滕铜邳地区于4月底重新划归山东管辖，属鲁南三地委三军分区领导。峄滕铜邳县和峄县合并为运河县，部队仍恢复了运河支队番号。同月，鲁南第二军分区第二营在刘钢的率领下进攻古邵伪据点，歼敌100余人，拔掉了据点。滕县武工队在县城南孔屯村，破坏敌

---

① 中共枣庄市委党史办公室编：《中共枣庄地区党史大事记（1921—1949）》（征求意见稿），1987年，第172页。

由徐州至青岛给养车一列，致 38 节车厢出轨，800 余吨粮食被焚。

5 月，为了进一步打开运河地区的局面，鲁南军区经过研究决定，讨伐顽军张里元部。为了保证讨伐的胜利，鲁南军区调集一、二、三军分区主力部队配合运河支队及新四军所辖独立团作战。战斗打响后，大小良壁之敌向枣庄伪军王继美部靠拢，鲁南军区三团三营主攻四户，俘敌 700 余人，继之又在晃村歼敌一个团。一军分区主力在邳县伽口地区毙俘邳县伪县长以下 300 余人，占领邳县城。二军分区主力在台枣路以西，配合运河支队及邳睢铜军区独立团，进击张里元所辖驻坝子孙业洪部，连续两天歼、俘敌大部。这场讨伐战共持续半月时间，歼灭、俘虏顽军 2000 余人，彻底摧毁了张里元土顽势力，打开了鲁南运河地区抗战的新局面，使运河、沂河、边联地区联系更加紧密。同月，日军第一旅团纠集枣庄、滕县、峄县、临沂、费县等地日伪军以及土顽申宪武部共 7000 余人，分 10 路向抱犊崮山区进犯。抗日根据地民兵和地方武装充分发挥了游击战的优势，使敌人陷入人民战争的汪洋大海，一周后，便匆忙退却到津浦铁路线以西地区。这次反扫荡的胜利，粉碎了日军企图消灭根据地的企图，扩大了抗日根据地，壮大了人民抗日武装的声势。

6 月，枣庄地区攻势作战进一步扩大，各抗日武装继续以消灭日、伪顽拔取据点，扩大解放区为重要任务，不断取得胜利。13 日，滕县县大队四连，县公安局大队以及六边一部、二区中队和南唐，大、小赵庄民兵联合作战，攻击南宿伪据点。打死、打伤伪军 24 人，俘虏 82 人，缴获长枪 90 支、短枪 6 支、机枪 1 挺，子弹 8000 发。[①] 23 日，第二军分区主力在夏季攻势作战中，集中以 3 个连的兵力突入和福庄据点，与顽军申宪武部发生激战，毙伤敌 50 余人。滕县城日军闻讯后增援，第二军分区打援部队乘势打援，毙伤日军 40 余人、伪军 50 余人，俘虏日军 5 人。随后申宪武残部仓皇撤离和福庄。但我军也付出了牺牲 17 人、伤 70 余人的代价。26 日，鲁南第二军分区主力向大元伪据点发起攻击，战斗迅速结束，

---

① 中共滕县县委党史资料征集研究领导小组办公室：《滕县党史资料·大事记（1930 年春—1949 年 10 月）》，1985 年，第 88 页。

歼敌83人，缴获手炮4门、长短枪80余支以及大批子弹。随后又在增援大坞日伪军的战斗中，毙伤日伪军100余人。不久又取得了拔除杏园据点，在桥庄伏击伪军抢粮队的胜利，毙伤伪军46人。同月18日，运河支队一、二营采取长途奔袭的方式，趁夜袭击峄县黄学伪军兵营，激战半小时，除龙希贞率50名伪军逃跑外，其余部全部被歼。共计缴获轻机枪2挺、步枪80余支，活捉官兵近80人，龙希贞部的实力基本被消灭。

6月下旬，鲁南第二军分区部队在攻克各福庄据点后，申宪武逃到滕县城西八公里的闫村、小王庄一带，总兵力共3300余人。[①] 申自率主力1000余人据守闫村，又在小王庄驻一个团300余人，作为防守之屏障，其余分驻在铁路东的司家堂和滕西级索等地。申部的存在，不仅给当地百姓造成极大困扰，还给根据地武装袭扰津浦铁路造成很大困难。为了拔除这颗钉子，军区决定以一军分区主力全部、鲁南军区第三团、第五团第二营、军区特务营及三个县独立营配合二军分区主力，采取远道奔袭和强攻手段，向申宪武部驻地攻击。战斗于8月3日下午打响，经过数次强攻仍不奏效。5日，改坑道作业，用3天的时间完成了挖掘坑道任务。9日晚，坑道爆破准备就绪，10日晨3时许，爆破成功。随后各部全部涌入突破口，全力歼灭顽敌，至6时许，战斗大部结束。10时许活捉申宪武，闫村战斗遂告结束。这次战斗是鲁南地区在抗日战争时期进行的最后一次大规模反顽战斗，成功地消灭了盘踞滕县8年之久的申宪武顽军，为人民除了一大害。

第二节　抗日根据地的发展

一　根据地的政权建设

1941年以来，鲁南抗日根据地军民在党委和八路军一一五师的领导下，克服种种困难，突破日、伪、顽势力的军事包围与封锁，依靠广大人民群众，不断发展壮大革命武装，使抗日根据地事业不断发展。在一系列

---

① 滕州市政协文史资料委员会编：《滕州文史资料》（第七辑），1991年，第54页。

军事胜利的基础上，抗日根据地面积不断扩大，人口不断增多。到1943年底，鲁南地区抗日根据地的面积已发展到3183平方公里，比上一年底扩大一倍多；游击区面积3003平方公里，比上一年增加700平方公里。根据地人口达41.46万人，游击区人口达45.23万人。① 不仅如此，抗日根据地党的建设也获得了较大发展，至1943年年底，鲁南区党委辖3个地委，10个县委，3个工委，49个分区委，385个支部，677个党小组，共有党员4330名，群众组织扩大到6万人。更重要的是，这一时期，抗日武装也有了重大发展，包括主力部队、地方武装和民兵约计12000人。② 这一切都说明，随着鲁南军区抗日斗争的发展，抗战形势发生了重大转折，为坚持和夺取最后的胜利奠定了坚实的基础。

抗日民主政权建设在抗日根据地建设中具有突出地位，这既是动员和发动群众建立抗日民族统一战线的必然要求，也是党和抗日武装获得人民拥护支持的必要条件，还是对根据地进行管理和建设的重要职能机构。随着鲁南抗日根据地面积不断扩大和人口的增多，抗日民主政权建设也在进一步发展。

抗日民主政权的建设是根据形势发展的需要，随时对各级党政机构进行改组、重建或新建，以加强领导或便于开展工作。1944年1月，为了适应运南地区抗战的需要，峄县县委、县政府划归淮北区党委邳睢铜地委领导。这非常有利于鲁南、苏北边联地区的统一领导，对于统一军事行动，加强行政管辖有积极意义。同月，运北工委所辖多义区和牛山区合并为牛山区，或称三区。当月，双山县委、县政府召开农救会，决定进一步发动群众，保卫发展抗日根据地。4月，鲁南区党委根据形势发展的需要，决定运北工委改称峄县县委，运北办事处改称峄县县政府。5月，随着滕县军事斗争的不断胜利发展，为了推动滕县地区的民主建设，滕县人

---

① 中共枣庄市委党史研究室：《中国共产党枣庄地方史》第一卷，中共党史出版社2005年版，第319页。

② 中共临沂地委、枣庄市委、济宁市委党史征委会编：《鲁南地区党史大事记》（送审稿），1986年，第155页。

民抗日政府在庄里成立。① 7 月，微山湖地区的反顽斗争迅速开展，为了推动群众工作，加强对湖区的领导，鲁南区党委决定沛滕边县委改为临城县委，同时成立临城县政府，下辖九个区。同月，还成立了邹滕边工委和办事处，这一地区的基层党政机构进一步完善，为各项工作顺利开展创造了条件。

8 月，鲁南区党委决定在重建第二地委、第三地委，充实第一地委的基础上，建立鲁南第二、第三行署和充实调整鲁南第一行署。10 月，为了使山东行署和专署称谓统一，经中共山东分局批准和省战时工作推行委员会批准，鲁南行政专员公署改称鲁南行政主任公署。原第一、第二、第三行政主任公署改称专员公署。② 此后，随着抗日民根据地的不断巩固与扩大，抗日民主政权建设继续发展。先后建立的县级抗日民主政权有1944 年 8 月的凫山县抗日民主政府；兰陵县政府。10 月，鲁南行署决定，沛滕边抗日民主政府改称临城县抗日民主政府③；撤销湖东县，分别成立凫山县和兖济县，同时成立凫山县抗日民主政府。至年底，鲁南行政主任公署下辖第一、第二、第三专署，14 个县级抗日民主政府或办事处。到 1944 年年底 1945 年年初，鲁南抗日根据地面积已经扩大到 33991 平方华里，占全区总面积的 60%④，而抗日民主政权的建设成为抗日根据地各项事业快速发展的有力支撑，为进一步巩固扩大抗日根据地、发展抗日武装，夺取抗日战争的最后胜利发挥了积极的作用。

二　抗日根据地的军事建设

在军事斗争大发展的时期，鲁南地区根据地的军事建设进一步发展。1943 年 3 月 18 日，中共山东分局、山东军区决定各区党委地委实行一元

①　中共枣庄市委党史办公室编：《中共枣庄地区党史大事记（1921—1949）》（征求意见稿），1987 年，第 172 页。

②　中共枣庄市委组织部、中共枣庄市委党史办公室、枣庄市档案局编：《中国共产党山东省枣庄市组织史料（1926—1987）》，1989 年，第 42 页。

③　同上书，第 44 页。

④　中共临沂地委、枣庄市委、济宁市委党史征委会编：《鲁南地区党史大事记》（送审稿），1986 年，第 170 页。

化领导，八路军一一五师和山东纵队各旅的番号撤销，机关与军区军分区合并。党政军机关实行精兵简政，实行主力部队地方化管理。山东军区保留13个主力团，其他部队编入地方武装，活动在鲁南地区的是三团和五团。不久，中央军委决定，罗荣桓任山东军区司令员兼政委，并为一一五师代师长、政治委员。4月，鲁南军区整编完成，分局任命王麓水为鲁南区党委书记兼鲁南军区副政委，鲁南军区任命万春圃为鲁南军区副司令。鲁南军下辖三团、五团、尼山独立营、独立大队、运河支队、沂河支队、军区独立团编制特务连、费县独立营、费南县大队、边联大队、滕峄大队、沂河大队等主力和地方武装。部队整编以后，普遍加强了各县区地方抗日武装力量，各部队之间也由于实现了统一领导，大大提高了战斗力。同时，各县区民兵和自卫团作为补充抗日力量，也得到了发展壮大，在鲁南地区形成了以三团、五团为主，以运河支队等地方抗日武装为辅，以民兵和自卫团为补充的抗战武装体系，各种力量间主次分明、协同作战，共同为攻势作战贡献力量，成为抗日根据地不断扩大和发展的基本依靠力量。

在抗日武装不断扩大和斗争形势不断好转的基础上，鲁南军区的组织架构也不断完善，1944年8月，重建了鲁南军区第一、第三军分区，新建第二军分区，还召开了鲁南人民武装代表大会第一次会议，通电嘉奖了民兵战斗英雄和战斗模范，极大地鼓舞了士气。从这时起，根据上级部署，鲁南军区实行党政一元化领导，地委书记兼军分区委。在战争年代，尤其是1944年以来，抗日根据地的斗争形势急速发展，鲁南下属各军分区的活动区域和所属抗日武装也常常会发生变化，这也具有显著的时代烙印。

1944年鲁南抗日武装取得了很大的发展，解放区扩大2万平方里，人口增加140万，摧毁伪区乡村组织369个，俘获伪区长以下人员298人。全区民兵作战2276次，毙伤俘敌1307人，缴获轻重机枪11挺。由于抗战宣传和发动群众工作，以及各抗日民主政权采取的减租、减息和拥军优抗工作的开展，极大地调动了青年参军的热情，1944年每月共有4325人参军，1945年每月增加到11064人，到1945年9月则增加到

13039 人。① 这就为抗战武装提供了兵源保障，使各支队伍及时得到了补充，规模迅速扩大，为准备反攻做好了充分的准备。

三　"查减"运动

中共中央、山东分局及鲁南区党委对减租、减息工作高度重视，一再强调开展"双减"和增资工作的重要性，推动了鲁南根据地"查减"工作的发展。1943 年 8 月，中共中央、山东分局提出新的战时施政纲领，强调正确执行中央提出的土地政策和劳动政策，调整阶级关系，改善工农生活。10 月 1 日，中共中央政治局发布关于开展根据地减租生产、拥政爱民《十大政策指示》，要求各根据地，凡未实行减租的，必须一律实行减租。10 日，山东分局做出《为贯彻中央 10 月 1 日指示的决定》要求各级党组织深刻认识，实行中央的十项政策，是当前与今后一年最切要的严重任务，强调在积极准备反扫荡、进行备战工作的同时，要着力检查减租政策实行情形，必须于年底彻底完成减租。② 1944 年元旦，《大众日报》发表《新年献词》，指出新的一年里，要把千百万群众真正组织起来，这是巩固根据地的中心问题。当前要完成减租减息任务，开展群众性的大生产运动。4 月，山东省战时行政委员会召开干部大会，要求干部下去帮助群众制订生产计划、检查减租减息、增加工资等工作。此后，各区分别就完成减租减息和开展大生产运动作了检查和部署。

在鲁南地区，1944 年春天以前由于各级党员干部认识不足，加上环境动荡，日、伪、顽势力不时地进行攻击与破坏，"双减"工作开展得极不到位，"均未认真地开展"③。1944 年春季攻势后，在军事胜利的影响下，抗日根据地面积不断扩大，环境日趋稳定，干部的思想认识也有了进一步提高，鲁南抗日根据地减租、减息和增加工资运动有了较大推进。7 月 20 日，中共山东分局发出《关于 7、8、9、10 月群众工作补充指

① 枣庄市政协文史资料委员会编：《枣庄文史资料》（第十一辑），1991 年，第 126 页。
② 中共山东省委党史资料征集研究委员会编：《中国山东党史大事记（1921—1949）》，山东人民出版社 1986 年版，第 354 页。
③ 枣庄市政协文史资料委员会编：《枣庄文史资料》（第十一辑），1991 年，第 115 页。

示》，要求山东全党全军在今后的 4 个月的中心工作是实行普遍的、彻底的减租减息，组织起基本群众的大多数，即应占群众的 60%—70%。[①] 这次会议后，鲁南区党委在孔家汪召开会议，向各地委、县委书记传达了中共山东分局关于 7 月至 10 月群众工作的指示，对本地区的"查减"工作进行了具体部署。随后，鲁南根据地的检查减租减息运动热火朝天地开展起来。

鲁南根据地的"查减"和减租减息运动大致分两个阶段进行。第一步是干部赴各地检查减租减息工作的实际情形，调查地方剥削压迫农民和抗拒减租减息的事实，在群众中开展谁养活谁的教育，提高群众的阶级觉悟。然后，组织积极分子成立或整顿农民救国会，开展减租减息、增加雇工工资、反贪污、反对地主富农把持乡村政权的斗争。第二步是在广泛发动群众的基础上，对民愤极大的恶霸地主，进行联合斗争。通过召开斗争恶霸地主大会，召集群众用讲理、控诉的方式揭露恶霸地主的罪恶，迫使其在群众面前低头，从而接受减租减息和增资的政策。对一些曾支持过抗战的开明地主，则采取较为温和的办法，要他们自动实行减租，增加雇工工资，以尽可能地避免矛盾的激化。

从 1944 年 8 月至 1945 年 3 月，鲁南抗日根据地的群众运动认真地开展了起来，取得了丰硕的成果。仅据 11 个县的统计，开展减租的村有 1981 个，减租土地 173134.4 亩，减收租粮 3987045.5 斤，减钱款 47775.5 元，减地瓜 345491 斤，减花生 159489.5 斤，减棉花 2372.5 斤，减烟叶 2537 斤，减青菜 1430 斤，减麻 21 捆，减葡萄 2350 斤。在反其他超经济剥削方面，减粮 3505183.5 斤，减钱 14070750 元，减地 30236.7 亩，减枪 610 支，减子弹 16607 发，减猪 384 口，减牛 211 头，减驴 83 头，减羊 1235 只，减宅子 326 所，减布 1294 尺，减花生 56046 斤，减油 654 斤，减烟叶 1036 斤。[②] 这极大地减轻了根据地群众的经济负担，有利

---

① 中共山东省委党史资料征集研究委员会编：《中国山东党史大事记（1921—1949）》，山东人民出版社 1986 年版，第 378 页。

② 枣庄市政协文史资料委员会编：《枣庄文史资料》（第十一辑），1991 年，第 116—117 页。

于充分调动群众爱国热情和抗战积极性。

随着减租增资运动的深入开展，党的组织、群众组织、人民武装得到了发展，政权建设得到了加强。全区党员人数比运动前增加了 3 倍，有党员的村庄占全部村庄的 48%，工会、农会、青年会、妇救会、姊妹团、儿童团等群众组织在各地普遍建立起来，总人数发展到 463256人，民兵发展到 43748 人，改造村政权 1320 个，提拔培养区村干部5826 人。①

四　大生产运动

按照上级指示精神，鲁南抗日根据地开展"查减"工作是与大生产运动密切结合的重要工作。中共中央和山东分局均把大生产运动放在重要位置，1943 年 8 月 1 日，山东分局通过了新的《山东省战时施政纲领》，明确要求各党政军机关必须开展大生产运动，自己动手，克服困难。山东分局的"双十"决定也强调各地党政军机关立即着手准备 1944 年实行大规模的生产运动。② 此后，山东分局和军区多次发布文件，大力推动大生产运动的开展。据此鲁南区党委和鲁南行署制定并实施了一系列发展生产的措施，把发展生产，尤其是农业生产，以解决根据地军民的衣食问题，作为坚持抗战，发展根据地的基本任务。

根据鲁南的根据地发展的实际，大生产运动在农业生产和纺织领域开展。各县抗日民主政府按照指示精神，积极组织和发动群众，组织农户成立变工组，使相互间自愿结合，互相调剂人力和畜力，大大提高了劳动生产率，到 1945 年时，在鲁南抗日根据地已经组织了 83568 人，组成 8571个变工组。③ 变工劳动的结果是使生产量普遍增加 10% 以上，深耕细作的程度大大提高。各县区还积极组织副业生产，带动和鼓励群众从事运盐、打油、运粮等工作，在这些生产中涌现了许多劳动英雄和模范，他们也

---

① 中共山东省委党史资料征集研究委员会编：《中国山东党史大事记（1921—1949）》，山东人民出版社 1986 年版，第 379 页。

② 同上书，第 379 页。

③ 枣庄市政协文史资料委员会编：《枣庄文史资料》（第十一辑），1991 年，第 127 页。

是团结群众执行政策的模范。1945 年春以滕县及行署为单位召开劳模大会，总结经验，选举劳动英雄与模范，并奖励 31 人。这又进一步激发了群众的积极性，大批的劳动模范纷纷涌现。在长新桥、车辋的变工组积极团结小地主参加劳动组织，这不仅加强了乡村的团结，提高了群众觉悟，还提高了生产效率，对支持抗战和民主制度建设都具有积极意义。

各县区在组织农业生产中，还积极鼓励群众兴修水利，开展打井、打坝、挖河等工作，帮助和引导农民摆脱靠天吃饭的旧有模式，使得大片农田得到了灌溉。[①] 这在当时生产条件有限的背景下，在较大程度上为提高粮食产量，避免因灾绝收都有积极意义。

此外，鲁南军区还号召主力部队和地方抗日武装积极参加生产劳动，在战争的空隙开荒种地，养殖牲畜，种植青菜，这不仅可以大大减轻百姓的负担，还在较大程度上改善了部队的生活条件。部队还经常组织"抢耕队""抢种队"，在农忙时节帮助农民耕作收获，发放粮种贷款等，受到了群众的好评。截至 1945 年 5 月，部队及各级党政机关已经开荒种田20000 多亩，并及时播种、施肥，在较大程度上增强了根据地粮食供应的保障能力。

自 1943 年起，为了解决人民群众和部队穿衣的问题，鲁南区党委和政府领导人民组织了纺织业生产合作社。到 1945 年时，已经发展了纺织合作社 998 个，参加社员达 98528 人，组织起来的纺车达 37916 辆。以此带动了根据地纺织业的发展，合作社以外还出现了纺车 7 万余辆，织布机5000 架。这就减少了根据地农村对城市的依赖，逐步树立了自给自足的经济基础。通过纺织合作社运动，大大提高了纺纱织布效率，较大程度上解决了人民的穿衣问题。[②] 为了配合发展纺织业，根据地还号召农民种植棉花。1945 年省政府提出每人种一分棉的号召后，鲁南根据地发放 600余万元的贷款扶植种植业，并确定了棉田免赋的奖励办法，使棉花种植扩

---

① 枣庄市政协文史资料委员会编：《枣庄文史资料》（第十一辑），1991 年，第 128 页。
② 同上。

大 19 万亩，棉花产量增加到 380 万斤，根据地人口平均每人一斤棉，为纺织业的发展奠定了基础，也增强了根据地自给自足的能力。

毫无疑问，鲁南抗日根据地军民所组织的大生产运动，有效地增强了根据地的经济实力，缓解了经济困难，大大减轻了农民群众的经济负担，改善了军民的生活条件，因此获得了广大群众的真心支持与拥护，为巩固和扩大抗日根据地，夺取抗战的最后胜利奠定了坚实的经济基础。

五　教育事业的发展

抗战的早期阶段，学校多数破产，文化的传播多以抗日武装或群众团体向大众宣传为主。党还在敌后兴办了各种性质的训练班、座谈会，组织各种群众团体或在部队中传播文化知识。后来随着抗日根据地的建设，鲁南根据地恢复了部分小学校，但在残酷的斗争形势下，时断时续。1943年 9 月以后，随着军事斗争的胜利，根据地的环境有了较大改善，小学、冬学也陆续开展起来。

从实际的数据可以看出，学校教育的发展是根据地建设的重要内容，也是群众物质生活改善后的必然要求。如 1945 年 4 月，抗日武装峄滕铜邳抗日部队在淮北三军分区独立团的配合下，解放了坝子，随即建立马兰屯政府。随后就在政府和群众代表的推动下，建立了马兰屯抗日小学，全校有 1—5 年级，共 4 个班，130 余人。[1] 虽然该小学存在了仅仅一年多的时间，但充分反映了根据地人民强烈的求知欲望。正是由于特殊的政治和社会环境，这一时期的学校教育更强调为政治服务，但在具体实施上经验明显不足，而且教育方法、学习的规章制度、课程设置等还没有形成体系。这对于教育本身的发展，群众的文化水平和政治素质的提高都有积极影响。

---

[1]　枣庄市政协文史资料委员会编：《枣庄文史资料》（第十四辑），1992 年，第 132 页。

表六　　　　　　　　　　　鲁南地区冬学、小学统计①

所在县	小学情况		冬学情况		备注
凫山	112 所	4646 人	238 所	562（？）人	小学为 1945 年、冬学为 1944 年数据
沂河	196 所	8956 人	665 所	46563 人	1945 年数据
滕县	46 所	2650 人	—	—	1945 年数据
赵镈	108 所	8814 人	374 所	36545 人	1945 年数据
沛县	40 所	1825 人	66 所	1996 人	1945 年数据
临城	169 所	12906 人	58 所	2943 人	1945 年数据
邹县	83 所	2770 人	998 所	175535 人	小学为 1945 年、冬学为 1944 年数据
费县	313 所	11756 人	882 所	63573 人	小学为 1945 年、冬学为 1944 年数据
峄县	24 所	983 人	—	—	小学为 1945 年、冬学为 1944 年数据
兰陵	28 所	1556 人	64 所	5552 人	小学为 1945 年、冬学为 1944 年数据
兖济	6 所	—	—	—	—
临沂	175 所	8880 人	263 所	26871 人	1945 年数据
双山	—	—	148 所	10433 人	1944 年数据
总计	1300 所	65691 人	3756	212573 人	

　　1944 年冬，在部分地区先期实验的基础上，加上群众对文化教育的要求不断高涨，鲁南地区开始讨论对根据地小学教育进行改革。1945 年春，鲁南行署与区委联合召开县以上宣教干部联席会议，对改革工作进行了具体部署。随后，各专署及县召开专门会议，具体传达和布置任务。接着改革工作在各老区全面铺开，经过半年多的努力，受教育对象明显扩大，儿童、青年、成年及老年人均得到了学习机会；在村实现了民主集体领导，群众掌握了教育的领导权；教育内容与生产、战争密切结合，从一般的生产词汇到生产技术，均包括在教学内容之内，逐渐实现了教育为政治服务，学用结合的方针。这种学校教育与生活实践、斗争实践紧密结合的方式，不仅提高了群众的文化知识水平，加强了他们的政治素养，培养了和锻炼了人才，为革命胜利后的教育事业积累了经验。

---

① 枣庄市政协文史资料委员会编：《枣庄文史资料》（第十一辑），1991 年，第 142 页。

第三节　展开全面反攻夺取最后的胜利

一　大反攻前夕的枣庄地区形势

1945年，世界反法西斯形势发生了根本性转变。2月4日至11日，苏、美、英三国首脑在雅尔塔举行会议，决定对德宣战，直至无条件投降。雅尔塔会议以后，苏、美、英等同盟国军队从东西两条战线加速向德国逼近。欧洲战场盟军以摧枯拉朽之势，取得了对德军事的迅速胜利，形势急转直下。4月28日，意大利法西斯头子墨索里尼被处极刑，30日希特勒自杀。5月2日，苏联军队占领柏林。8月24日，德陆军元帅凯特尔代表德国政府在投降书上签字，宣布无条件投降。欧洲战场战事至此结束。随后，盟军的作战重心向东方转移，全力对付日本法西斯。

在亚洲战场，美军于2月下旬攻占马尼拉，控制了吕宋全岛，6月30日攻占冲绳全岛，直逼日本本土。在日本国内，由于长期的战争消耗，以及太平洋战场的失利，使日本政治、经济处境十分困难。长期的对外侵略战争使日本的国内经济走向崩溃，1944年的军费开支竟占其国内生产总值的98.5%[①]，其疯狂程度无以复加。为了维持庞大的军事开支，日军政府不得不通过发展公债、增加税收和对外掠夺等方式来补偿，这无疑又使得其国内经济雪上加霜，战争经济体制面临崩溃的局面。而经济危机的出现又加重了日本国内政治危机。7月17日至8月2日，苏、美、英三国在德国柏林西南的波茨坦举行会议，会议着重讨论了结束对日作战的条件和对日本战后处置的相关问题。会后发表了中美英《波茨坦公告》，敦促日本法西斯立即投降。8月8日，苏联宣布对日作战，正式加入公告。另外，从1944年6月起，美国就加强了对日本本土的战略轰炸。这就使日本的战时经济进一步陷入崩溃、瘫痪的境地，企业产能下降60%以上，各种物资极度匮乏，日本法西斯面临崩溃的绝境。

---

① 日本统计研究所：《日本经济统计集》，日本评论新社1958年版，第351页。

在中国战场，日本进一步收缩战线，把注意力集中在确保城市和交通要道沿线，以及资源产地，无力顾及其他更多地区。在山东战场，敌后抗日根据地军民进行了春季攻势以后，敌人的气焰遭受沉重打击，随后乘胜展开了夏季攻势。山东军区提出了 1945 年的主要任务是继续扩大根据地，包围和孤立敌占大城市和交通要道。在鲁南战场，开展春季和夏季攻势作战，收复了大片领土，各区大股顽军势力基本被消灭，各抗日根据地也在扩大的基础上逐渐连成一片。

8 月 9 日，中国共产党中央委员会主席毛泽东发表《对日寇的最后一战》的声明指出，对日战争已处于最后阶段，最后战胜日本侵略者及其一切走狗的时间已经到来。他号召"中国人民的一切抗日力量应举行全国规模的反攻，密切而有效力地配合苏联及其他同盟国作战"，他要求八路军、新四军及其他人民军队，"应在一切可能条件下，对于一切不愿投降的侵略者及其走狗实行广泛的进攻，歼灭这些敌人的力量，夺取其武器和资财，猛烈地扩大解放区，缩小沦陷区"。① 10 日，朱德总司令发出第1 号命令，要求各解放区抗日武装依波茨坦宣言，向附近各城镇及交通要道之日伪军队及其指挥机关发出通牒，限其交出武器投降，对不投降者应予以坚决消灭。11 日，又连续发布第 2 号、第 3 号、第 4 号、第 5 号、第6 号、第 7 号命令，要求各解放区向本区一切敌占交通要道城镇展开进攻，迫使日伪军无条件投降，对于已经收复的城镇要实行军事戒严，维护秩序，保护居民的安全。

11 日，中共山东分局、山东军区在鲁南召开高级干部联席会议，连夜讨论了大反攻的进军任务，布置了整编部队、接管城市、动员参军、支援前线和维持后方治安等各项工作。山东军区决定，将各军区的主力和基干力量编成山东解放军作战兵团，共分 8 个师、12 个警备旅、4 个独立旅和 1 个海军支队。其中鲁南军区部队被编为第 8 师、山东警备第 8 旅、第9 旅。全省主力部队共约有兵力 27 万人。② 同日，山东军区向敌四十三军

---

① 《毛泽东选集》第三卷，人民出版社 1966 年版，第 1066 页。

② 中共临沂地委、枣庄市委、济宁市委党史征委会编：《鲁南地区党史大事记》（送审稿），1986 年，第 175 页。

团长畑川中康发出限期投降的通牒，并命令部队分成五路大军向大城市进攻。鲁南部队为第五路，前线指挥张光中，政治委员王麓水。鲁中、鲁南、渤海部队的作战任务是进攻津浦路沧州至徐州段，收复济南、徐州、胶东。13 日，山东军区公布《战时人民紧急动员纲要》，号召全省解放区人民积极支援对敌大反攻作战。同日，山东分局指示各区党委，要首先彻底消灭大股顽、伪，为完全控制山东和巩固华北创造有利形势。为便于机动作战，8 月 15 日，山东军区决定一线部队编成 8 个机动师、12 个警备旅，每师 3 个甲种团，每团充实至 2500 人以上，鲁南部队编为第八师，主要担任机动作战任务，夺取大城市。

按照山东军区的部署，8 月 18 日，鲁南军区奉命组建第八师。由王麓水任师长兼政委，何以祥任副师长，刘春任政治部副主任，赵一民任参谋长。原一军分区三团改编为二十二团，原三军分区五团改编为二十三团，原二军分区独立营改编为二十四团，全师共 9000 余人。同时，还组建了警备八旅和九旅。一军分区兼警备八旅旅部辖由一军分区、尼山、费县、温河县独立营组成的十五团，由双山县、滕县独立营组成的十六团。三军分区兼警备九旅旅部辖由赵铸县、兰陵县独立营和峄县县大队组成的十七团和由运河支队改编成的十八团。部队组建后，各县武装均升编或改编为县大队。

二　枣庄区军民展开全面反攻

按照山东军区的部署，第五路大军在前线指挥张光中和政委王麓水的率领下，从 15 日开始，先后攻克西集、马庄、刘庄，肃清滕县东南地区的伪据点，稍事休整后，即沿津浦路向南挺进徐州。与此同时，地方武装也迅速行动，一军分区的部队向曲阜、兖州之敌进攻；二军分区地方武装向滕县、临城之敌进攻；三军分区地方武装向枣庄、临城、峄县孤立点之敌发起攻击。8 月 18 日，鲁南军分区主力到达运南地区，在此完成了组建第八师的任务。随后立即向徐州进发，右路为二十二团及警备九旅第十八团，21 日从杜安出发，超过津浦铁路，当夜围歼盘踞在东镇口、张家寨、西桥的国民党土顽"龙虎团"，毙伤顽军团长以下 160 余人，俘虏顽军 80 余人，缴获步枪 300 余支，机枪 6 挺。① 第二十二团则由利国驿以南跨过津浦铁路，进军垞城、壕城，俘伪军一部，与十八团在下洪里会合，做进占九里山的准备。24 日，由于大反攻的强大压力，驻台儿庄日军撤向峄县，台儿庄城收复。② 左路军为第二十三团、第二十四团。8 月 23 日，第二十三团攻入贾汪，经过激战，歼灭伪军大部，但据守小围子的日军拒不缴械，反而顽强抵抗，我军伤亡较大，被迫撤出战斗。是时，国民党军队已经抢先进占徐州，出现了日、伪、顽合流的形势。按照中央的指示，放弃执行军队进攻大城市的命令，以便利用农村解放区放手发动群众，夺取中小城镇，然后包围大城市，进而发展壮大革命力量，准备夺取全国革命的最后胜利。

为了支援抗日武装大反攻的工作，地处苏鲁交界的峄县、运河地区县委、县政府，积极动员和组织群众，投入了大量的人力物力，保证了部队的军需供应。他们还在运河上架桥，以方便部队通过，又成立担架队随军行动，积极支援了主力部队的前线作战。与此同时，在主力武装掀起大反攻的带动下，枣庄地方的抗日武装也迅速行动起来，加入歼灭敌人的战斗中去。

9 月，中央决定新四军江南部队撤到江北，军部率部分主力挺进山东，陈毅、饶漱石到山东工作。华中局北移山东，与山东分局合并成立华东局。下旬，新四军军部率主力北上到达鲁南，陈毅由延安抵达峄县、临沂。10 月初，新四军军部率第二师第四、第五旅，第四师第九旅，第七师的第十九旅等部先后到达鲁南地区。此后，在鲁南地区新四军与八师及地方抗日武装、民兵并肩战斗，取得了大反攻阶段的胜利。

鲁南地区各抗日武装力量在上级的统一部署下，继续以强大军事压力对敌、伪、顽进行压迫，迫使其缴械投降，对不投降之敌予以歼灭。8 月下旬，旺庄区委书记胡方、区长马祥瑞、区中队长杜玉环，带领区中队，

① 中共枣庄市委党史办公室编：《中共枣庄地区党史大事记（1921—1949）》（征求意见稿），1987 年，第 183 页。

② 中共枣庄市委党史资料征集研究办公室、童邱龙主编：《运河支队抗日史略》，山东枣庄市出版办公室，1988 年，第 204 页。

在民兵和群众的配合下，攻克车辐山伪军据点，击毙日军 15 人、伪军 36 人，缴获步枪 6 支，军布 20 匹，麦子 50 万斤，鸦片 100 余斤。同月，根据鲁南军区的指示，为了阻止枣庄日军沿铁路线逃窜，运河县委、枣庄市委发动数万名群众，利用夜晚时间将临枣铁路、台枣铁路全部拆毁，使驻枣庄日军陷入无法与外界联系的孤立状态。9 月，八师奉命向峄县城日伪军发起攻击，除少数日军逃往枣庄外，全歼守城伪军 1500 余人，俘虏伪县长石镇九及汉奸龙希贞，解放了峄县及周围广大地区。10 月初，新四军到达鲁南后，就与鲁南武装配合，包围枣庄。并派员去枣庄，责令日军赶快投降，日军再三拖延，最后说到齐村缴械，到齐村后又食言。于 7 日偷偷逃跑，我八师五团配合新四军发起追击，歼灭大部。8 日，日军一部逃到滕县境内，我滕县联防民兵发觉后，立即组织民兵将逃窜的日军团团围住，将日军压迫到芹沃村附近的一条山沟里，令其缴械。鲁南军区特务团闻讯后，速派一连增援，日军 273 人走投无路，不得不向我民兵缴械，共缴获步枪 270 余支，轻机枪 5 挺，手炮 1 门。13 日，鲁南军区第五路军指挥部八师发起了宿羊山战斗，经一夜激战，歼灭驻宿羊山伪军刘斐然部，毙伤俘千余人，缴获大批武器弹药。

10 月 15 日，遵照军委指示，成立津浦前线指挥部，陈毅任总指挥，在鲁南峄县统一指挥津浦前线部队，津浦战役开始，19 日解放了邹县和大汶口，从南北两边切断了津浦铁路。17 日，为了阻止国民党军北上，八师对邹县之敌发起攻击，激战一天时间，共歼灭日伪军 140 余人，俘虏2500 余人。11 月 3 日，在陈毅同志指挥下，新四军与山东解放军八师紧密配合，发起界河战役，在我军的强大攻势下，困守在津浦铁路界河汽车站的 126 名日军，全部缴械，我缴获一门小炮，四挺重机枪，两挺轻机枪，步枪 90 余支。吴化文的十二团参谋长同时被俘。6 日，我军在界河地区歼灭伪军第三方面军吴化文部 4000 余人。11 月 5 日，鲁南八师发起柏山战斗，某边机枪班长陈金合舍身炸碉堡，光荣牺牲。临城县政府为纪念这位英雄，将柏山改为金合山，柏山村改为金合村。

11 月 11 日，中央电示津浦前线指挥部，为了国民党即将到来的大举进攻做准备，鲁南地区武装力量除集中与整训外，必须创造更广阔的战场，向南北扩展铁路线的占领区，拔除临城、滕县、邹县、兖州地区的据点，广泛发动群众。① 遵照中央指示，我军于 26 日对津浦线韩庄至滕县段及临枣线沿线的日伪据点，展开全面进攻。二十六团于 26 日向官桥日军炮楼发起攻击，迫使百名日军缴械投降，接着又向石磨庄发起攻击，全歼敌师长康乐以下 2000 余人及日军 200 余人，缴获山炮 2 门，炮弹 600 发，苏罗通机关炮 1 门，轻重机枪 60 余挺，步马枪 2000 余支，各种子弹 15 万发，这一战斗切断了滕县与临城敌人的联系。同日，新四军四旅向守备韩庄据点的伪顽发起进攻，经过一夜激战，拔除了该据点。十八团为保障韩庄战斗顺利，在垮庄一带阻击增援之敌十余小时，多次打退敌人的进攻，并取得了歼灭援敌 300 余人的胜利。12 月 16 日，山东解放军八师，向临枣线中段的中兴煤矿公司日伪据点发起攻击，伪保安二师被全部歼灭。同时，在强大的军事压力下，陈大庆部暂编第一旅旅长何志斌率 4000 官兵在陶庄起义。②

在消灭残敌迫其缴械的过程中，我鲁南地区武装力量按照中央指示，不失时机地夺取中小城镇，扩大解放区。在先期解放了台儿庄、峄县之后，为进一步扩大解放区，打击北犯之敌，12 月 12 日，华野指挥部决定攻打滕县城。滕县守敌为国民党集团军第二前线指挥所，总兵力约 9000 余人。华野命八师主攻滕县，新四军三、五旅位于临城以北打援，九旅攻打陶庄小窑之何志斌部，七师位于沙沟、韩庄一带准备打击徐州北援之敌，警备旅十五团位于兖州南，准备打兖州南援之敌。经过两天激战，除徐良带少数人逃跑外，其余全部投降。缴获山炮 6 门，战防炮 1 门，机关炮 1 门，弹药 50 万发，步枪 5400 支，轻重机枪 180 挺，短枪 350 余支，掷弹筒 75 门。

在大反攻的进程中，鲁南地区党政军部门还着力发起群众、组织地方武装进行破坏铁路的行动，以配合主力部队消灭残敌，阻止国民党军队北

---

① 中共枣庄市委党史办公室编：《中共枣庄地区党史大事记（1921—1949）》（征求意见稿），1987 年，第 193 页。

② 中共临沂地委、枣庄市委、济宁市委党史征委会编：《鲁南地区党史大事记》（送审稿），1986 年，第 183 页。

上进攻解放区的企图。在破袭铁路的行动中，鲁南区党委、行署动员了铁路沿线几十万群众、男女老少齐上阵、昼夜奋战、齐心协力，撬走铁轨，毁掉路基，炸掉桥梁，成功地阻滞了日伪军和国民党军的行动，为消灭敌人争取了主动。9月，在滕县县委、县政府组织全县党员、干部和人民群众对津浦路滕县至井亭段进行了历时一个月的大破袭。10月，鲁南区党委一、二地委动员津浦线两侧各县群众10余万人，拆除津浦铁路，切断国民党军交通线，十几天时间将韩庄以北、泰安以南我所控制区域以内的铁路全部拆除，同时还在兖州以南路基上构筑了作战工事。11月2日，峄县县委发动几千名群众，在十八团的掩护下，拆毁了三张茂至韩庄的数十里铁路。

　　鲁南主力部队也把破袭铁路，阻断敌人交通作为重要的斗争手段。如八师二十四团在滕县破坏铁路，断敌交通。一军分区武装炸毁了滕县至兖州段的铁路大桥。三军分区武装破坏了利国驿以北、蝎子山以南铁路。鲁南警九旅破袭津浦线柳泉至韩庄段铁路。韩庄铁路大铁桥，使津浦路中断。在接收徐州情况变化后，鲁南铁路工委及铁道大队奉命返回沙沟、临城一带活动。这期间，枣庄一带的日军先后向临城、沙沟、官桥等重要据点集中，以等待时机南逃。鲁南铁道大队为了防止日军南逃，鲁南铁道大队破坏了津浦沙沟段的铁路。12月初，在沙沟车站附近的旷野上，日军正式向鲁南铁道大队缴械投降。这既是鲁南抗日武装长期坚持军事斗争的必然结果，也是破袭战的重要成果。与此同时，枣庄地区抗日军民还破坏了敌人的公路交通网和通信设施，使鲁南地区敌人无法与外界沟通，被完全孤立起来。

三　驻枣庄地区日军缴械投降

　　日本宣布投降后，日军在枣庄地区的日军仍有6000余人，分别驻于枣庄、临城、滕县、陶庄小窑及津浦铁路线沿线的官桥、沙沟、姬庄、韩庄等重点城镇和据点。由于鲁南军区抗日军民的强大军事包围，以及铁路破袭战的展开，日军无法及时撤出，被困在这些城镇据点，形成军事孤岛。虽然处境日益困窘，但这些往日猖狂惯了的侵略者并不甘心举手投降，他们既不愿意向国民党军队投降，也拒绝向中共抗日武装缴械。日军宣布投降后，国民党政府于 8 月 26 日发布命令，将中国战区划分为 16 个受降区。指定以第十战区司令长官李品仙为徐蚌战区受降主官，负责接受徐州等地受降；以第十一战区副司令长官李延年为受降主官，负责接受山东地区日军受降，并要求八路军、新四军就地驻防待命，不得对敌伪擅自行动。9 月，国民党通过日本驻徐州联络官森茂树和参谋长田贞，要求驻枣庄矿区的日军负责维护地方治安，等国民党接收。鉴于这种情况，鲁南军区根据总司令的命令和山东分局、山东军区的指示，争取先机，趁国民党没有到达枣庄地区的间隙，对日军展开强大的政治攻势和军事攻势，迫使日军陆续缴械投降，对于拒绝投降者予以坚决消灭。

驻枣庄的一部分日军投向了汉奸王继美，另一部分约 1000 余名日军聚集到齐村，被赶到的新四军和三军分区部队包围。三军分区司令员张岗、副司令员王献庭派敌工干部郭福周、赵提先等人去齐村，与日军头目进行了多次谈判，命令他们立即缴械投降。日军再三拖延，最后表示到齐村缴械，并试图逃跑。7 日夜，八师五团配合新四军追歼逃跑之敌，歼其大部。残部于 8 日逃到滕县，鲁南军区立即派武装对日军实施包围，迫于强大的军事压力，这股日军被迫缴械投降。

驻扎在临城的日军两个大队约 1000 人，在与国民党接收大员发生冲突后，日军集中到沙沟、姬庄、韩庄、官桥等据点，以等待时机南逃。鲁南铁道大队先协助新四军十九旅四十四团解放了沙沟，全歼伪军 1 个团。接着又攻克姬庄，毙俘伪军 70 余人。为了防止日军南逃，鲁南铁道大队破坏了津浦沙沟段的铁路。同时还派政委和大队长到姬庄和沙沟的日军联队部和大队部同敌谈判，展开了强大的政治攻势。经过多次政治攻势，敌人终于同意向鲁南铁道大队投降。11 月 28 日，由枣庄经滕县企图集结回国的日军 180 余人，在中黄沟村时，被民兵 1000 余人团团包围，鲁南军区警卫团派一个连兵力增援，当天下午日军被迫投降。12 月初，在沙沟车站附近的旷野上，日军正式向鲁南铁道大队缴械投降。共缴获小炮四门，轻重机枪 130 余挺，长短枪 1400 余支，铁甲车一列。与此同时，新四军发起了陶庄战斗，300 余日军缴械投降；官桥车站的日军也在孟家仓、官桥战斗后，向八师缴械投降；韩庄据点的日军300余人也向新四军缴械投降。盘踞在滕县城的日军3000余人与吴化文部勾结起来，逃到了兖州，与兖州日军久保田旅团会合，企图北窜。敌工干部曾昭明与日军进行谈判，交涉受降事宜，几经波折，在解放区军民的强大军事威压下，日军最终不得不缴械投降。

参考文献

一　地方史志文献、图书

1. 张安元主编：《枣庄军事志》，枣庄日报社，1986年。

2. （清）王振录、周凤鸣修：《峄县志》卷二《疆域沿革考》，光绪三十年刻本。

3. 枣庄矿务局志编纂委员会编：《枣庄矿务局志》，煤炭工业出版社1995年版。

4. 于良主编：《百年中兴》，现代教育出版社2013年版。

5. 枣庄市地方史志编纂委员会编：《枣庄市志》，中华书局1993年版。

6. 中共枣庄市委党史研究室编著：《鲁南革命史》，山东人民出版社1998年版。

7. 贺荣第编著：《枣庄矿区斗争》，中共党史出版社2005年版。

8. 《枣庄煤矿志》编纂委员会编：《枣庄煤矿志》，中华书局2001年版。

9. 中共枣庄市峄城区委党史办公室编：《峄县风云》，1990年。

10. 中共枣庄市委党史办公室、枣庄市出版办公室编：《鲁南峰影》（上、下），山东文艺出版社1989年版。

11. 中共枣庄市委党史办公室编：《绝色战旗》（中共苏鲁豫皖边区特委专辑），山东友谊出版社1995年版。

12. 中共枣庄市委党史研究室：《中国共产党枣庄地方史》（第一卷），中共党史出版社2005年版。

13. 中共枣庄市委党史办公室编：《鲁南铁道大队纪实》，中共党史出版社1992年版。

14. 中共枣庄市委党史资料征集研究办公室、童邱龙主编：《运河支队抗日史略》，山东枣庄市出版办公室，1988年。

15. 中共枣庄市委党史办公室编：《煤城正气篇》，中国矿业大学出版社1993年版。

16. 中共山东省委党史研究室、中共枣庄市委党史办公室、中共滕州市委党史办公室编：《王麓水将军》，新华出版社1995年版。

17. 中共枣庄市委党史研究室编：《枣庄革命画史》，中国文化出版社2013年版。

18. 运河支队编委会编：《运河支队》，黄河出版社2005年版。

19. 阜阳市委党史研究、阜阳新四军历史研究会编：《微山颍水——邵剑秋纪念文集》，1998年。

20. 王东溟、郭明泉：《台儿庄战役史》，山东人民出版社1995年版。

21. 曹胜强主编：《台儿庄大战资料选辑》（上、下），中国社会科学出版社2010年版。

22. 中共枣庄市委党史办公室、中共上海市房产管理局党史办公室编：《大浪淘沙见真金：缅怀朱道南同志》，中共党史出版社1994年版。

23. 吕东来编著：《台儿庄大战黄埔师生录》（上、下），团结出版社2015年版。

24. 中共枣庄市委党史办公室编：《峥嵘岁月：枣庄革命斗争纪实》，中国矿业大学出版社1993年版。

25. 山东枣庄市煤炭工业局编：《枣庄地方煤炭志》，中国标准出版社印刷厂印，1987年。

26. 董业明主编：《枣庄名片》，山东人民出版社2008年版。

27. 苑继平主编：《枣庄战事》，青岛出版社2006年版。

28. 苑继平主编：《枣庄名人》，青岛出版社2006年版。

29. 中共临沂地委、枣庄市委、济宁市委党史征委会编：《鲁南地区党史大事记》（送审稿），1986年。

30. 中共山东省委党史研究室编著：《新民主主义革命时期中共山东党史大事记》，山东大学出版社1992年版。

31. 中共枣庄市委党史办公室编：《中共枣庄地区党史大事记（1921—1949）》（征求意见稿），1987 年。

32. 中共滕州市委党史办公室编：《中共滕县党史大事记（1930—1949）》，1990 年。

33. 中共枣庄市峄城区党史征集研究委员会编：《中共枣庄市峄城党史大事记》，1989 年。

34. 中共枣庄市山亭区委党史办公室：《中共枣庄市山亭党史大事记（1932—1949）》，1990 年。

35. 中共枣庄市台儿庄区委党史资料征集委员会编：《中共枣庄市台儿庄党史大事记（1934—1949）》，1990 年。

36. 中共枣庄市市中区委党史资料征集研究委员会编：《中共枣庄市市中党史大事记（1929—1949）》，1990 年。

37. 中共薛城区委党史办公室编：《中共薛城历史大事记》，中共党史出版社 1992 年版。

38. 中共微山县委党史资料征研委员会编：《微山县党史大事记》，中共党史资料出版社 1990 年版。

39. 中共微山县委党史资料征集研究委员会办公室编：《微山党史资料》（第四辑），1986 年。

40. 中共枣庄市委党史资料征集研究委员会编：《枣庄地区党史资料》（第一辑），1983 年。

41. 中共枣庄市委党史资料征集研究委员会编：《枣庄地区党史资料》（第二辑），1984 年。

42. 中共枣庄市委党史资料征集研究委员会编：《枣庄地区党史资料》（第三辑），1985 年。

43. 中共枣庄市委党史资料征集研究委员会编：《枣庄地区党史资料》（第四辑），1986 年。

44. 中共枣庄市委党史资料征集研究委员会编：《枣庄地区党史资料》（第五辑），1987 年。

45. 中共滕县县委党史资料征集领导小组办公室编：《滕县党史资料》

（第一期），1983 年。

46. 中共滕县县委党史资料征集领导小组办公室编：《滕县党史资料》（第二期），1983 年。

47. 中共滕县县委党史资料征集领导小组办公室编：《滕县党史资料》（第三期），1983 年。

48. 中共滕县县委党史资料征集领导小组办公室编：《滕县党史资料》（第四期），1983 年。

49. 中共滕县县委党史资料征集领导小组办公室编：《滕县党史资料》（第五期），1983 年。

50. 中共滕县县委党史资料征集领导小组办公室编：《滕县党史资料》（第六期），1984 年。

51. 中共滕县县委党史资料征集领导小组办公室编：《滕县党史资料》（第七期），1984 年。

52. 中共滕县县委党史资料征集领导小组办公室编：《滕县党史资料》（第八期），1984 年。

53. 中共滕县县委党史资料征集领导小组办公室编：《滕县党史资料》（第九期），1984 年。

54. 中共滕县县委党史资料征集领导小组办公室编：《滕县党史资料》（第十期），1984 年。

55. 中共滕县县委党史资料征集领导小组办公室编：《滕县党史资料》（第十一期），1985 年。

56. 中共滕县县委党史资料征集研究领导小组办公室：《滕县党史资料·大事记（1930 年春—1949 年 10 月）》，1985 年。

57. 中共临沂地委党史资料征集领导小组编：《忆沂蒙——临沂地区党史资料》（第一期），1983 年。

58. 中共临沂市委党史资料征集研究委员会编：《临沂革命斗争史稿（1919—1949）》，山东人民出版社 1991 年版。

59. 《台儿庄战役资料选编》编辑组、中国第二历史档案馆史料编辑部合编：《台儿庄战役资料选编》，中华书局 1989 年版。

60. 徐公达、张子健：《鲁南会战记》第二版，中国战史出版社 1939 年版。

61. 曹乃民编：《台儿庄血战歼敌记》，新生书局 1938 年版。

62. 枣庄市政协文史资料委员会编：《枣庄文史资料》（第一辑），1985 年。

63. 枣庄市政协文史资料委员会编：《枣庄文史资料》（第二辑），1988 年。

64. 枣庄市政协文史资料委员会编：《枣庄文史资料》（第三辑），1989 年。

65. 枣庄市政协文史资料委员会编：《枣庄文史资料》（第四辑），1989 年。

66. 枣庄市政协文史资料委员会编：《枣庄文史资料》（第五辑），1990 年。

67. 枣庄市政协文史资料委员会编：《枣庄文史资料》（第六辑），1990 年。

68. 枣庄市政协文史资料委员会编：《枣庄文史资料》（第七辑），1990 年。

69. 枣庄市政协文史资料委员会编：《枣庄文史资料》（第八辑），1991 年。

70. 枣庄市政协文史资料委员会编：《枣庄文史资料》（第九辑），1991 年。

71. 枣庄市政协文史资料委员会编：《枣庄文史资料》（第十辑），1991 年。

72. 枣庄市政协文史资料委员会编：《枣庄文史资料》（第十一辑），1991 年。

73. 枣庄市政协文史资料委员会编：《枣庄文史资料》（第十二辑），1991 年。

74. 枣庄市政协文史资料委员会编：《枣庄文史资料》（第十三辑），1991 年。

75. 枣庄市政协文史资料委员会编：《枣庄文史资料》（第十四辑），1992年。

76. 枣庄市政协文史资料委员会编：《枣庄文史资料》（第十五辑），1992年。

77. 枣庄市政协文史资料委员会编：《枣庄文史资料》（第十六辑），1992年。

78. 枣庄市政协文史资料委员会编：《枣庄文史资料》（第十七辑），1992年。

79. 枣庄市政协文史资料委员会编：《枣庄文史资料》（第二十辑），1995年。

80. 枣庄市政协文史资料委员会编：《临城劫车案》，1996年。

81. 枣庄市政协文史资料委员会编：《临城劫车案》（续），1997年。

82. 中国人民政治协商会议滕县委员会文史资料委员会编：《滕县文史资料》（第一辑），1984年。

83. 中国人民政治协商会议滕县委员会文史资料委员会编：《滕县文史资料》（第二辑），1986年。

84. 滕县政协文史资料研究委员会编：《滕县文史资料》（第三辑），1987年。

85. 滕州市政协文史资料委员会编：《滕州文史资料》（第四辑），1988年。

86. 滕州市政协文史资料委员会编：《滕州文史资料》（第五辑），1989年。

87. 滕州市政协文史资料委员会编：《滕州文史资料》（第六辑），1990年。

88. 滕州市政协文史资料委员会编：《滕州文史资料》（第七辑），1991年。

89. 滕州市政协文史资料委员会编：《滕州文史资料》（第十辑），1988年。

90. 枣庄市政协文史资料委员会编：《中兴风雨》，枣庄市政协文史委员会，1993 年。

91. 枣庄市台儿庄区政协文史委员会编：《台儿庄文史资料》（第一辑），1990 年。

92. 枣庄市台儿庄区政协文史委员会编：《台儿庄文史资料》（第二辑），1991 年。

93. 枣庄市台儿庄区政协文史委员会编：《台儿庄文史资料》（第三辑），1992 年。

94. 中国人民政治协商会议枣庄市山亭区文史资料委员会编：《山亭文史资料》（第一辑），1990 年。

95. 中国人民政治协商会议枣庄市山亭区文史资料委员会编：《山亭文史资料》（第二辑），1991 年。

96. 中共枣庄市山亭区委党史资料征集研究委员会编：《抱犊壮歌》，山东省新闻出版局，1990 年。

97. 中共枣庄市山亭区委党史资料征集研究委员会编：《抱犊壮歌续集》，山东省新闻出版局，1991 年。

98. 中共临沂市委党史资料征集委员会编：《中共临沂党史大事记（1927 年 7 月—1949 年 9 月）》，1988 年。

99. 中共枣庄市委党史研究室编：《苏鲁支队》，山东大学出版社 1997 年版。

100. 中国人民政治协商会议枣庄市峄城区文史资料委员会编：《峄城文史资料》（第一辑），1989 年。

101. 中国人民政治协商会议枣庄市峄城区文史资料委员会编：《峄城文史资料》（第二辑），1990 年。

102. 中国人民政治协商会议枣庄市峄城区文史资料委员会编：《峄城文史资料》（第三辑），1991 年。

103. 中国人民政治协商会议枣庄市峄城区文史资料委员会编：《峄城文史资料》（第四辑），1991 年。

104. 中国人民政治协商会议枣庄市峄城区文史资料委员会编：《峄城文史资料》（第五辑），1992 年。

105. 中国人民政治协商会议枣庄市峄城区文史资料委员会编：《峄城文史资料》（第六辑），1993 年。

106. 中国人民政治协商会议枣庄市峄城区文史资料委员会编：《峄城文史资料》（第七辑），1995 年。

107. 中国人民政治协商会议枣庄市峄城区文史资料委员会编：《峄城文史资料》（第八辑），1996 年。

108. 中国人民政治协商会议枣庄市峄城区文史资料委员会编：《峄城文史资料》（第九辑），1997 年。

109. 中国人民政治协商会议枣庄市峄城区文史资料委员会编：《峄城文史资料》（第十二辑），2003 年。

110. 中共枣庄市薛城区委组织部、中共枣庄市薛城区委党史资料征集研究办公室、枣庄市薛城区档案局：《中国共产党山东省枣庄市薛城区组织史资料（1927—1987）》，山东省新闻出版局，1989 年。

111. 中国人民政治协商会议枣庄市中区委员会文史资料委员会编：《枣庄市中区文史》（第一辑），1991 年。

112. 中国人民政治协商会议枣庄市中区委员会文史资料委员会编：《枣庄市中区文史》（第二辑），1992 年。

113. 中国人民政治协商会议枣庄市中区委员会文史资料委员会编：《枣庄市中区文史》（第三辑），1994 年。

114. 中国人民政治协商会议枣庄薛城区委员会文史资料研究委员会编：《薛城文史》（第一辑），1986 年。

115. 中国人民政治协商会议枣庄薛城区委员会文史资料研究委员会编：《薛城文史》（第二辑），1987 年。

116. 中国人民政治协商会议枣庄薛城区委员会文史资料研究委员会编：《薛城文史》（第三辑），1990 年。

117. 中国人民政治协商会议枣庄薛城区委员会文史资料研究委员会编：《薛城文史》（第四辑），1992 年。

118. 政协徐州市委员会文史资料研究委员会：《徐州文史资料》（第五辑），1985 年。

119. 中共费县县委党史资料征集委员会编：《中共费县党史大事记（1928
      年8月至1949年10月）》，1991年。

120. 中共山东省委党史资料征集研究委员会编：《中国山东党史大事记》
      （1921—1949），山东人民出版社1986年版。

121. 中共枣庄市委组织部、中共枣庄市委党史办公室、枣庄市档案局编：
      《中国共产党山东省枣庄市组织史料（1926—1987）》，1989年。

122. 中共邹县县委党史资料征集研究委员会编：《中国共产党邹县历史大
      事记（1932年7月—1949年9月》，1990年。

123. 中共山东省委党史研究室编著：《新民主主义革命时期中共山东党史
      大事记》，山东大学出版社1992年版。

124. 中共沂水县委党史征集委员会编：《中共沂水党史大事记（1923—
      1949）》，1992年。

125. 山东省政协文史资料委员会、滕州市政协文史资料委员会编：《悲壮
      之役——记1938年滕县保卫战》，1992年。

126. 方秋苇编：《悲壮的滕县之役》，1938年。

二 其他图书资料

1. 广东省社会科学院历史研究室、中国社会科学院近代史研究所中华民
   国史研究室、中山大学历史系孙中山研究室合编：《孙中山全集》第1
   卷，中华书局1981年版。

2. 山东省历史研究所编：《山东省志资料》1963年第1期，山东人民出
   版社1963年版。

3. 中国史学会济南分会编：《山东近代史资料》第2分册，山东人民出版
   社1958年版。

4. 章伯锋主编：《北洋军阀1912—1928》第四卷，武汉出版社1990年版。

5. 《马克思恩格斯选集》第一卷，人民出版社1972年版。

6. 严中平等编：《中国近代经济统计史资料选集》，科学出版社1955
   年版。

7. 汪敬虞编：《中国近代经济史料选辑》第2辑，中华书局1962年版。

8. 《毛泽东选集》第四卷,人民出版社 1966 年版。

9. 中华全国总工会编:《中共中央关于工人运动文件选编》(上),档案出版社 1985 年版。

10. 山东省总工会、山东省档案馆编:《山东工人运动历史文献选编》(第一集)(1927—1937),1984 年。

11. 济南铁路局史志编纂领导小组办公室编:《济南铁路局志·大事记(1897—1985)》(征求意见稿),1989 年。

12. 伊文成等:《明治维新史》,辽宁教育出版社 1987 年版。

13. 军事科学院军事历史研究部:《中国抗日战争史》(上、中、下卷),解放军出版社 1991 年版。

14. 大山梓:《山县有朋意见书》,原书房 1966 年版。

15. 山县有朋监修:《陆军省沿革史》,日本评论社 1942 年版。

16. 《大本营陆军部》1,朝云出版社 1974 年版。

17. 楫西光速、大岛青等:《日本资本主义的发展》,东京大学出版社 1967 年版。

18. 今井清一:《日本近现代史》第二卷,杨孝臣等译,商务印书馆 1983 年版。

19. 中国人民政治协商会议全国委员会文史资料研究委员会《七七事变——原国民党将领抗日战争亲历记》编审组编:《七七事变》,中国文史出版社 1986 年版。

20. 小林房龙、岛田俊彦编集:《现代史资料(7)·满洲事变》,美铃书房 1985 年版。

21. 日本政府参谋本部编:《满洲事变作战经过概要》第二卷,田琪之译,中华书局 1982 年版。

22. 日本从中国归国者联络会、新读书社编:《侵略——日本战犯的自白》,袁韶莹译,山东人民出版社 1985 年版。

23. 南开大学马列主义教研室中共党史教研组编:《华北事变资料选编》,河南人民出版社 1983 年版。

24. 角男顺:《石原莞尔资料·国防论策》,原书房 1971 年版。

25. 远东国际军事法庭战犯审讯记录（IMTFE）文件三 147C。

26. 《现代史资料（8）·日中战争（1）》，美铃书房 1982 年版。

27. 上村伸一：《日本外交史》（19），鹿岛研究所出版会 1973 年版。

28. 防卫厅研究所战史室：《中国事变陆军作战》（1），朝云新闻社 1985 年增印。

29. 日本统计研究所：《日本经济统计集》，日本评论新社 1958 年版。

30. 《毛泽东选集》第一卷，人民出版社 1967 年版。

31. 《毛泽东选集》第三卷，人民出版社 1966 年版。

32. 中央统战部、中央档案馆编：《中共中央抗日民族统一战线文件选编》（上），档案出版社 1984 年版。

33. 中央统战部、中央档案馆编：《中共中央抗日民族统一战线文件选编》（中），档案出版社 1985 年版。

34. 中央统战部、中央档案馆编：《中共中央抗日民族统一战线文件选编》（下），档案出版社 1986 年版。

35. 日本防卫厅战史室编：《华北治安战》（上），天津人民出版社 1982 年版。

36. 中国第二历史档案馆编：《抗日战争正面战场》（上、中、下），凤凰出版传媒集团、凤凰出版社 2005 年版。

37. 中央档案馆编：《中共中央文件选集（1934—1935）》（第 10 册），中共中央党校出版社 1991 年版。

38. 中央档案馆编：《中共中央文件选集（1936—1938）》（第 11 册），中共中央党校出版社 1991 年版。

39. 江苏省史学会编：《抗日战争史事探索》，上海社会科学出版社 1988 年版。

40. 马宣伟、温贤美：《川军出川抗战纪事》，四川省社会科学院出版社 1986 年版。

41. 李宗仁口述，唐德刚：《李宗仁回忆录》，广西人民出版社 1980 年版。

42. 《台儿庄战役资料选编》编辑组、中国第二历史档案馆史料编辑部合编：《台儿庄战役资料选编》，中华书局 1989 年版。

43. 复旦大学历史系编译:《1931—1945 日本帝国主义对外侵略史料选编》,上海人民出版社 1983 年版。

44. 刘大可:《日本侵略山东史》,山东人民出版社 1991 年版。

45. 傅林祥、郑宝恒:《中国行政区划通史·中华民国卷》,复旦大学出版社 2007 年版。

46. 日本防卫厅防卫研究所战史室:《中国事变陆军作战史》(第 2 卷第 2 分册),田琪之译,中华书局 1980 年版。

47. 《八路军第一一五师暨山东军区战史》编辑室编:《八路军第一一五师暨山东军区战史》,黄河出版社 2005 年版。

48. 中国第二历史档案馆编:《中国战区受降纪实》,江苏人民出版社 2005 年版。

49. 罗荣桓:《罗荣桓军事文选》,解放军出版社 1997 年版。

50. 黄瑶主编:《罗荣桓年谱》,人民出版社 2002 年版。

51. 山东省党史资料征集研究委员会编:《山东抗日根据地》,中共党史出版社 1989 年版。

52. 胡兆才:《战殇:国民党对日抗战实录》,台海出版社 2013 年版。

53. 中共中央党史研究室科研管理部编:《日军侵华罪行纪实(1931—1945)》,中共党史出版社 1995 年版。

54. 《抗日战争时期解放区概况》,人民出版社 1953 年版。

55. 彤新春:《抗日正面战场:国民党参战将士口述全纪录》,中国大百科全书出版社 2012 年版。

56. 林静云编著:《浴血八年》,中国言实出版社 2005 年版。

57. 曹聚仁、舒宗侨编著:《中国抗战画史》(上、下),中国文史出版社 2013 年版。

58. 中共中央党史研究室第一研究部编著:《中华民族抗日战争史(1931—1945)》,中共党史出版社 2005 年版。

59. 胡德坤:《中日战争史研究(1931—1945)》,商务印书馆 2010 年版。

60. 早春生:《山东抗日根据地史》,中国农业科技出版社 1993 年版。

三 报纸期刊文章

1.《民国日报》，1917 年 7 月 10 日。

2.《申报》，1918 年 12 月 13 日，1938 年 4 月 8 日第 1 版，1938 年 4 月 9 日第 1 版。

3.《晨报》，1927 年 6 月 25 日，1927 年 7 月 6 日、11 月 5 日，1926 年 5 月 4 日。

4.《红色中华》，第 236 期，1934 年 9 月 21 日。

5.《向导周报》，第 179 期，1926 年 10 月 25 日。

6.《国闻周报》，第 12 卷第 50 期，1935 年 12 月 23 日。

7.《时事月报》，第 1 卷第 2 期，南京版，1929 年 12 月。

8.《大公报》，1938 年 3 月 21 日第二版，1938 年 4 月 22 日第 2 版。

9.《解放军报》，1956 年 8 月 28 日。

10. 唐士文：《台儿庄战役有关事实辩证》，《中共党史研究》1989 年第 6 期。

后　记

　　时值中国人民抗日战争暨世界反法西斯战争胜利 70 周年之际，枣庄学院策划并力推枣庄地方抗战史丛书。本人受嘱撰写《枣庄抗战通史》，既无比兴奋，又诚惶诚恐，如履薄冰。在学校领导的多次亲切关怀下，历经无数个不眠之夜，终于稿成。本书以"通史"命名，实有力不从心之感，权作引玉之砖吧！

　　在此要感谢枣庄学院的校领导，总在百忙之中抽出时间给我们以温暖和驱策。本书的撰写尤其得益于枣庄学院政治与社会发展学院徐玲老师，不辞劳顿带领我们各方收集资料、协调关系，在此深致谢意！感谢枣庄学院宣传部张思奎部长、科技处张宗海处长、刘书玉副处长、汪涛老师提供的帮助和支持。还要感谢枣庄学院宣传部崔新明副部长、政治与社会发展学院朱法武博士无私的分享。

　　本书参考吸收了诸多专家同行的研究成果，书中未能一一注明，在此一并深致谢意。由于笔者水平所限，难免挂一漏万，恳请方家不吝赐教！

陶道强

2015 年 8 月